基于"学习共同体"实践的日语课堂实践研究

王譞翾◎著

中国纺织出版社有限公司

图书在版编目（CIP）数据

基于"学习共同体"实践的日语课堂实践研究 / 王譞翾著 . -- 北京：中国纺织出版社有限公司，2024.1
ISBN 978-7-5229-0903-5

Ⅰ.①基… Ⅱ.①王… Ⅲ.①日语 – 课堂教学 – 教学研究 – 高等学校 Ⅳ.① H369.3

中国国家版本馆 CIP 数据核字（2023）第 164231 号

责任编辑：房丽娜　　责任校对：高　涵　　责任印制：储志伟

中国纺织出版社有限公司出版发行
地址：北京市朝阳区百子湾东里 A407 号楼　邮政编码：100124
销售电话：010-67004422　传真：010-87155801
http://www.c-textilep.com
中国纺织出版社天猫旗舰店
官方微博 http://weibo.com/2119887771
天津千鹤文化传播有限公司印刷　各地新华书店经销
2024 年 1 月第 1 版第 1 次印刷
开本：710×1000　1/16　印张：17.5
字数：310 千字　定价：98.00 元

凡购本书，如有缺页、倒页、脱页，由本社图书营销中心调换

前　言

2017年4月，刚进入博士课程的我因为论文选题的事情忙得焦头烂额。导师冈崎眸教授鼓励我说："回到你的课堂，去解决你最想解决的问题"。这句话为我的博士论文指引了方向：2010年我从大连外国语大学硕士毕业后，一直站在日语专业的讲台上。近十年的教学经验让我爱上了课堂教学，同时也产生了诸多困惑。其中，《日语语言学概论》这门课首当其冲，"学生不好学，教师不好教"是教学现场普遍的声音。我立志要"回到课堂"，以教学实践来证明、解决实际问题。

2018年的暑假，我在名古屋参加了日本学习共同体课例研讨大会，从小学到中学，我看到了在学习共同体实践中认真投入的孩子，加之对理论的学习，我决定把它带到我的课堂实践中来，印证该理论在中国大学日语专业课堂的可行性。在冈崎老师的指导下，我的实践、我的论文逐渐成型，最终得以呈现在大家眼前。感谢一路走来给予指导和帮助的各位前辈、同仁和学生。

一切不足之处，敬请各位专家、前辈不吝赐教。

王譞翾
2023年6月

目 录

第1章　序論 …………………………………………………………… 1
　1.1　研究動機 ……………………………………………………… 1
　1.2　問題の所在：主体的・能動的学習の時代要請と教育現場との乖離… 2
　1.3　「日本語言語学概論」について ……………………………… 5
　1.4　授業研究から見えた「学習共同体」 ………………………… 9
　1.5　本研究の目的 ………………………………………………… 10
　1.6　本研究の構成 ………………………………………………… 10

第2章　理論的枠組み ………………………………………………… 13
　2.1　はじめに ……………………………………………………… 13
　2.2　協同学習としての「学習共同体」 …………………………… 13
　2.3　「学習共同体」の基本的考え方 ……………………………… 14
　2.4　なぜ「学習共同体」を基盤とするか ………………………… 18

第3章　先行研究 ……………………………………………………… 20
　3.1　はじめに ……………………………………………………… 20
　3.2　「日本語言語学概論」に関する先行研究 …………………… 20
　3.3　「学習共同体」に関する先行研究 …………………………… 23
　3.4　残された課題 ………………………………………………… 29

第4章　研究課題と研究方法 ………………………………………… 31
　4.1　本研究の目的と課題 ………………………………………… 31
　4.2　本研究の研究方法 …………………………………………… 34

第5章　学習者と教師は其々「日本語言語学概論」をどのように捉えているか
　　　　【研究1】··41
　　5.1　はじめに··41
　　5.2　先行研究··42
　　5.3　研究課題··43
　　5.4　研究方法··43
　　5.5　結果と考察··46
　　5.6　研究1のまとめ···70

第6章　「学習共同体」を取り入れた「日本語言語学概論」の実践教室
　　　　【研究2】··72
　　6.1　はじめに··72
　　6.2　先行研究··73
　　6.3　研究目的と研究課題··75
　　6.4　研究方法と分析方法··76
　　6.5　結果と考察··87
　　6.6　研究2のまとめ···135

第7章　受講生は新しい「日本語言語学概論」の授業をどう評価しているか
　　　　【研究3】··137
　　7.1　はじめに··137
　　7.2　先行研究··138
　　7.3　研究目的と研究課題··139
　　7.4　研究方法と分析方法··139
　　7.5　結果と考察··141
　　7.6　研究3のまとめ···209

第8章　結論··211
　　8.1　本研究のまとめ··211
　　8.2　本研究で見えた「日本語言語学概論」のあり方及び教育
　　　　現場への提言··213

8.3　本研究の意義···216
　　8.4　本研究の限界と今後の課題···219
参考文献··222
付　録··233

第 1 章　序論

1.1　研究動機

　中国の大学における日本語専攻の教育課程には、「日本語言語学概論❶」という科目が設置されている。「基礎日本語」、「高級日本語」、「日語会話」、「リスニング」などの授業と同様の専攻必修科目であるが、言語能力の養成を目指しているスキル科目（skill subject）と異なり、日本語の知識内容を体系的に理解する内容科目（content subject）である。本研究の問題意識は筆者自身の学生時代の本科目を学んだ体験、そして大学の日本語教師になった後、本科目を教える経験から芽生えてきたものである。

　2005 年、中国某大学の日本語専攻 3 年生として、筆者は初めて「日本語言語学概論」という科目に触れた。他の「基礎／高級日本語（精読）」、「範読」、「日語会話」、「リスニング（聴解）」といった授業は 1 年生と 2 年生の時に受講していたが、「日本語言語学概論」は 3 年生になって初めての授業であるため、受講前は少々不安な気持ちがあったのである。それから、科目名や教科書の目次から見ると、音声、語彙、文法など幅広い内容を如何に「概説」するかは見当がつかなかった。本来、大学院進学志望の筆者は本科目の受講を通じて、過去の学習で不明なところの再確認や把握を期待していたが、授業中、教師による専門用語の説明、内容の暗記を多く要求されて、その期待に応えることができなかった。しかも、周りの学習者同士からも「先生による一方的な講義はつまらない」、「学んだ内容がよくわからない」という声が多く聞かれた。

　一方、2012 年、筆者は中国のある地方の大学で日本語教師として仕事を始めた矢先、大学側から 3 年生の「高級日本語」と「日本語言語学概論」の担当を

---

❶ 「日本語言語学概論」の科目名は各大学によって異なっている。例えば、「日本語概論」、「日本語概論」、「日本語学概論」、「日本語言語学」などの科目名が使われる大学もある。

同時に任された。学生時代の学習者である立場から教師の立場に転換したのであるが、不安な気持ちは一向に変わらなかった。その理由は新規科目❶による教科書の選定と教授法の不明や一人で担当することによる仲間の教師の欠如、個人の日本語言語学に関する専門知識への自信不足などであった。当時、この2つの科目の担当において、スキル科目である「高級日本語」と内容科目である「日本語言語学概論」の科目特徴上の差異に意識することなく、同じような暗記暗唱、問題練習という形で進めていた。結局、試行錯誤の連続でありながら、学習者の多くの反応が冷淡だった。如何にすれば、語彙、文法などの既有知識を持っている3年生にとって、有意義な授業に改善できるかは現場の教師としての喫緊の課題だと考えている。しかし、これまで中国大学の「日本語言語学概論」という授業に関する研究は授業改善方法の提案や問題点を論じたものが多く、そこから知恵を得ようとしたが、本授業の現状調査を踏まえた上で具体的な実証的研究は管見の限り、まだなされていない。秋田（2008：203）は「教師の知識は身体化された実践知となっていることが重要である」と指摘している。つまり、教師は個々の教室において、目の前の学生に目を向け、授業実践の中で判断し行動することが大切である。

したがって、以上筆者の当事者としての「学びにくく、教えにくい」という経験から研究動機が生まれ、さらに自分自身の教育現場での実証的方法を踏まえて、内容科目である本授業の研究及び改善を決心したのである。

1.2　問題の所在：主体的・能動的学習の時代要請と教育現場との乖離

周知のように、時代の発展と共に、学習や教育の理論も変遷を見せた（朱 2017：161）。近年、情報化社会とグローバル社会が進み、時代の変化が激しい。この背景の下で、教育自体も教師主導の一方的な知識伝達を教育の基本と考えていた教育観から、アクティブ・ラーニング及び「主体的・対話的で深い学び」が重要とされている（河井 2019：1）教育観へと転換している。

日本では、2012年中央教育審議会の答申に、初めて大学教育における「ア

---

❶　筆者の職場大学では修正されたカリキュラムによって、2012年から「日本語言語学概論」が初めて設置された。

クティブ・ラーニング」の本格的な導入が提起され、以下のように定義されている。

　生涯にわたって学び続ける力、主体的に考える力を持った人材は、学生から見て受動的な教育の場では育成することができない。従来のような知識の伝達・注入を中心とした授業から、教員と学生が意思疎通を図りつつ、一緒になって切磋琢磨し、相互に刺激を与えながら知的に成長する場を創り、学生が主体的に問題を発見し解を見出していく能動的学修❶（アクティブ・ラーニング）への転換が必要である。（『新たな未来を築くための大学教育の質的転換に向けて――生涯学び続け、主体的考える力を育成する大学へ――（答申）』2012: 9-10）

　続いて、2014年『新時代にふさわしい高大接続の実現に向けた高等学校教育、大学教育、大学入学者選抜の一体的改革について（答申）』によって、高校段階もアクティブ・ラーニングが言及されるようになった。2017年に文部科学省が公布した『学習指導要領について』では「主体的・対話的で深い学び」が小中学校の授業改善までも標榜されている。

　一方、中国でもこうした動きが活発化し、2001年教育部が公布した『基礎教育課程改革綱要（試行）❷』では、小中段階の義務教育の基礎教育課程改革の目標について、「授業で従来の知識伝授を重視しすぎる傾向を変え、能動的、積極的な学習姿勢の形成を強調すべきである。（中略）受動的学習や暗記暗唱、反復練習の現状を変え、学生の主体的参加や探求、情報収集と処理、新知識の構築、問題の分析と解決、交流と協同能力の養成を推奨すべきである❸」とされ、教授法について、「教師は授業する過程において、学習者と積極的に交流し、共に成長すべきである。知識伝授と能力養成の関係を認識しながら、学生の自律性と自主性の育成を重視すべきである。実践を通じて、学生の質疑、調査、探求を啓発し、教師の指導の下で、主体的、個性的に学習することを促進

---

❶ 「学習」を指す。原文のままである。
❷ 原語：「基礎教育課程改革纲要（試行）」教基【2001】17号。
❸ 筆者訳で、中国語の原文は「改变课程过于注重知识传授的倾向，强调形成积极主动的学习态度……改变课程实施过于强调接受学习、死记硬背、机械训练的现状，倡导学生主动参与，乐于探究、勤于动手，培养学生搜集和处理信息的能力、获取新知识的能力、分析和解决问题的能力以及交流和合作的能力」である。

する❶」と示されている。また、2018年教育部が出した『関于加快建設高水準学部教育全面提高人材培養能力的意見❷』において、「学生を中心に、全面的な発展を目指す。『よく教える』ことより、『よく学ぶ』ことのほうを重視すべきであり、学生の興味や潜在力を引き出す❸」は基本原則として規定されている。

　以上からわかるように、日本も中国も授業における一方的な知識伝達や暗記暗唱の代わりに、アクティブ・ラーニングの目指す転換は、高等教育に留まらず、中小学校や高校の段階にまで波及している。従来の「受動的な授業・学習」とは真逆の位置づけとして、多様な社会で他者と協同しながら、主体的に思考力、判断力を育成しようとする「主体的、能動的」な授業や学習（アクティブ・ラーニング）が時代の要請となっている。

　このようなパラダイムの転換の中で、教育現場では学生たちを主体的・能動的な学習者にするための試みが各教育段階及び各科目において活発に行われている。日本では1990年代以後、佐藤学を中心に「学びの共同体❹」と呼ばれる学校改革のアプローチが日本各地の小中学校で展開している。算数、国語、社会などの科目において、子供たちは持っている既有知識を相互の学び合いによって考えて、新たな知識を作って、自分たちの一番適切な形で定型化していく。他に、近年の中国の教育現場において、学習者のアクティブな学習を目指そうと、「反転授業」の実践も豊富に報告されている（許2018；李2020；肖2021など）。大学の日本語教育の現場に絞って考えれば、スキル科目の中に、仲間の作文を検討し合う「ピア・レスポンス」（池田2005など）や仲間と読みの過程を共有する「ピア・リーディング」（舘岡2005など）などが盛んに取り上げられている。しかし、本研究の対象である「日本語言語学概論」のような内容科目におけるアクティブ・ラーニングの導入がまだほとんど見られなく、教師は依然として高度な専門知識を学生に分け与える進め方に拘泥している。本授業に関する先行研究の中、「教師中心型の授業」、「学習者の受動的学習姿勢」が共通的問題点として多く指摘されている（曽・龍2014；陰2015；

---

❶ 筆者訳で、中国語の原文は「教師在教学過程中応与学生積極互動、共同発展，要処理好伝授知識与培養能力的関係，注重培養学生的独立性和自主性，引導学生質疑、調査、探究，在実践中学習，促進学生在教師指導下主動地、富有个性地学習」である。
❷ 原語：「关于加快建设高水平本科教育 全面提高人才培养能力的意见」教高【2018】2号。
❸ 筆者訳で、中国語の原文は「堅持学生中心，全面発展。以促進学生全面発展為中心，既注重"教得好"，更注重"学得好"，激発学生学習興趣和潜能」である。
❹ 「学習共同体」、「学び合いのコミュニティ」などの言い方もある。

王 2017；趙 2019 など）。つまり、「主体的・能動的・対話的」の学びができるような授業は時代の要請となっており、国レベルの教育改革では唱えているが、内容科目である「日本語言語学概論」の教育現場にはなかなか浸透しにくく、依然として「教師中心」、「受動的学習」が主流である。両者の間はかなり乖離しており、学生に分かりやすく説明し理解を促すという従来の授業のあり方への見直しが喫緊の課題であることが分かる。

1.3 「日本語言語学概論」について

1.3.1 『教学大綱』から見た本授業の位置づけ

　2000 年前後、中国教育部高等学校外語専業教学指導委員会日語組により、『高等教育日本語専攻高学年段階教育大綱[1]』（以下では『高学年大綱』と略する）と『高等教育日本語専攻基礎段階教育大綱[2]』（以下では『基礎段階大綱』と略する）がセットとして公布されている。この 2 つの指導要領が約 20 年間の間、中国の大学の日本語専攻教育に大きく影響しており、教育現場のカリキュラム、教育目標、人材育成の教育方法などを指導している指針と言える。本節では『高学年大綱』における「日本語言語学概論」の規定から本授業の位置づけを検討する。

　大学 3 年生[3]や 4 年生を対象に開講される本科目は『高学年大綱』（2000）の中で、以下のように記述されている[4]（筆者訳で、下線も筆者によるものである）。

---

[1] 原語：《高等院校日语专业高年级阶段教学大纲》。
[2] 原語：《高等院校日语专业基础阶段教学大纲》。
[3] 学部段階のみならず、大学院段階においても本科目を開講している大学もある。
[4] ここは筆者訳である。原文は以下のようである。
日语语言学课程　1.目标（节选）：作为外语院校日语专业的毕业生，不仅应初步了解一般语言的基础理论，还要从理论角度了解日语语言的特点，如音声、音韵、文字、词汇、语法、句法、文体等。要提高学生驾驭日语语言的能力，打好继续深造的理论基础。要求学生比较系统地了解日语语言的基础知识，如语音学、语法学、词汇学等，从理论上对所学过的日语语言的基础知识和应学到的日语语言知识进行归类、梳理，并加以总结。2.要求（节选）：此类课程以教师讲授为主，使学生初步了解语言学基本知识。

表 1-1

> 日語言語学課程
> 1. 目標（抜粋）
>   外国語院校日本語専攻の卒業生には、言語の一般的な基礎理論知識だけではなく、日本語の特徴、例えば音声、音韻、文字、語彙、文型、統語、文体などの知識を理論的な視点から把握させる。受講生の言語運用能力を向上させ、将来の進学や研究のための理論知識をしっかりと身につけさせる。日本語の基礎知識、例えば、音声学、音韻論、文字、語彙、文法、文体などについて受講生に系統的に理解させ、既習の日本語の基礎知識を理論的に分類、整理し、総括させる。
> 2. 要求（抜粋）
>   本課程は教師の講義を中心に、受講生に言語学の基礎知識を理解させようとするものである。

　ここの規定を具体的に見れば、「言語の一般的な基礎理論知識だけではなく、日本語の特徴、例えば：音声、音韻、文字、語彙、文型、統語、文体などの知識を理論的な視点から把握させる」という１の「目標」と、「教師の講義を中心に」という２の「要求」との間には矛盾があると考える。具体的に言えば、内容科目としての本授業の目標では「日本語の基礎知識、例えば、音声学、音韻論、文字、語彙、文法、文体などについて受講生に系統的に理解させ、既習の日本語の基礎知識を理論的に分類、整理し、総括させる」と規定されている。つまり、学習者のアクティブな学習が必要となり、既有の日本語知識を分類、整理、総括することを１の目標としているが、２の要求では「教師の講義を中心に」という従来の教え方が提示されている。1.2で述べたように、この２点の間が乖離しており、本授業の受講生である大学３、４年生という高学年の受講生の日本語に関する既有知識を引き出すことも、アクティブな学習能力を養成することも困難になることが危惧される。

1.3.2　中国大学教育現場における「日本語言語学概論」

　以下では、筆者の勤務校であるS大学を参照例として、「日本語言語学概論」が日本語専攻カリキュラムの中でどのように位置づけられているかを説明する。

　S大学は1990年代初頭の教育改革ブームの中で、中国の国立大学と海外の私立大学が連携し、1998年に開設された私立大学である。母体の大学の学科、教員、設備等の諸条件や運営経験を生かし、募集受講生定員人数は毎年１万人

前後という全国平均数のやや上位に位置している。日本語学科は 2002 年（2007 年に日本語学部となった）に設立され、ビジネス日本語コースと日本語翻訳コースを有している。日本語専攻教育の歴史は長くないが、現在、在学受講生数は 220 人以上を数え、省内 1 位であり、カリキュラムも安定している。

　表 1-2 が示すように、S 大学の日本語専攻教育では、「基礎日本語」、「高級日本語」をはじめとして、複数の科目が設置されている。「日本語言語学概論」は 3 年生の専業必修科目とされているが、「高級日本語」のような通年授業でなく、教学時間は少なく、1 学期は 32 コマ、年間教学総時間の 1/10 弱に過ぎない。「日本語新聞閲読」、「日本文学鑑賞」、「日本概況」などによる日本言語文化の理解が重要だとしても、『高学年大網』で規定された「音声、音韻、文字、語彙、文型、統語、文体などの知識」の統合を目標とするなら、1 学期 32 コマの教学時間ではその目標達成は極めて難しいというのが現場の教員の実感である。その結果、日本語学の様々な領域を束ねることが追求される本授業は、他の日本語科目の授業の内容と繋がりも考慮されないまま、カリキュラムの教学目標だけを追求した授業の進め方に終始してしまう場合もある。

表 1-2　S 大学日本語学科のカリキュラム（専業必修科目）

学年	科目名	コマ数（1 コマ 45 分）／単位数
1	基礎日本語ⅠとⅡ 日本語聴力ⅠとⅡ 日本語会話Ⅰ	各 128 ／ 各 8 各 32 ／ 各 2 各 32 ／ 各 2
2	基礎日本語ⅢとⅣ 日本語文法、日本語範読ⅠとⅡ、日本語聴力ⅢとⅣ、日本語会話ⅡとⅢ、日本商務礼儀、日本語テスト（日本語能力試験専門指導）	各 128 ／ 各 8 各 32 ／ 各 2
3	高級日本語ⅠとⅡ 漢日翻訳、日漢翻訳 ビジネス日本語ⅠとⅡ、日本語範読ⅢとⅣ、高級視聴説、高級会話、日本語言語学概論、日本語古典文法、日本語作文	各 96 ／ 各 6 各 64 ／ 各 4 各 32 ／ 各 2

続表

学年	科目名	コマ数（1コマ45分）／単位数
4	高級日本語Ⅲ 日本文学鑑賞、日本概況、外貿単証制作、 国際貿易実務、日本語新聞閲読	各96／各6 各32／各2

1.3.3　内容科目としての「日本語言語学概論」

　教育学の領域において、系統的知識を教授する科目（教科）を内容科目（content subject）と呼ばれ、練習を伴うことによって、外国語、ビジネス、情報処理などのスキルを身につける科目をスキル科目（skill subject）と呼ばれている。日本語専攻教育のカリキュラムを具体的に考えると、精読、会話、聴解などの授業はそれぞれ日本語の運用や話すこと、聞くことというような日本語能力の養成を目指すスキル科目であるのに対して、「日本語言語学概論」は本質的に異なっており、『高学年大網』で規定されるように、「日本語の基礎知識、例えば、音声学、音韻論、文字、語彙、文法、文体などについて受講生に系統的に理解させ、既習の日本語の知識を理論的に分類し、整理し、総括させる」ことが本授業の目標とされる。つまり、「日本語言語学概論」は日本語の運用というゴールではなく、日本語の文法や音声や多分野の専門知識を体系的に、系統的に学ぶ内容科目である。

　従って、スキル科目と内容科目の教育目標や教育方法も同じとは言えない。例えば、スキル科目ではドリルやロールプレイの練習を通じて、外国語としての日本語の語形の変化や生活場面での具体的な運用方法を身につけさせるものであるが、内容科目はスキル科目と違って、新しい知識や内容をどのように構築していくかというところを追求している。1年生と2年生の段階は語彙や文法を学んできたものを、3年生の「日本語言語学概論」で知識内容として如何に整理し、総括すればいいかは再考する必要がある。そこで、教師の指導法が問われている。従来の「日本語言語学概論」という授業でのやり方は教師が整理した内容或いは教科書の高度に要約された内容をそのまま説明して、学生にそれを暗記暗唱させる、スキル科目と同じようなタイプが主流である。すなわち、教師による講義がメインとなっている。こうして、学習者の既有知識に当

てはめて、新しい知識への推論や思考力の育成も困難となってしまうと言えるのではないか。如何にすれば、内容科目としての「日本語言語学概論」をお互いの対話によって、自分たちの既有知識を系統的に整理し、新しい理解の構築が保証できるかは現場の教師にとって重要な課題と考えている。

1.4　授業研究から見えた「学習共同体」

　上記のように、筆者は「日本語言語学概論」という授業によって問題意識が生まれ、授業のあり方を問い、研究することを追求している。伝統的な授業研究は学校、学術団体など公的な場を媒介にして、教師の研修、会議を行い、教育現場の共通的な問題を検討するのが一般的である。しかしながら、社会の変化による教育理念の転換及び学習者の多様化による個々の授業は大きく異なっており、画一的なものではなくなる。教師がそれぞれの教室に合わせて、授業をデザインし、実践や内省することによって、自らの方法論を構築することは喫緊な課題だと思われる。
　近年、日本語教育の領域でも「内省的実践家」や「自己研修型」など教師の行う研究が提案されている。その中で、授業研究・授業改革のあり方の一つとして「学び合い中心授業」というべき流れが起こっている（杉浦・奥田 2014）。日本では佐伯胖・佐藤学らによって「学びの共同体(学習共同体)」が提起され、授業と授業研究を中核として学校改革が展開してきている（秋田 2007）。従来の一斉授業から脱却し、教師と学習者間の「聴き合う」関係を基盤とする、「学習対象との対話、他者との対話、自己との対話」の対話的授業を提唱している。しかも、日本の学校教育に限らず、外国語教育や違った教育段階の実践を通じて、「学びの共同体(学習共同体)」の有効性が実証され、学生の主体的学力の向上のみならず、人と人とのコミュニケーションに基づき、教師と学生、学生同士の繋がり、そしてよりよい人間関係が成立していることが分かってきた。
　以上をまとめれば、中国の大学の「日本語言語学概論」は内容科目に属しており、学習者の相互作用による内容知識の構造、構築が必要となっているが、教育現場は教師の一方的な進め方に拘泥しており、教師と学習者の対話がほとんどなく、「対話的・主体的・深い学び」が構築できるような授業ではないと

考えている。それに対して、「学習共同体」は講義中心を脱して学生の主体的学びを追求し、「三位一体」の対話的学びによって、学習者と教師双方的な成長を追求している。よって、授業対象である大学3、4年の学習者は受身的な受講姿勢を変えることで、他人との対話を通じて、「対話的・主体的・深い学び」に到達し、これまで持っている既有知識をお互いの対話によって、教科書以外の知識に気づいたり、分析したりして、構築していく。また、社会的参加によって、仲間と教師との人間関係を構築することも期待できる。同時に、教師は「三位一体」の対話的授業実践を通じて、授業担当中の問題点の解決及び教師としての専門性を育成する可能性も見えてくる。換言すれば、「学習共同体」の理論は中国大学の内容科目としての「日本語言語学概論」という授業を改善する可能性があると考えられる。

1.5　本研究の目的

　本研究の目的は、「学習共同体」理論の導入が中国における大学の日本語専攻教育の内容科目である「日本語言語学概論」の授業改善に有効であることを検証し、他の内容科目の教育改革に示唆を与えることである。具体的には、「学習共同体」理論に基づいて、デザインされた教室実践を行ってデータを収集し、検討する。教室実践の中核は、「自己と学習内容、自己と他者、自己と自己」という三位一体の対話の場を構築することである。
　この教室実践を一定期間にわたって持続的に実施することによって、「日本語言語学概論」という内容科目における「学習共同体」の有効性を検証し、「対話的・主体的・深い学び」による「日本語言語学概論」という授業のあり方を提案すると考える。

1.6　本研究の構成

　本論文は以下の8章から構成される。
　第1章では、当事者の立場から研究動機を述べたうえで、教育現場のパラダイムの変遷をまとめる。続いて、「日本語言語学概論」の特性から本科目の授

業研究の必要性を指摘し、授業研究の背景から本授業における「学習共同体」の可能性を導き出す。最後に、本研究の趣旨と構成を説明する。

　第2章では、本研究の理論的枠組みを説明する。協同学習の背景から入り、「学習共同体」の理論と基本的な考え方を述べる。そして、なぜ「学習共同体」を基盤とするかを説明する。

　第3章では、先ず中国大学の「日本語言語学概論」という授業に関する先行研究を概観する。続いて、「学習共同体」の先行研究を小学校から大学まで違った教育段階で行われている実践研究をまとめる。最後に、残された課題を明らかにする。

　第4章では、先ず本研究の目的及び研究課題を提示する。次に本研究のフィールドの概観、データ収集の手順、方法と研究方法について詳しく述べる。

　第5章では、研究1であり、実践をする前に、現行の「日本語言語学概論」という授業の実態を当事者である学習者と教師の立場から探る。具体的に、事前調査で行われた訪問インタビューのデータからアンケート調査の質問項目を決定したうえで、中国全域の大学にアンケート調査を行う。回答者の傾向を見出すため、アンケート調査から収集されたデータを因子分析の手法で分析する。

　第6章では、「学習共同体」を取り入れた「日本語言語学概論」の授業に取り入れた実践教室に注目する。先ず、教師は「学習共同体」の理論に基づき、如何に本授業をデザインするかを質的分析で明らかにする。そして、デザインされた教室の中で、受講生と教師はどのような参加様相を呈しているかを主に教室の録音データを談話分析する。また、受講生と教師が書いたタスクシートや教研ノート、反省日記も文字データとして使用する。

　第7章では、新しい「日本語言語学概論」の実践に参加した受講生に本授業の感想を聞く。半構造化インタビューの方法で得られたデータをKJ法によって分析し、第5章、第6章の結果を踏まえて、受講生の視点からの新しい「日本語言語学概論」に対する評価を明らかにする。

　第8章では、先ず本研究の結果をまとめる。それを踏まえて、中国の大学における「日本語言語学概論」の授業の理想的なあり方と日本語教育現場への示唆と本研究の意義を導く。そして、本研究の限界と今後の課題を提示する。

本論文の構成を次の図 1-1 で示す。

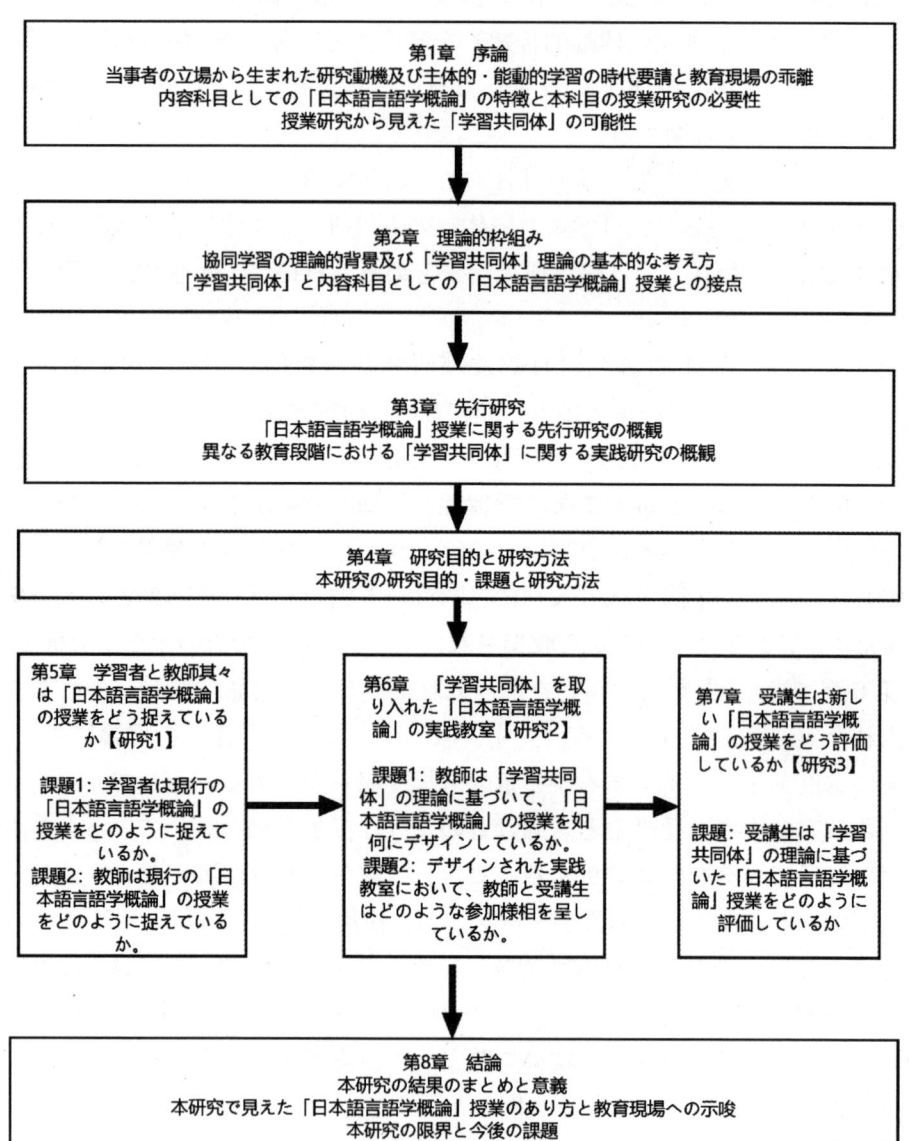

図 1-1　本論文の構成図

第 2 章　理論的枠組み

2.1　はじめに

　序論で述べたように、中国の大学の「日本語言語学概論」の教育現場は「学生は学びにくく、教師は教えにくい」という不評の声が出ており、本授業の研究や改善が必要となっている。しかし、伝統的な授業研究は教材研究、指導案作りなどの教師の「教える」技術を如何に向上するかに力点を置かれ、個々の学習者の「学び」を無視する傾向があるため、本授業の研究改善に限界がある。それに対して、「学習共同体」の授業研究は授業技術の改善ではなく、質の高い学びの実現と教師の同僚性の構築を目的としている。したがって、本研究は「三位一体」の対話が重視される「学習共同体」の理論を「日本語言語学概論」の授業に取り入れ、本授業のよりよいあり方を検討することが目的である。「学習共同体」は「協同学習」の背景から発展されてきたもののため、本章では先ず、協同学習の歴史的背景を整理した上で、「学習共同体」における「協同学習（協同的学び）」の定義を提示する。次は「学習共同体」とは何かについて、その基本的考え方を説明する。最後に、なぜ本研究は「学習共同体」を基盤とするかを述べる。

2.2　協同学習としての「学習共同体」

　「学習共同体」は協同的学びを中心に授業を組織しており、協同的学びは学びの本質であると佐藤（2012）は述べた。そこから「学習共同体」は「協同学習」の背景に依存していることが分かった。この 2.2 では先ず「協同学習」の背景を整理し、「学習共同体」における「協同学習／協同的学び」の定義を提示する。
　教育現場における「協同学習」の関心が持たれるのは久しい。19 世紀の終

盤からアメリカで協同学習の活用が既になされている。その影響が日本に及ぼし、大正時代から学習における子供の主体性や個性の尊重を前提とした教育実践が積み重ねられているようになったと杉江（1998）は述べた。杉江（前掲）は及川平治（1912）が実践と理論化を行った「分団式動的教育法／分団学習」、小川太郎（1954）が提唱した「共同学習」、1960年代末吉悌次・信川実による「自発協同学習」、1970年代アメリカのジグソー法（Jigsaw）から影響を受ける高旗正人の「自主協同学習」、1990年代杉江修治の「バズ学習」、佐藤学・秋田喜代美が提唱している学校教育領域の「学びの共同体／学び合い」など様々な教育モデルを取り上げ、協同学習が学習活動に積極的に取り入れられていると指摘している。

さらに、「協同学習」の定義に関して、様々な研究者が様々な角度から論じている（和田2015:135）が、杉江・石田・伊藤ら（1998）はジョンソン兄弟が提唱した「協同学習」を以下のように定義している。

小集団（small group）を活用した教育方法であり、そこでは生徒たちが一緒に取り組むことによって自分の学習と互いの学習を最大限に高めようとするものである。

その上、佐藤（1998;2004;2012など）はヴィゴツキーの発達最近接領域の理論と、デューイの民主主義の対話的コミュニケーションの理論を基礎として、「学習共同体」における「協同学習／協同的学び（collaborative learning）」を「学びの活動を対話的にケーションによる文化的・社会的実践として認識し、活動的で協同的で反省的な学びを組織している。文化的実践（文化的内容の認識活動）に重点が置かれ、意味と関係の構築としての社会的実践が重要とされる」のように定義している。以下では「学習共同体」の基本的考え方について説明する。

2.3 「学習共同体」の基本的考え方

佐藤（2000;2012）は「学習共同体」について、21世紀の授業と学校を実現するビジョンであると示している。具体的に、「質と平等の同時追求、プロ

グラム（目標達成）型からプロジェクト（思考探求）型へのカリキュラムの脱皮、一斉授業から協同的学びへの転換、教師の学びの共同体（同僚性）の構築、保護者市民の参加と連帯」(2012: 10) などを提唱している。ヴィゴツキーの発達最近接領域の理論と、デューイの民主主義の対話的コミュニケーションの理論を基盤としており、公共性の哲学（public philosophy）、民主主義（democracy）の哲学と卓越性（excellence）の哲学によって基礎づけている。

2.3.1 「学習共同体」の理論基盤

2.3.1.1 ヴィゴツキーの発達最近接発達領域（ZPD）

「最近接発達領域（Zone of proximal development）」は旧ソビエトの心理学者ヴィゴツキー（Vygotsky, L.S.）によって提唱されたものであり、周囲の援助がなく、自分一人でできるレベルとちょっとした援助があればできるようになるレベルとの間の領域を指している。

最近接発達領域の理論は本来大人が子供を援助する場合のものと論じたものであるが、佐藤（1999）によれば、「最近接発達領域を相互作用が具体的に展開されている「場」であり、大人、子供両方を含めた他者との相互作用による学習と発達の可能性を論じたものである」と指摘している。つまり、仲間同士においても最近接発達領域も適用できると理解している。

しかも、ヴィゴツキーは学びを個人主義的な活動として認識するのではなく、協同的で社会的な活動として認識し、教師や仲間の援助によって到達できるレベルで教育すべきだと主張している（佐藤2010: 91）。言い換えれば、学習は一人では成立できなく、協同する仲間の存在が必要となっている。子供の発達は社会的文脈に依存しているため、個と個の摺り合わせの中で行われており、仲間や教師からの助け合いや協同は子供の文化的発達を促すと言える。一方、教師は授業デザインする時、仲間と探求して達成できるような課題を準備しなければならない。そうして初めて、学力の優劣と関係なく、全ての子供（学生）は他者との学び合いを通して、高いレベルへの挑戦が保証できる。

もう1つ重要なのは、「学習共同体」における教師の役割は足場架けをすることである。「発達の最近接領域」は学習者間だけで発生することでなく、教師—学習者間も起動している。つまり、教員の仕事は正解を教えることではなく、正解に辿りつけるようなヒントを出すことになる。このヒントはあらかじ

め、教師が分かっているというより、教室中のやり取り、相互の対話を聞くことによって、何が足場架けになるかが明確になっていく。逆に、教師も学習者から学びの獲得が可能となり、共に知識の構築者になるわけである。

2.3.1.2　デューイの民主主義の対話的コミュニケーション

アメリカの哲学者のジョン・デューイは著書『民主主義と教育』の中で、一般的な政治学のイメージと違った「民主主義」を論じた。彼は学校教育の中心を子供に移す「コペルニクス的転回」を呼びかけ、作業や経験を基礎とする学びの共同体へと学校を改組する実験を行った（佐藤2007）。教育について、個人および社会にとって経験の連続的な再構成とみなすべきであり、社会生活のなかに含まれる人間形成原理を学校教育に導入して、その活性化を図ることが肝心である。教育の目的は、教養主義と実利主義の対立を止揚して民主的な社会を具体的に実現してゆくことであると考えている。

また、デューイは学びに不可欠な要素としてコミュニケーションの重要性を唱えている。彼はコミュニケーションの定義を「通信❶とは経験が皆の共有の所有物になるまで経験を分かち合っていく過程である。通信はその過程に参加する双方の当事者の性向を集成する」（松野訳1975: 24）とされる。コミュニケーションとは、単なる情報伝達ではなく、伝達の過程の経験を共有し、自身の態度を集成するという社会生活を含む概念である（伊藤2006: 53）。さらに、教師中心の授業、生徒の受身的学習を否定して、生徒の主体的、協同的、活動的学習を推進し、しかも認知的技能と道徳性格特性の両者の育成に寄与している（甲斐2006: 185-186）。

佐藤（2004: 71-72）はデューイの以上の理論を基づいて、「学習共同体」の学びを以下のような三つの次元の対話的実践として定義している。

第一の次元は、対象世界（題材・教育内容）との対話的実践です。この実践は認知的文化的実践です。第二の次元は、教師や仲間との対話的実践です。学習者は決して単独で学んでいるわけではありません。教師や仲間とのコミュニケーションを通して学んでいます。この実践は対人的社会的実践です。第三の次元は自分自身との対話的実践です。学習者は題材や教師や教室の仲間と対話するだけでなく、自分自身とも対話し

---

❶　コミュニケーションを指す。ここで訳文のままである。

自らのアイデンティティを形成しながら、学びを遂行しています。この実践は自己内的実存的実践です。（中略）すなわち、学びは「世界づくり」と「仲間づくり」と「自分づくり」を三位一体で追求する対話的実践です。

2.3.2 「学習共同体」の哲学

2.3.2.1 公共性の哲学 (public philosophy)

「公共性の哲学」とは、学校は公共的空間であるため、教育改革のためにすべての教師が年1回以上は教室を開き、同僚性を育てることである。なぜなら、「同僚性」の構築は学校改革の中心的テーマからである。教師は学生と同じく、「一人で成長することはできない」（佐藤2010: 179）ため、同僚と協同的授業の研究が必要となる。年に最低1回の授業公開研究会を通じて、教師が育ちあう「同僚性」が築かれている。

本研究の目的の一つは「日本語言語学概論」の授業を「学びやすい」授業に改善するための実践モデルを提示することである。具体的な指導法が不明な教員を解放するには、を解放するには、教師仲間間の「同僚性」を育成することが必要である。また、実践過程を可視化することもこれからの教育現場へ示唆を与えることができる。

2.3.2.2 民主主義 (democracy) の哲学

「学習共同体」の「民主主義」はジョン・デューイが定義したように、「他者と共に生きる生き方 (a way of associated living)」を意味していると佐藤 (2012: 18) が述べた。つまり、教室や学校は異なった人間同士が共生できる場所となる。「一人を残らず」、子供の学ぶ権利と教師の専門性を保証しなければならない。学校の構成員一人ひとりが主人公となり、聴き合う関係を基盤とする対話的コミュニケーションによって、「他者とともに生きる方法」としての民主主義を実現することを意味している。

従来の「日本語言語学概論」の教室では、教師の一方的講義が中心となっており、教師と学習者間、学習者間の対話がほとんどないため、学習者の能動的・主体的学びになりにくい。高度な語学知識を持つ教師とそうでない学習者の間も理解が疎通していない。多くの学習者は教室で落ちこぼれている。「学習

共同体」は「対象世界との対話、他者との対話、自己との対話」を重視することによって、個々の学習者の学ぶ権利を保障し、互恵的な学びを期待している。また、相互交渉の中で、知識が彼らが最適化の形で構築することも可能になる。

2.3.2.3　卓越性（excellence）の哲学

「学習共同体」の卓越性とはどんな条件にあっても、その条件に応じてベストを尽くすことを指している。授業の実践も最高のものを追求しなければならない。この点について、教師の課題作りに大きく関わっており、佐藤は多量の授業観察をしてきた結果、「課題のレベルが高すぎて失敗した授業はほとんど見たことがない。ほとんどの授業の失敗は課題のレベルが低すぎることによって生じる」（佐藤2012：20）と述べた。したがって、「学習の共同体」の課題作りは教科書レベルの「共有課題」と難易度を上げる「ジャンプ課題」の２種類によって組織している。こうして課題のレベルを上げて、子供の協同的、探求的学習によって、学力の向上が期待される。

この二重の課題によって、「日本語言語学概論」の授業実践は常に高いレベルへの探求型学習を創造することが可能になる。そして、学力の向上と本科目の目標である日本語学の知識全般の統合、整理、構築が期待されている。

2.4　なぜ「学習共同体」を基盤とするか

序論で述べたように、中国大学の「日本語言語学概論」という授業は他の科目と異なった特徴を持っている。全体的に言うと、「聞く、話す、読む、書く、訳す」と言った５技能の習得を目的とする「リスニング」、「会話」のようなスキル科目ではなく、３年と４年の高学年の学生の持っている日本語の既有知識を整理したり、まとめたりすることを通じて、日本語という言語知識を再構成、再構築することが期待される内容科目である。しかし、従来、本授業の教育現場では教師が教科書の中の統合された概念や構造知識の説明の暗記暗唱を学生に要求させる場合も少なくなかった。学習内容と学習仲間から疎外していると言える。その下で、高学年の大学生を単なる知識の「容器」と捉えてしまい、学生の自主的・探求的学習の成立は保証できないと考えられる。

以上「学習共同体」の理論から考えると、「学習共同体」は単なる学生たちを小集団に分けて、課題を課すようなグループ学習ではないと分かった。「学

習共同体」の授業では先ず「三位一体（対象世界と他者と自己と）」の対話の場を提供しなければならない。従来のグループ学習は発話する権利は主に優秀な学生が取っており、お互いが競争関係になりがちであると陳（2020：80）は指摘している。「学習共同体」は教室内の聴き合う関係が構築され、教師と学習者、学習者間はお互いの声を聞くことによって、相手の意見感想や分からないところを知り、自分の理解困難も発信できるため、心理的負担を下ろす。共同体の構成員たちの多様性によって、多元的、重層的な他人との「最近接発達領域」に到達することが可能になる。次に、3年生や4年生の授業対象にとって、本授業に対する期待も多様である。例えば、日本語の基礎知識に弱い学生は本授業を通して、知識の穴を埋めることを期待するのに対して、大学院進学希望の学生は本来の知識レベルを上げて、次の大学院段階向けての研究意識、研究能力を育成することを期待すると言える。この点について、「学習共同体」の教室では学習内容との対話を促し、教科書レベルの基礎課題とジャンプ課題の協同的探求によって、低学力層の底上げや高学力層の「背伸び」ができるようになり、「質が高い学び」を追求している。共に内容への思考、探求することを通じて、知識は自分たちのやり取りで構造していくのであろう。最後に、一般的なグループ学習と比べて、「学習共同体」の教師は共同体の構成員の一人と意識しており、ただ学生に課題を漠然と指示したり、学生の議論結果を評価するような上の立場ではない。学生との聴き合い、学び合いによる「一人を残らず」の授業に力を入れる。学生が議論に難航する時、教師はグループに入って、サポートをする。逆に、教師は学生の議論や学習に参加する途中で、学生から学ぶことも可能である。さらに、教師間の交流や授業研究を通じて、自分の教育理論を形成する。こうして教師の参加、協同、リフレクションを通じて、反省的実践家としての教師の専門性も成長していく。よって、「学習共同体」の理論は本研究の目的に合致すると考え、「日本語言語学概論」「日本語言語学概論」の授業で悩みを抱えている学生と担当教師の問題解決が期待されている。

第 3 章　先行研究

3.1　はじめに

　本章では本研究の先行研究を概観し、残された課題を提示する。具体的には先ず、中国大学の日本語教育における「日本語言語学概論」という授業に関する先行研究をまとめ、本授業の研究背景を明らかにする。次に、本研究の理論基盤である「学習共同体」に関する実践研究を異なる教育段階に分けて検討する。最後に、以上2つの面から先行研究を整理した上で、残された課題を提示し、本研究の位置づけを述べる。

3.2　「日本語言語学概論」に関する先行研究

　「日本語言語学概論」を取り上げた先行研究は、「基礎日本語」（精読）、「高級日本語」、「会話」のような他の専攻基幹科目に関する研究に比べると極めて少ない。現場では問題とされながらも研究対象とされておらず、注目度は低いと言える。

　少ない研究の中で相対的に多いのは、本科目の授業の問題点に焦点化した研究である。「教師の独断的な教え方」（曾・龍 2014：249）、「内容がつまらない」（曾・龍 2014：249；陰 2015：50）、「期末試験の成績だけにこだわり、日常の授業を大事にしない」、「教科書が古く、かつ理論的な内容が多い」（陰 2015：50；王 2017：95；徐・馬 2017：31）などが問題点として挙げられ、そのことが、「受講生の学習意欲の低下」を引き起こしているということがどの研究でも指摘されている（曾・龍 2014：249；陰 2015：50；王 2017：95；徐・馬 2017：31 など）。このように、「日本語言語学概論」に関する研究は教師の視点から考

察されたものが多く、現場の教師が本授業に感じている問題点についてはほぼ一致していると言える。

　また、これらの問題点を改善するべく、現場においては様々な改善に向けた教育実践が展開されている（趙 2005；周 2012；曽・龍 2014；陰 2015；王 2017；趙 2019 など）。例えば、趙（2005）は研究の視点を日本語音韻に絞って、「日本語言語学」の授業に日本語音声資料、特に日本各地の方言を提供することを提案した。音韻以外の内容に関する検討は言及されていない。曽・龍（2014）と劉（2014）は学習者が受身的に受講する姿勢を自主的に参加できるように改善するため、それぞれの所属する大学で「日本語言語学概論」という授業に「スキャフォールティング（scaffolding）❶」の導入を提案した。日本語の「位相」を例として取り上げて、教師がロールプレー、グループワークなどの方法を活用することによって、学習者の既有知識を喚起し、学習者の自律学習を導くことを述べた。

　以上 2 本の論文はそれぞれ音韻や位相といった具体的な分野から論じたものとして、「日本語言語学概論」の現場で解決に向かう断片が可視化されたが、他分野の内容には触れず、担当教師として、科目全般の具体的なデザイン方法も検討がなされていない。また、学習者の視点から如何に学習すれば、内容科目としての本授業の知識構築ができるかについての検証と示唆も言及していない。

　周（2012）は、大学院進学希望の学生を対象として、言語学に対する問題意識と研究能力を育成するために、「日本語言語学概論」という授業に CDIO の教育理念を導入した。CDIO とは Conceive（考え出す）、Design（設計する）、Implement（実行する）、Operate（操作・運用する）の略語であり、工学教育の改革を目的として開発された考え方である。周は授業で学生をグループに分けて、以上 4 つのステップを踏まえて、学習者と仲間共同で研究、発表する課題を出し、結果「良好な効果」を収めたとされる。陰（2015）は学習者の積極的な授業参加を実現するため、本科目の授業の改善方法として、①「対比教学：中国語と日本語の同じ漢字表現を対照しながら、受講生の関心興味を育成する」、②「実例教学：難解な専門用語を説明する時、日本人の具体的な生活シー

---

❶　言語教育の場合は一般的に、より有能な他者が学習主体の行為を方向づける過程がスキャフォールティングと呼ばれている。

ンを設置し、受講生に体験させる」、③「グループでの討論：教師が出した課題に対して、受講生をグループの形で議論をさせ、発表することを課する」、④「マルチ教室の活用：PPT、映像、方言など多様な資料を提供する」といった4つの面を重視することを提唱した。王（2017）は本科目の理論的かつ抽象的な専門用語が多く使われ、学部生にとっては理解が難しいという特徴に注目した。それらの専門用語を学習者に理解させるため、教科書だけに頼って授業を進めるのでは不十分であり、音声映像資料、PPTや現代若者が駆使している微信（ウェーチャット）、微博（マイクロブログ）など多種なリソースを活用することが必要であると指摘している。趙（2019）は本科目の授業改革について、「マルチ教室の活用」、「教師主導から学習者中心への転換」、「啓発的な指導方法」を提案している。以上4本の論文は「日本語言語学概論」の授業改革に向けて具体的な提案を提示しているが、改善に向けての教室設計の方法がないことに加えて、データが示されていないという限界がある。

　何・王（2017）は高等教育段階における教材の使い方及び教材の位置づけはどのようなものかを検討するため、2013年と2014年に、所属する大学で日本語言語文学専攻の大学院生1年の「日本語言語学概論」授業に「用教材教（教材で教える）」の理念を導入し、実践を行った。具体的に①一つの主教材（指定された教科書『新しい日本語学入門（庵功雄2012）』と複数の副教材（『日語概説（金田一春彦2002）』と他の関連資料）を併用すること；②授業中の講義以外、授業外の予習、復習も要求すること；③「「詰め込み」型講義より、学習内容をめぐる議論が重視され、受講生に発表させる形で授業を進めること；④最終評価は従来の期末試験の代わりに、受講生自身が関心を持った内容に対するレポートを出させることの4つの面から工夫をした。結果として、単一教材で限られた知識を複数の副教材によって穴を埋められ、「教教材（教材を教える）」から「用教材教（教材で教える）」へとシフトしたと述べている。徐・馬（2017）は授業対象の大学院生の研究意識の育成を目標として、小人数の受講対象という特徴から出発し、「日本語言語学概論」の授業に日本の「セミナー（Seminar）モデル」を取り入れて実践を行った。日本「セミナー（Seminar）モデル」というのは「演習型」授業の概念と似ており、「教師から指定された内容から受講生自らの課題提起→自らの資料収集と分析→一人で教室発表→受講生同士の議論と教師からのフィードバック」ステップで授業を進め、最終的な結論を出すものである。結果として、受講対象の大学院生は実践を通じて、問題意識、研究方法、修士論文の作成にも力になったと指摘してい

る。以上２つの研究は実践効果の検討に留まり、具体的な課題作りの方法及び実践教室の実相などについての記述はなされていない。

　以上、本科目に関する先行研究を概観した結果、現場の教師は本授業の問題点を「教師主導型の進め方」と「学習者の受身的な参加姿勢」の２点にあると考えている。その上で、「学習者中心」や「学習者の主動的学習」ができる授業に改善するために、「マルチ教室の導入、グループ学習などの多様な授業形式」或いは「副教材を中心にした豊富な学習リソースの提供」という様々な理念や提案を取り上げている。つまり、現場の教師は本授業における学習者のアクティブ・ラーニングの必要性を認識しており、それに向けての工夫を試みている。しかし、以上の理念や提案は具体的な実践を踏んだ上で提唱したものではないという限界があり、改善の効果についても判断できない。その他に、中国大学の教育現場における本科目の担当教師はほぼ中国人の非母語話者である点に注目したい。『高学年教学大綱』で規定された「教師の講義を中心に」から、教師には高度な専門知識が要求されていると考えられる。非母語話者教師はこの面において不利な立場に置かれやすい。「学びやすく、教えやすい」授業に改善するため、非母語話者教師の抱えている様々な困難を視野に入れるべきであり、現行の研究はそれについての指摘はない。

3.3　「学習共同体」に関する先行研究

　前章で述べたように、「学習共同体」はヴィゴツキーの発達の最近接領域の理論とデューイのコミュニケーションの理論に基づき、「学習者と対象との関係、学習者と自身との関係、学習者と他者との関係を編みなおす実践」（佐藤1995: 72）としている。1980年代から、「不登校」、「学校いじめ」、「沈黙の教室」などの学校風景が日本社会で問題視されてきた。学生から「逃走された」教室を改善するため、佐藤学をはじめ、「学習共同体」の改革が行われ、「活動（activity）」と「協同（collaboration）」と「反省（reflection）」の３つで構成される「活動的で協同的で反省的な学び」として遂行されている。そこから40年間以来、「学習共同体」の授業実践や授業研究は日本の小中学校を始め、高等教育の段階まで広がっている。実践教科も算数、国語、作文と言った主幹科目から音楽、社会などまで豊富に取り上げられている。

では、異なる教育段階で推進される「学習共同体」の実践はどのような違いがあるか、またどのような課題があるかに関連して、以下では教育段階別に概観する。

3.3.1　小学校段階における「学習共同体」に関する先行研究

「学習共同体」の小学校段階における改革実践において、代表的な事例は1998年に最初のパイロットスクールとして創設された神奈川県茅ヶ崎市立浜之郷小学校である（佐藤2012）。開校時20名以上いた不登校の子どもが「学習共同体」の学校改革を通じて、一人も残らず登校したのであり、「奇跡」と呼ばれる結果であった。2018年、筆者は第21回「授業づくり・学校づくり」のセミナー❶に参加し、浜之郷小学校5年生の社会科目における「学習共同体」の実践報告から当校改革のあり方を知った。教師は社会科目を通じて、学生に社会を形成している人々の「思い」を感じとり、深く考えさせるため、地域のサポートを得て、学生たちに一年の稲作りの学習を進めている。子供は男女混同の小グループに分けられ、学生同士と対話や実践を共に向かい、教師、家族、学校、地域の関係者に直に対話することができる。この活動を進行する中、農業の知識という一般的課題は無論、違った立場の人間活動を観察し、インタビューなどの方法を通じて、社会の各構成部分への理解という「ジャンプ課題」にまで挑戦するようになった。

他に、小学校段階における「学習共同体」の実践報告も多数あり（松尾・丸野2008：国語；菊池2015：算数；佐内2015：国語；平山2016：算数など）、結果は、教室内の学生間と教師との話し合いによって、子どもの思考力を膨らませたうえで、基礎レベルの共有課題やジャンプ課題を通じて、成績が下位層の子どもにも学力の向上が見られる。また、学校改革に着目し、学校間、或いは保護者と地域との連携による学校共同体の構築という研究もある（服部2011など）。

3.3.2　中高校段階における「学習共同体」に関する先行研究

中学と高校段階における「学習共同体」の実践研究は小学校段階の研究より

---

❶ 第21回「授業づくり、学校づくり」セミナー、名古屋国際会議場、「学びの共同体」研究会主催、2018年7月28日-31日。

少ないが、学校教育を実現するための一環としての授業改革を中心として研究がなされている（高橋2015：中学校国語；中島2015：中学校の社会地理；水野2010：高校国語など）。

　高等学校の生徒を対象として、水野（2010）は、生徒たちが学習に参加しなくなっている傾向を問題視し、学級を生徒たちが安心と信頼の雰囲気の中で学ぶことができる学習共同体として再構築するための授業デザインを提案している。名古屋市にある高等学校1年生の「国語総合」という授業において、テクスト読解過程の各段階において個人としての思考過程と集団としての思考過程を組み合わせた二重討論四段階思考方式（自力読み→グループ議論→全体討論→理解の深化）による協同学習モデルを提案し、この授業モデルを使った「国語総合」授業の事例分析を行った。「二重討論四段階」の思考方式の具体的な進め方はテキストの第1次は通し読みであり、学習者がテキストを初読したうえで、自分の疑問点や授業で取り上げてほしいテーマを書いて提出する。教師は提出したものを基に課題ワークシートを作成する。第2次は確かめ読みであり、学習者が課題について考え、自分の考えをワークシートAに記入する。その後学習者を男女混同の4人グループに編成し、グループ議論の結果を共有ワークシートBに記入させる。第3次はまとめ読みであり、各グループは討論の結果を学級全体に向けて口頭或いは板書で発表する。それについて全体の討論や教師のフィードバックをしながら、新たな課題へ挑戦する。第4次は振り返りであり、学習者自身及びグループや学級全体の活動の評価と振り返りをし、理解の深化を図ろうとする。結果、少人数グループ内では、比較的難度の高い文学テキストを協同して読解する過程において高密度な社会的相互作用が起こっており、生徒たちは自ら疑問を提出し話し合い、自分たちの既存の知識を活用する推論によって疑問を解決したことが明らかになった。同時に、水野は、小学校よりも中高校のほうで、学級全体の意見交換や討論がなり立ちにくい傾向が強くあると述べており、「知識獲得における問題解決の過程をさらに様々の角度から分析し、教師がどのような方針で授業設計をし、どのような学習課題作りをし、どのような導きをすれば、学習者が知的好奇心を持って仲間との学習に取り組むことができるか」（前掲：169）はこれからの課題として残されると指摘している。

　この研究から従来の教師主導型授業では既定の知識の効率的な伝達と習得を中心に置いたが、「学び合い」の実践ではそれと異なり、協同学習によって、

学習者の知識の創造が可能であることを示唆している。ただし、教育段階の向上につれて、学級を単位とする学習者の対話や意見交換などが困難になり、大学段階における「学び合い」の実践はさらに成り立ちにくい可能性もあると想定している。

一方、専門学校の留学生向けの日本語教育における研究に武田（2011）がある。武田（2011）は2009年、都内のある専門学校で、教室を学習者同士が作り上げる共同体として、年間を通じて、学習者の受信と発信を目指す対話型授業を行った。武田（2011：1）は「受信は学習者自身が教材に向き合う時間であり、また他者からの発信を得る時間である。発信は学習者の中にあるものを言語化し、他者に表出時間である」と述べ、留学生のこういう「受信」と「発信」を追求するため、各国から20名の留学生を対象に、「投書を読んで話そう」、「差異を考える教材—VTR教材『一期一会　キミに聞きたい！』—」、「ピア・リーディング」、「協働で作る詞—谷川俊太郎の実践から—」、「『講義を聞く』—聴く授業を対話型授業に—」という5つの授業実践を行い、最後に学習者に対して「対話」を重視した授業デザインの感想について質問紙アンケート調査を実施した。結果は、受信と発信を目指す「学びの共同体」の実践において、学習者は対話のプロセスにおいて、仲間の学習者によって日本語が習得できた。また、学習者は自分自身の考えが対話の授業を通じて広く、深くなったことと、読みの深化などによる複合的な学びが獲得できることと捉えている。

3.3.3　大学段階における「学習共同体」に関する先行研究

杉原（2006）は佐藤学が提唱し広まっている「学びの共同体」概念は大学教育の文脈では、大きく2つの意味を持つものとして使用されていると指摘している。「一つは、従来の講義における一方向知識伝達型教育の在り方とは異なる教育原理として、つまり学生と教員が共に学び合う存在として議論を行っていくという教育の在り方として使用される。もう一つは、学部間・大学間・大学と地域が連携し、それぞれのリソースが生かされながら学びが進められるという教育の在り方として使用される」（2006：165）という。

先ず、杉原（前掲）が言った「学生と教員が学び合う」という教育原理としての「学習共同体」に関わる先行研究を概観した結果、日本の大学段階における実証的な手順を踏んだ研究は管見の限りないことが分かった。一方、中国の

大学教育をフィールドにした「学習共同体」の実践研究は秦（2014）の研究がある。

秦（2014）は中国大学の「大学語文」という授業で「学習共同体」の実践を行った。「大学語文」は中国の大学で学生の専攻と関係なく、在学中履修しなければならない公共必須科目の1つであり、「日本語言語学概論」と同じく大学教育段階の内容科目である。1学期の授業時間において、何十篇以上の世界各国の文学作品を鑑賞することを通じて、学生の人文素養を養うことが「大学語文」の授業目標とされている。しかし、教育現場では授業時間が足りないことや受講人数が多いことなどで、学生の授業参加度が高くなかった。教師も授業効果についても消極的に受け止めた。秦（前掲）はこれらの問題を改善するために、「学習共同体」の理論を取り入れ、「大学語文」の教室実践を行った。具体的に、①1学期36コマの授業時間を教師の講義（18コマ）と学生の教室発表、相互講評（16コマ）と期末評価（2コマ）に分けること；②授業内容の文学作品を大学、生命、愛情、人生の苦難、人間と大自然のテーマに分けて、統合させること；③授業内（教室発表のグループ）と授業外（寮或いは部活単位での共同体）の多様的な共同体を作ること、の形で進めていた。結果、自力での教室発表と相互講評が多くの学生の興味・関心を上げ、自律的学習を促進したと指摘されている。また、バラエティーに富んだ文学作品の講読によって、「大学語文」のあるべき知識の構造と体系についての理解が深まった。同時に、グループの中にただ仲間に流れて深く参加しなかった学生がおり、今後こういう学生の深い学びのために、教師のさらなる工夫が課題として指摘されている。

「大学語文」は本研究の対象である「日本語言語学概論」と同様に内容科目である。しかも、秦（前掲）の研究を通して、「学習共同体」の理論は中国大学教育の土壌においては可能であることを示唆している。つまり、高度な学問的知識を対象とする大学の授業内容とはいえ、教師の教室設計と運営の仕方によっては、大学生間の対話が成立し、全体的な内容構造も構築できると言える。ただし、異なる教科、異なる言語の知識に対する教師の具体的な教室設計はどのような工夫が必要か、また学生の教室参加の実相は同じものであるかは未だ検証する必要がある。

他方、より良い人間関係の共同体づくりに焦点化した研究として、竹中（2018）と葛（2016）がある。竹中（2018）は大学組織の教学部門にいる職員たちの「学生や教員への対応」や「パターンが決まった職務の実施」以外に、意

思決定や新規事業に関わる機会が少ない状況に着目し、彼らの能力育成に資するような学習共同体を機能させるため、関西大学のFD（Faculty Development）担当の組織を取り上げ、「学習支援者としての大学職員育成研究プログラム」と「教員・学生と共に学ぶ大学職員研修プログラム」の2つの実践を行っていた。「学習支援者としての大学職員育成研究プログラム」では「授業支援グループ」を含む「学事局」の構成員22名を対象に、学生対応の疑似的なケースを用いた研修を行った。「教員・学生と共に学ぶ大学職員研修プログラム」は全部署の職員及び教員や学生を参加対象とし、常任理事や人事部門も含めて、4か月間90分×5回にわたって研修を行い、最終課題として教育や学習支援策の提言に関するレポートの手出と発表を求められた。結果としては、他者との対話を通じて、職員自身の学生対応に関連する新たな視点の習得や自信につながっている。また、教職員間の学習共同体が構築され、機能していると分かった。ただし、研修の場を離れて、学習共同体による学び合いは継続していることが確認できなかったと述べている。

　葛（2016）の研究では中国の大学日本語専攻生の学習実態を把握し、人間関係上の「学習共同体」はどのようなものかを明らかにするため、2007年5月から8月まで、16名の調査対象に半構造化インタビューを実施し、収集されたデータをグラウンデッド・セオリー・アプローチ（M-GTA）の手法で分析した。調査を通じて、中国の日本語専攻生の周りに様々な人的リソースが存在しており、主としては「日本人ネットワーク」や「中国人ネットワーク」の二本柱があって、特に日本人ネットワークの維持には大学で接触している日本人教師以外に、改善する余地がある。また、中国人ネットワークの面において、同級生や先輩のほかに、学問領域や地域社会とどのように連携するかも検討すべき課題だと指摘している。

　「学習共同体」の先行研究を概観すると、「学習共同体」に関する研究は小中学校の教育段階を中心的に行われており、高校と大学段階の研究は比較的少ないと分かった。また、いずれの教育段階においても、主に2つの着目点に大別することができる。1つは教師の一方的講義による「詰め込み授業」と対立した教師と学習者双方の「教え合い」、「学び合い」の授業を提唱し、学生自らの主導的、対話的、探求的な学習を求めている。あと1つは教師間の同僚性の「教師共同体」或いは学校と地域の連携の「学校共同体」の構築を論じている。しかも、違う教育段階における学生の発達状況と教科内容の背景も違うため、

それぞれの問題と課題も異なっていると考えられる。

　杉原（前掲）は大学教育段階における「学習共同体」の課題の2つを①共同の対話的実践が、大学の「高度に専門化した」学問領域の教員と基礎的知識が少ない学生の間に如何に成立し得るか、②小中学校のような「学級」の存在がなく、他者に対する責任が薄れると思われる場合、学び合う場を如何に構築し得るかにまとめる。したがって、中国の大学段階における内容科目である「学習共同体」の実践は如何に設計したうえで展開するかはそれに合った事例研究が必要となっている。

3.4　残された課題

　以上の先行研究をまとめてみると、中国大学の日本語教育における「日本語言語学概論」の研究はただ改善方法の提案や効果を論じたものに留まり、具体的な教室設計、運営及び学習者と教師双方の視点から実践の全貌を検討するような実証的なものが未だないということは課題として残されている。

　一方、「学習共同体」に関する先行研究は小中学校から大学までの教育段階において、「学び合い」の教室実践の展開、教師間の同僚性や専門性の構築、学校と地域の連携など多様な視点から教育実践や改革が行われている。結果的に学習者の相互交渉による学習者の知的創造や学力の向上、よい人間関係づくりや教師の指導問題の解決になるというところは共通している。そこで、本研究のフィールドである「日本語言語学概論」の授業特性に合致していると考える。「日本語言語学概論」は他の日本語教育の科目と異なり、日本語学の知識を体系的に学び、他の科目において効力を発揮するような内容科目である。本授業の受講対象である高学年の学生は各自持っている日本語に関する既有知識を持ち上げ、互いの対話による知的刺激を与え、最適化された形で定着し、新たな知識を構築することも期待できる。担当教師の立場からも非母語話者教師の可能性が見える。なぜなら、「学習共同体」における教師も「学ぶ」人になって、従来のように高度な知識を効率的に教える役の代わりに、学習者と「共に知識を作っている」人と転換することができるからである。

　しかしながら、各教育段階における「学習共同体」の教育実践が直面する課題も異なっており、小中段階より、高校や大学段階の学生間の対話展開が一層

難しくなると先行研究の指摘から想定される。従って、本研究の対象である中国大学の「日本語言語学概論」のフィールドに限定した場合、如何に学習者の多様性や学習内容の個別性に合わせたうえで実践を展開するかはさらなる研究する必要が生じる。さらに、本研究から得られた具体的な知見を日本語教育の枠を超え、他の大学教育の内容科目へ示唆を提示することを期待している。

　以上の考察を踏まえて、中国大学の「日本語言語学概論」という授業の問題点を改善するには、「学習共同体」の理論による対話的コミュニケーション型の教室実践の可能性があると考えられる。ただし、中国大学の日本語専攻という特定の教育段階で、本授業の課題づくり、教室運営を如何にデザインし、また、学習者は教室でどのような反応で参加するか、どのような評価を与えるかは実証的な手順を踏まえて研究する必要があり、研究課題として浮上する。

第4章　研究課題と研究方法

　本章では、本研究の目的及び研究課題を提示する。その上で、研究方法を述べる。なお、研究方法については実践フィールドの概要、実践の手順、データの収集という順を追って、説明に入る。

4.1　本研究の目的と課題

　本研究のフィールドは中国の大学の日本語専攻教育における内容科目の1つである「日本語言語学概論」という授業の教育現場である。筆者自身の学生時代に受けた本科目の受講経験と教師としての担当経験から様々な問題点を感じ、本授業の研究動機が芽生えた。したがって、学習者と教師双方に満足できるような良い授業は一体どのような授業なのか、これまでの授業研究を参考にした上で、「学習共同体」の理論を本科目に導入し、実証することを通じて、内容科目のより良い授業のあり方を提案することが本研究の目的である。そのため、当事者である学習者と教師両方の視点から本科目への捉え方を探り、「対象世界との対話」、「他者との対話」、「自己との対話」という3つの対話が唱えられた「学習共同体」の理論に基づき、実践を行う。最後に、受講生の視点から「日本語言語学概論」という新じ授業をどのように評価するかを追求し、本授業のあり方を検証する。

　第1章の序論では、先ず筆者の研究動機を述べた。それは学生時代における本科目の「学びにくい」受講経験及び社会人になった後、本科目の担当教師として遭遇した「教えにくい」経験である。具体的に言えば、学習者としては教師の一方的な講義を受け、学習者間と教師とのコミュニケーションがほぼなく、1人で勉強した本科目の学習効果に満足できなかった。担当教師になった後は

内容科目である本授業の特徴を意識することもなく、スキル科目と同様の教授法で進めていた。しかし、教学内容が多分野にわたっており、試行錯誤の結果、受講生たちの反応が冷淡であり、教師としての筆者は共に相談する仲間もなく、一人で苦しんでいる。先行研究に当たってみた結果、「日本語言語学概論」に関する研究は同じく「専攻基幹科目」と位置付けられた「精読」、「会話」、「範読」などの授業と比べて、極めて少ないことを指摘した。しかも、近年教育現場「主体的・能動的・深い学び」というアクティブ・ラーニングが国家レベルの指導要領によって、時代の要請となっている。こういう背景の下で、「対象世界との対話」、「他者との対話」、「自己との対話」を大事にした「学習共同体」の対話的実践に関する研究が本研究の参考になることを述べた。以上を踏まえて、「日本語言語学概論」の授業研究の必要性を論じ、「学習共同体」の理論を中国の大学の日本語専攻教育における内容科目の実証を提起した。

　第2章では、本研究の理論的枠組みである「学習共同体」を提示し、その基本的な考え方を述べた。「学習共同体」における協同的学びはヴィゴツキーの「発達の最近接領域」の理論とデューイの民主主義の対話的コミュニケーションの理論を基礎としている。学習者と教師の聴き合う関係を基盤とする対話的コミュニケーションの実践であり、「一人を残らず」学びの主人公になる権利を実現し、学びの質を高め、「一人残らず」教師が専門家として学ぶ同僚性を構築している。これまで「日本語言語学概論」の教室現場で問題点として指摘されている「教師主導の一斉授業」、「理論的で分からない授業」、「教え合うことのない授業」と根本的な違いがあって、「対象世界／学習内容との対話」による学習者の既有知識を喚起し、「他者との対話」による互恵的学びを実現し、「自己との対話」による自己認識を深化することが期待できる。さらに、こういう多層的・自主的学習を通じて、学習者が持っている日本語言語学の既有知識を分析、総括、構築する可能性があり、内容科目の特性に相応していると考えている。

　第3章では、先ず中国大学の「日本語言語学概論」に関する先行研究を概観した。結果として、本科目は『高学年大綱』によって、日本語専攻基幹科目と位置付けられており、現場の教師は音声映像、PPTなど豊富な授業形式を持って、改善しようと論じていることが分かった。しかし、それらの研究は実証的に検討されているわけではないという限界がある。次に、「学習共同体」に関する先行研究をまとめた。教育段階別で先行研究に当たった結果、小中学校を

中心に実践がなされており、対話的コミュニケーションの協同学習を通じて、学習者の学力の向上と教室内の良い人間関係が構築された結果が共通されている。また、中国の大学段階では英語教育をはじめ、「学習共同体」の実践授業研究が展開されていることが分かった。しかし、違う教育段階、違う科目、また違う学習対象によって、「学習共同体」の課題も異なり、中国大学の内容科目である「日本語言語学概論」という授業に「学習共同体」に適用できるかはいまだに不明なままである。そこで、本科目の授業において、「学習共同体」の理論に基づいた実践を通じて、実証する必要があると述べた。

以上の議論を踏まえて、本研究は以下のように研究課題を設定した。

研究1：学習者と教師其々は本科目の授業をどのように捉えているか。

　　課題1：学習者は「日本語言語学概論」の授業をどのように捉えているか。

　　課題2：教師は「日本語言語学概論」の授業をどのように捉えているか。

研究2：「学習共同体」の理論に基づいた内容科目の「日本語言語学概論」の実践教室は如何にデザインし、また、どのような様相を呈しているか。

　　課題1：教師は「学習共同体」の理論に基づいて、内容科目の「日本語言語学概論」の授業を如何にデザインしているか。

　　課題2：新しい「日本語言語学概論」の授業で、学習者と教師はどのような参加様相を呈しているか。

研究3：新しい「日本語言語学概論」をどのように評価しているか。

　　課題：受講生の視点から、新しい「日本語言語学概論」をどのように評価しているか。

先ず、「日本語言語学概論」の実態と現状を明らかにしない限り、それに合わせた授業デザインができないと考えているため、研究1は本科目の当事者である学習者と教師双方にアンケート調査を行い、それぞれ具体的な捉え方を明らかにする。続いて研究2は研究1の調査結果を踏まえ、教師は「学習共同体」の理論に基づいた教室実践を如何にデザインするかを考察する。さらに、デザインされた教室における学習者と教師両方の参加様相を具現化する。最後に、研究3では受講生の立場から、新しい「日本語言語学概論」の授業をどのように評価するかを分析し、これからの教育現場に対する示唆を得る。

4.2　本研究の研究方法

本節は実践概要とデータの収集から述べる。

4.2.1　実践フィールドの概要

本研究は筆者の勤務校である中国河南省に位置するS大学の日本語学部をフィールドとする。S大学は1990年代初頭の教育改革ブームの中で、中国の国立大学と海外の公立大学が連携し、90年代後半に開設された私立大学である。そこの日本語学科は2002年に設立され、ビジネス日本語コースと日本語翻訳コースを有している。2007年に日本語学部となって以来、募集人数は毎年120人前後だった。2012年以来、中日関係の影響のため、募集人数は50人まで減少され、所属教員も21人から現在の9人（日本人教師1人含め）までに下がり、日本語翻訳コースが募集廃止となってしまい、ビジネス日本語コースのみとなった。近年、学生募集の宣伝のために、当大学の日本語学科は日本の大学と連携することを積極的に推進している。在学中は半年か1年間の協定留学プログラム以外、卒業後、日本の大学へ直通大学院進学や日本の企業へ半年間か1年間のインターンシッププログラムも充実されている。それらのプログラムに参加し、日本へ留学或いは就職の希望を持っている学生もいる。

本授業の実践に参加する受講生は当時S大学の日本語学部3年生の45名である。中に男性7名、女性38名がいる。実践当初、学習者はN1（日本語能力試験1級、以下同様）の合格者が4人、N2の合格者は25人であり、他の大学の日本語専攻3年生と比べて、日本語レベルは全体的に高いと言えない。それで、卒業後の進路について、他の大学より、中国国内の大学院生を志望する人も少ない。多くの学生はそのまま就職か、或いは大学の協定プログラムを利用して、日本へ留学か就職かを選択している。以上から見ると、「日本語言語学概論」という授業に対する期待及び学習動機は多種多様だと推測できる。

「日本語言語学概論」という授業はS大学のカリキュラムの規定によって、週に1回、毎週金曜日の4限目、午後3時から4時40分まで（中間に10分の休憩時間あり）開講されている。これまで「日本語言語学概論」の授業は1学期の16週間にわたって、教師の講義を中心的に行われている。また、大学のルールによって、教師は授業中PPTを使用しながら、講義をしている。

4.2.2 　調査の時間と対象者

　研究1は「日本語言語学概論」の実態のより全面的かつ客観的な結果を得るために、全国の大学の日本語専攻に向けて、アンケート調査を行う。具体的な手順は先ず、アンケートの質問紙を作成するため、「日本語言語学概論」の学習者と担当教師に訪問インタビューの研究協力者を募集し、S大学の学習者4名やS大学と同じ省内にある4大学の担当教師4人が応募した。それで、2017年11月から2018年3月にかけてそれぞれに対して現行の「日本語言語学概論」に関する感想を聞いた。協力者の同意を受けた上で、彼らの音声をICレコーダに収録し、文字起こしをした。それら文字化されたものから類似した情報を集め、分類した。それを踏まえ、アンケート調査の質問項目を作成した。また、言語表現による誤解を避けるため、9名の中国人日本語教師及び4名の日本人教師と共に質問項目を検討し、意味確認と文言修正をしていた。最後に、S大学の本科目の受講経験を持つ学生に対して、小規模の試作を実施した上で、最終質問を「授業内容／教学内容」、「授業の進め方」、「自身の授業参加姿勢／学生の受講姿勢」、「総合的評価」の4部分から構成され、決定した❶。

　上の手順を踏んで決定されたアンケート調査紙を利用し、2019年4月1日から5月10日まで、中国全域の大学における日本語専攻生及び教師たちに調査を行った。実施する前に、先ず各大学のホームページで日本語専攻教育のカリキュラムを調べ、学部段階で「日本語言語学概論」の授業を開設している大学に絞った。その上で、各大学の日本語学部と連絡して、日本語教師及び学習者に研究の旨を説明し、自由参加の原則によってアンケートを回答してもらった。調査紙の発送はネットサイトである「問券星❷」を利用している。ネットを使用しているのは2つの考慮からである。1つはインターネットを利用すると、地域の制限に関わらず、広まりやすいと考えている。もう1つは携帯で直接参加できるので、回答者に心理的負担がかからないと考えている。結果的に、学習者のほうは175部を回収し、教師のほうは112部を回収した。

　研究2は「学習共同体」の理論を取り入れた内容科目である「日本語言語学概論」の実践教室の実態を究明することである。2019年11月から2020年1月にかけて、フィールドのS大学で「日本語言語学概論」の授業に「学習共同体」の理論を取り入れ、合計7回の教学実践を行っていた。新しい授業の受講生は

---

❶ 詳細は付録の（1）と（2）をご参考。
❷ 中国最大級のアンケートづくり専門サイト。

S大学日本語学部当時3年生の45名の学生である。

表4-1　研究2の実践シラバス

回	時間	主な授業内容
1	2019年11月22日	敬語の尊敬語
2	2019年11月29日	敬語の謙譲語と丁重語
3	2019年12月6日	敬語の丁寧語と美化語　敬語全般の要点まとめ
4	2019年12月13日	学習者の問題提起による敬語全般のまとめと確認
5	2019年12月20日	日本語の授受動詞
6	2019年12月27日	日本語の自他動詞
7	2020年1月3日	日本語の受身表現　実践全体のまとめと振り返り

研究3は受講生の視点から新しい「日本語言語学概論」の授業に対する評価を明らかにすることが研究目的である。よって、2020年10月から2021年4月まで、当時実践に参加した45名の受講生に声を掛け、「学習共同体」理論に基づいた「日本語言語学概論」授業に対する評価について半構造化インタビューを行った。コロナ禍の影響や卒業前のインターンシップの参加といった物理的な制限のために、合計39名の受講生はインタビューに応じた。時間は一人つき30分から1時間20分程度だった。

表4-2　各研究の調査時間と対象者のまとめ

	研究目的	調査時間	調査対象者
研究1	当事者双方から現行の「日本語言語学概論」授業の実態を把握すること	事前インタビュー：2017年11月～2018年3月　アンケート調査：2019年4月1日～5月10日	事前インタビュー：S大学の学習者4名と4大学の担当教師4名　アンケート調査：中国全域の大学と日本語専攻学習者
研究2	「学習共同体」の理論を取り入れた「日本語言語学概論」の実践教室の実態を究明すること	2019年11月～2020年1月	S大学の日本語専攻学習者3年生の45名

続表

	研究目的	調査時間	調査対象者
研究3	受講生の視点から新しい「日本語言語学概論」の授業に対する評価を明らかにすること	2020年10月～2021年4月	教室実践に参加した受講生39名

4.2.3 データの収集

本研究のデータ収集の手順は以下として示す。

先ず、研究1で現行の「日本語言語学概論」の実態を把握するため、中国全域の大学における本授業の学習者及び担当教師にアンケート調査を行った。その前の質問項目作りのためのインタビューは参加者の許可を得た上で、ICレコーダーで録音した。なお、アンケート調査はネットサイト「問券星」によって自動的に回答を収集した。

また、研究2は「学習共同体」に基づいた「日本語言語学概論」の教室風景を明らかにするため、音声データと文字データの両方からアプローチをした。音声データは実践中の教室最前列の中心部にICレコーダーを1台設置し、教室全体の音声を収集する。他に各グループの議論は受講生の自由意志で自らの携帯を使用して録音してもらい、授業後教師に送ることを説明した。しかも、途中で学習者の意志によって録音をストップすることも可能とする。文字データは受講生が書いたタスクシート、及び教師が書いた観察メモ、教研ノートと反省日記から構成されている。

最後に、研究3のデータは実践終了後、39名の受講生に対する半構造インタビューのものである。彼らの承諾を得て、新しい「日本語言語学概論」の授業に対する評価を聞き、ICレコーダーで録音し、データを収集した。

4.2.3.1 インタビュー

本研究は合計2回のインタビュー活動を行った。1回目のインタビューは研究1の事前調査であり、本調査のアンケート調査用の項目作りのために、「日本語言語学概論」という授業の受講経験や担当経験を持つ学習者と教師双方に対して感想を聞くことである。学習者と教師への質問項目は以下のようになる。

研究2のインタビューの質問項目	
学習者へ 1、「日本語言語学概論」という授業についてどう思いますか。 2、この授業はどのような形で進めていましたか。 3、この授業に興味を持っていますか。なぜですか。 4、自分はこの授業をどのように勉強していますか。 5、この授業で教師に対して、どのような期待或いは要求がありますか。 6、授業を受けた後と受ける前に、この授業に対する感想は何か変化がありますか	教師へ 1、「日本語言語学概論」という授業の担当に対して、どう思いますか。 2、自分はこの授業でどのような形で進めていますか。 3、この授業の担当は他の授業の担当と比べて、何か違うところがありますか。 4、学習者はどのような参加姿勢ですか。それに対して満足していますか。 5、教師として、この授業の担当に何か困ったことがありますか。 6、より良い「日本語言語学概論」のために、どのようなコメントがありますか

2回目のインタビューは研究3の実践後、受講生の新しい「日本語言語学概論」の授業に対する感想を明らかにするものであり、当時実践に参加した39名の受講生に対して行った。質問項目は以下のように示す。

研究3のインタビューの質問項目
(1) 実践前、「日本語言語学概論」という授業をどのように捉えていますか。 (2) 「日本語言語学概論」の実践の流れや具体的なやり方をまだ覚えていますか。 (3) 実践の中に、何か印象深いシーンがありますか。あるなら、どのようなシーンであるかを具体的に教えてください。 (4) 自分は「日本語言語学概論」の実践にどのように参加していましたか。(タスクシートの振り返りで書かれた内容を提示しながら、当時の感想を聞く) (5) 実践の中に、教師はどのように関わっていましたか。教師の役割は何だと思いますか。 (6) 「日本語言語学概論」の実践を通じて、学んだものはありますか。あるなら、具体的な内容を教えてください。また、改善したいところを教えてください

以上2回のインタビューはいずれも半構造化インタビューであり、質問項目をめぐって、調査対象者に一対一の形で行った。話の途中で、対象者の具体的な反応に応じて、意思不明な場合は質問を加えたり、順序を変えたりすることもある。

4.2.3.2　紙質調査（アンケート）

研究1では「日本語言語学概論」授業の当事者である学習者と教師双方に対して本授業の実態についてアンケート調査をそれぞれに行った。質問項目を作る際、本授業と一致した既有測定尺度がないため、自分の研究に合わせて、事前調査で得られたデータに基づき、類似データの分類作業を行った。また、回答の方法は回答者の傾向にどのような程度の差があるかを追求するため、「強く思う→そう思う→どちらとも言えない→あまりそう思わない→全く思わない」の5件法を使用することにした。

4.2.3.3　タスクシート

従来の場合、教師は受講生の学習具合を確認したり、評価したりするために、質問に応答してもらう場合が多く存在している。今回の実践では質問応答の代わりに、「学習共同体」の理論によるタスクシート❶を受講生に与える。タスクシートは主に教科書レベルの共有課題と難易度を上げたジャンプ課題と受講生自身のリフレクションの3部分から構成されている。毎回のタスクシートは前回の授業の最後に配布し、次回の授業までに回収する。受講生の事前準備や授業中の議論、それから授業後の内省を期待している。その中に書かれたものはすべて研究2の文字データとして収集されている。

表4-3　第1回実践のタスクシート

共有課題 今まで学んだ敬語の種類／分類方法をまとめてください。 （出所も明記すること）	
ジャンプ課題 教科書を参考にした上で、「ナル尊敬語」にはどのような使用制約があるかを考えてください。	
振り返り （今日の授業でよかったと思うところ、また改善したいところなど）	

---

❶　ワークシートとも言う。

4.2.3.4　文字化の原則

　課題2は「学習共同体」の理論に基づいた「日本語言語学概論」の教室風景を具現化するものである。合計7回の教室実践で収集された音声データをすべて文字化したうえで、教室という文脈における受講生と仲間や教師の対話を談話分析の手法で分析する。なお、本研究で対話の文字化の原則は王（2019）を参考にして、以下のように設定した。

表4-4　教室対話のやり取りの文字化に使用した記号の凡例

符号	表す意味
。	文末を表す
、	区切りを表す
……	1秒以内の短い沈黙を表す
？	疑問の音調を表す
（　）	発話者の表情や気持ちを表す
【　】	筆者が付け加えた説明
〈　〉	割り込み発話を表す

第5章　学習者と教師は其々「日本語言語学概論」をどのように捉えているか【研究1】

5.1　はじめに

　序論で述べたように、「日本語言語学概論」は、中国における大学日本語専攻教育において、「基礎日本語」、「日本語会話」、「高級日本語」などの授業と同じように専攻必修科目であり、この科目の履修は卒業要件に入っている。しかしながら、この科目は、学習者にとっては学びにくく、教師にとっては教えにくいという声が現場では多く聞かれる。例えば、受講側の学習者は、「先生による一方的な講義はつまらない」、「学んだ内容がよくわからない」という不満な声を上げ、教える側の教師は、この授業の内容は「概説的」でカバーする範囲が広いにも関わらず、どこに重点を置いて、どのように授業を進めるかについての具体的な指針が教育部から示されていないため、どうしても、「詰め込み型」の一方的な授業になってしまうと嘆く。つまり、学習者も教師も「一方的な講義」には疑問を持っていることが分かる。如何にすれば、このような現状を改善できるかは、現場の教師にとっては大きな課題である。この課題にこたえるためには、先ず本科目の学習者と担当教師がこの科目の授業をどう捉えているか、詳細に知る必要がある。それをもとに、はじめて「学びやすく、教えやすい」授業にするための手立てを考えることができるのではないか。

5.2　先行研究

　「日本語言語学概論」を取り上げた先行研究は、「基礎日本語」（精読）、「高級日本語」、「会話」のような他の専攻基幹（コア）科目に関する研究に比べると極めて少ない。現場では問題とされながらも研究対象とされておらず、注目度は低いと言える。

　少ない研究の中で相対的に多いのは、本科目の授業の問題点に焦点化した研究である。「教師の独断的な教え方」（曾・龍 2014: 249）、「内容がつまらない」（曾・龍 2014: 249；陰 2015: 50）、「期末試験の成績だけに拘り、日常の授業を大事にしない」、「教科書が古く、かつ理論的な内容が多い」（陰 2015: 50；王 2017: 95；徐・馬 2017: 31）などが問題点として挙げられ、そのことが、「受講生の学習意欲の低下」を引き起こしているということがどの研究でも指摘されている（曾・龍 2014: 249；陰 2015: 50；王 2017: 95；徐・馬 2017: 31 など）。

　このように、「日本語言語学概論」に関する研究は教師の視点から考察されたものが多く、現場の教師が本授業に感じている問題点についてはほぼ一致していると言える。また、第3章の先行研究で詳しく概説したように、これらの問題点を改善するべく、現場においては様々な改善に向けた教育実践が展開されている。しかし、これらの改善案の議論に進む前に、本科目の授業の実態、問題点をより詳細的、かつ多面的に明らかにする必要があるのではないだろうか。特に、この科目の授業をどのように捉えているかを両当事者の其々の視点から追求した調査は管見の限り、まだ行われていない。現状を正確に捉えて初めてその解決策についての議論が可能になると考える。

　そこで、本章では、この科目を受講した経験を持つ日本語専攻の大学生と担当経験を持つ教師双方を対象とするアンケート調査により、教師と学習者、其々の捉え方を明らかにすることを目指す。アンケート調査で得られたデータは、SPSS（Ver.20）（主因子法、プロマックス回転）によって因子分析をし、その結果を教育現場の当事者の視点から考察を進め、本授業の問題点と今後の改善方向を検討する。

5.3　研究課題

　以上をまとめて、研究1は中国の大学における「日本語言語学概論」の授業の実態と問題点を学習者と教師双方の視点から探ることを目的とし、研究課題を以下のように設定した。
　研究課題1：学習者は現行の「日本語言語学概論」の授業をどのように捉えているか。
　研究課題2：教師は現行の「日本語言語学概論」の授業をどのように捉えているか。

5.4　研究方法

　「日本語言語学概論」の授業実態を全般的に把握するために、予備調査として行ったインタビュー調査の結果に基づき、アンケート調査のための質問項目を作り、本調査を行った。

5.4.1　調査方法

　本研究で使用されたアンケート調査の質問項目は、予備調査として行った、本科目の学習者と担当教師への訪問インタビューで得られたデータに基づき、作成されたものである。
　学習者に対する予備調査は2017年11月から2018年2月にかけて、「日本語言語学概論」の学習者に呼びかけ、応じてくれた4名に対して、本科目の授業に対する感想を対面で一対一の半構造化インタビューを実施した。質問の内容は主に本科目の進め方と授業内容に対する感想をめぐって、展開されている。担当教師に対するインタビューは2017年12月から2018年3月まで4大学の「日本語言語学概論」の担当経験を持つ4名の教師に行った。インタビュー時の音声を承諾の下にICレコーダーに収録し、文字起こししたものから類似した情報を集め、分類をした。それを踏まえ、質問項目を作成した。また、言語表現による誤解を避けるため、9名の中国人日本語教師と4名の日本人教師とともに質問項目を検討し、意味確認と文言修正をしてもらった。最後に、小規模

の試作も実施したうえで、最終質問項目を決定した。学習者へのアンケートの内容は主に、「教学内容」、「授業の進め方」、「自身の授業参加姿勢」、「総合的評価」の4部分をめぐって、合計18個の項目と自由記述欄からなる❶。教師へのアンケートの内容は主に「授業内容」、「授業の進め方」、「学生の受講姿勢」、「総合的評価」の4部分をめぐって、合計19個の項目及び自由記述欄から構成される❷。

　学習者に対するアンケート調査は2019年4月1日から5月10日にかけて、中国全域の大学の日本語教師及び学習者の了承を得た上で、ネットサイトである「問券星❸」を利用して、自由参加の原則で回答してもらった。回収数は175部であった。調査は中国語版を使用した。一方、教師に対するアンケート調査は上記とほぼ同時期に、「問券星」とウェーチャットを利用して、全国大学日本語教師グループや各省の日本語教師グループ❹の管理者に調査趣旨を説明し、了承を得た上で各グループに発送した。本科目の担当教師は日本人教師の可能性もあることを考えたうえで、中国語版と日本語版の2種類のアンケートを送った。回収数は112部であった。なお、それぞれの回答者の所在地の内訳を図5-1、図5-2として示す。

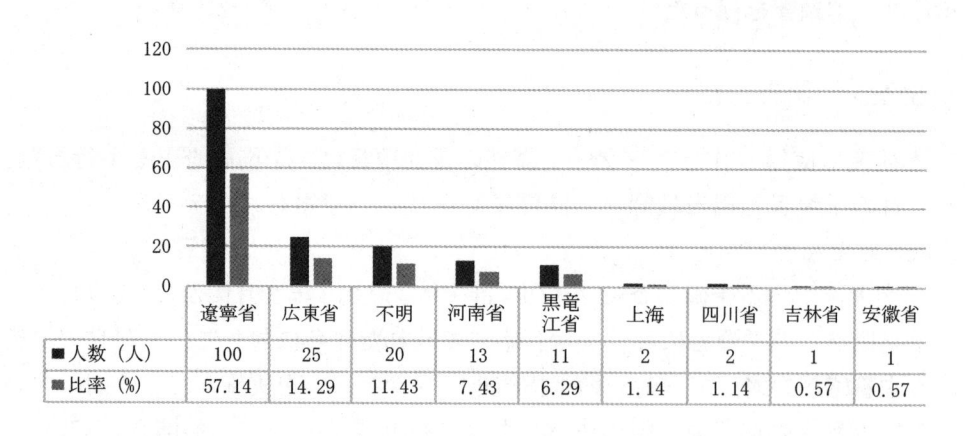

	遼寧省	広東省	不明	河南省	黒竜江省	上海	四川省	吉林省	安徽省
人数（人）	100	25	20	13	11	2	2	1	1
比率（％）	57.14	14.29	11.43	7.43	6.29	1.14	1.14	0.57	0.57

図5-1　研究1の回答学習者の所在地内訳図

---

❶　詳細は付録（1）をご参考。
❷　詳細は付録（2）をご参考。
❸　中国最大級のアンケートづくり専門サイト。
❹　ウェーチャット上の中国の大学日本語教師間の交流をめざすコミュニティであり、自由意志による参加である。各グループのメンバーは最大500名という機能上の制限があるため、複数の日本語教師グループが成立している。筆者も複数のグループに参加している。

第 5 章　学習者と教師は其々「日本言語学概論」をどのように捉えているか【研究 1】

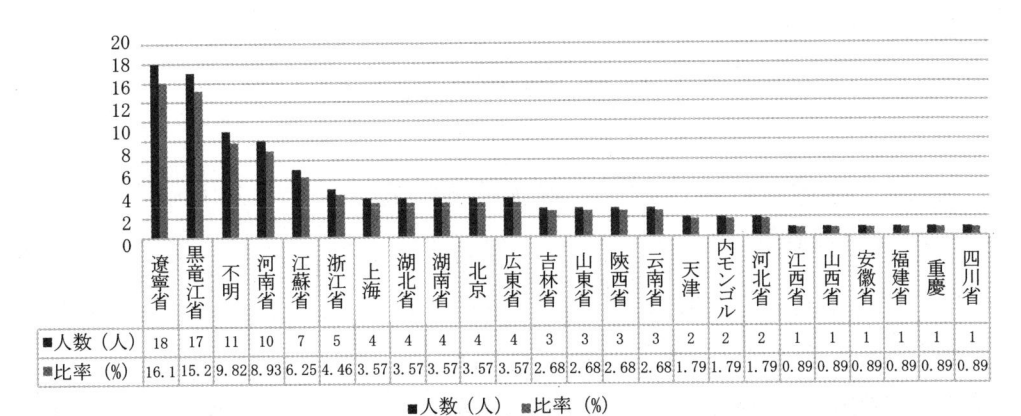

	遼寧省	黒竜江省	不明	河南省	江蘇省	浙江省	上海	湖北省	湖南省	北京	広東省	吉林省	山東省	陝西省	雲南省	天津	内モンゴル	河北省	江西省	山西省	安徽省	福建省	重慶	四川省
人数（人）	18	17	11	10	7	5	4	4	4	4	4	3	3	3	3	2	2	2	1	1	1	1	1	1
比率（%）	16.1	15.2	9.82	8.93	6.25	4.46	3.57	3.57	3.57	3.57	3.57	2.68	2.68	2.68	2.68	1.79	1.79	1.79	0.89	0.89	0.89	0.89	0.89	0.89

図 5-2　研究 1 の回答教師の所在地内訳図

　上の図が示すように、これらの回答者は中国全土の大学における学習者と教師全体を代表するわけではないが、母集団の多様性をある程度反映していると考える。なお、回答者の分布は国際交流基金『海外の日本語教育の現状　2018 年度日本語教育機関調査』の結果で示された、中国の日本語学習者数は東北三省と東部沿海地域に集中していることと一致している。

5.4.2　分析方法

　教育現場で行う質問紙（アンケート）調査の結果の分析において、いくつかの質問項目間に対して、似たような回答傾向がないかを見分ける方法として、因子分析（factor analysis）が多く使用されている（竹内・水本 2012）。因子分析を行う場合、理論上、ある程度のサンプル数が必要である。一般的には 100 名以上が目安とされており、本調査によって得られた 175 部（学習者）と 112 部（教師）はその条件を満たす。そこで、本研究では今回の調査で回収された 175 部と 112 部のアンケート調査から学習者と教師双方に「日本言語学概論」の授業に対する捉え方にどのような傾向があるかを究明するために、因子分析の手法を援用することにした。なお、本稿は中国大学の日本語教育現場を構成する学習者と教師を対象とした「日本言語学概論」という授業の捉え方に関するアンケート調査であることから具体的な因子を探るため、探索的因子分析の手法で進めていく。

5.5 結果と考察

5.5.1 学習者は現行の「日本語言語学概論」をどのように捉えているか【研究課題1】

5.5.1.1 課題1の結果

回収された175名の学習者のデータをSPSS(Ver. 20)で因子分析を行った。初期解を主因子法の結果、固有値1.0以上を基準に因子が4つ抽出された。因子の解釈しやすさから4つの因子解が適当であると考え、抽出因子を4つに設定し、因子分析、プロマックス回転で分析を行った。さらに、回転後の該当因子が他因子と0.10以上負荷していない項目を1個（項目4）削除し、残った17の項目について再度因子分析を行った。各因子の信頼度と累積寄与率を表5-1として以下に示す。

表5-1　学習者側の捉え方についての因子分析の結果

項目	1	2	3	4
第1因子「教師や仲間によるサポート」 $\alpha = .729$				
11、教師が日常生活の実例を取り入れたので、分かりやすかった。	.927	-.105	-.022	-.036
10、教師は、学生の質問や相談に丁寧に対応していた。	.850	-.078	.008	-.098
15、教師は学生の理解度を確認しながら、授業を進めていた。	.590	.134	-.132	.031
12、教師が日本語で授業して分からない時、中国語での説明があった。	.577	.095	.054	.170
9、授業の分からないところについて、教師やクラスメートと相談したことがある。	.465	.116	-.002	-.019
8、教師が教科書を読み上げるだけの授業が嫌だ。	.224	-.204	.200	.004

第5章　学習者と教師は其々「日本語言語学概論」をどのように捉えているか【研究1】

续表

項目	1	2	3	4
第2因子「授業に対する興味・関心」			α＝.743	
17、この授業は、私の期待に応えた。	.046	.964	.037	.084
16、この授業の進め方では、興味が湧かない。	.013	.641	.337	.025
5、授業の内容は興味や関心があった。	.032	.591	.026	-.167
18、この授業を通じて、他の科目の内容の理解に役立ったところがある。	.339	.550	.125	.006
6、授業の進め方は、教師の講義が中心になっていた。	-.044	.311	.127	.260
第3因子「教師の努力と熱意」			α＝.844	
13、授業では、教師の板書やパワーポイントの内容が教科書のままだった。	-.009	.068	.874	.017
7、授業の進め方では、教科書の内容通りに読むだけだった。	-.091	.091	.762	-.017
14、他の授業と比べては、この授業に対して熱意が感じられない。	.011	-.163	.739	.015
第4因子「理解困難な内容」			α＝.633	
3、指定された教科書は、日本語だけなので、理解しにくい。	-.063	-.023	-.047	.713
2、授業の内容は、理論的で難しい。	.139	-.160	-.075	.681
1、最初、科目名だけでは、内容がわからない。	-.011	.099	.113	.456
累積寄与率（%）	30.791	40.289	46.658	51.053

　　第1因子は項目11「教師が日常生活の実例を取り入れたので、分かりやすかった」、項目10「教師は、学生の質問や相談に丁寧に対応していた」、項目

15「教師は学生の理解度を確認しながら、授業を進めていた」、項目 12「教師が日本語で授業して分からない時、中国語での説明があった」、項目9「授業の分からないところについて、教師やクラスメートと相談したことがある」、項目8「教師が教科書を読み上げるだけの授業が嫌だ」という6つの項目から構成されており、「教師や仲間によるサポート」と命名した。

第2因子は項目17「この授業は、私の期待に応えた」、項目16「この授業の進め方では、興味が湧かない」、項目5「授業の内容は興味や関心があった」、項目18「この授業を通じて、他の科目の内容の理解に役立ったところがある」と項目6「授業の進め方は、教師の講義が中心になっていた」の5つからなっており、「授業に対する興味・関心」と命名した。

第3因子は項目13「授業では、教師の板書やパワーポイントの内容が教科書のままだった」、項目7「授業の進め方は、教科書の内容通りに読むだけだった」と項目14「他の授業と比べて、この授業に対して熱意が感じられない」からなっており、「教師の努力と熱意」と命名した。

第4因子は項目3「指定された教科書は、日本語だけなので、理解しにくい」、項目2「授業の内容は、理論的で難しい」と項目1「最初、科目名だけでは、内容がわからない」から構成されており、「理解困難な内容」と命名した。

次に、学習者からの本科目の授業に対する捉え方の4因子間の相関を求めた結果を表5-2として以下に示す。

表5-2　学習者の4因子間の相関結果

	第1因子	第2因子	第3因子	第4因子
第1因子 「教師や仲間によるサポート」	1.000			
第2因子 「授業に対する興味・関心」	.428	1.000		
第3因子 「教師の努力と熱意」	.476	.484	1.000	
第4因子 「理解困難な内容」	.184	.455	.424	1.000

表5-2に示した因子間の相関から、第1因子「教師や仲間によるサポート」と第2因子「授業に対する興味・関心」と第3因子の「教師の努力と熱意」の

第 5 章　学習者と教師は其々「日本語言語学概論」をどのように捉えているか【研究 1】

3 つの因子の間に中程度の正の相関が見られた。一方で、第 1 因子「教師や仲間によるサポート」と第 4 因子「理解困難な内容」の間の相関が比較的低いことが分かった。なお、結果から、4 因子の生成が妥当であることが確認される。

　5.5.1.2　学習者の各因子の考察

　以下では、回収された学習者の自由記述を基に、因子ごとに結果を考察する。なお、「　」は回答者による自由記述のコメントであることを示す。統計上の都合のため、アンケートを作成した時、自由記述を必須項目として設定されており、回答者の先着順によって、それぞれの記述に通し番号を付した。また、特にコメントなしの場合も通し番号を記し、合計 175 個の記述を得ている。

　(1) 第 1 因子：教師や仲間によるサポート

　第 1 因子を構成する 6 つの項目はいずれも本科目の受講過程における他者（教師と仲間）からのサポートやそれに関する学習者の要望を反映しており、「教師や仲間によるサポート」と命名した。そこで、教師および仲間のサポートに関連すると考えられる記述を自由記述の中から抽出し、授業の進め方について、教師のサポートに関わる要望、およびグループ学習における他のクラスメートのサポートに関わる要望の 2 つに分類した。結果を表 5-3 として以下に示す。なお、日本語訳と下線は筆者によるものである（以下同様）。

表 5-3　教師や仲間のサポートに関する記述

授業の進め方についての教師のサポートに関する要望	155：这个课一听就困，所以也希望老师能讲得有意思一些，比如给我们讲一些课本以外的知识[①]。 【日本語訳】この授業を聞くと、眠くなる。もっと面白くしてほしい、教科書以外の知識も教えてほしい。 151：还是希望老师讲（课）的时候能够结合生活来讲，太重理论的话，就特别无聊，也理解不了。 【日本語訳】やっぱり実際の生活と結びつけて説明してほしい。理論的な内容だけを重視しすぎると、面白くないし、理解もできないから。 141：基本没啥兴趣，要是（讲课内容）能更实用点就好了。 【日本語訳】あんまり興味が感じられない。もっと実用性が強いものが良い。 142：这课感觉都是些理论概念之类的内容，（觉得）很难理解。心里就期待老师不要老是重复念书上的东西。 【日本語訳】概念の説明ばかりで理解しにくい。先生は教科書に書いてあることをただ繰り返すことをしないでほしい。

[①] 文中の中国語はすべてインタビューのデータに基づき、原文のままで表記する。以下同様。

续表

授業の進め方についての教師のサポートに関する要望	110：这门课挺难懂的，<u>希望老师能多花时间，慢慢教</u>。 【日本語訳】理解が難しいから、<u>時間数を増やして、ゆっくりと教えてほしい</u>。 143：日语语言学的内容都是些概念性的东西，有点难以理解。<u>希望老师讲的时候能够有趣点，千万不能碰到那种照书读的老师</u>。 【日本語訳】日本語言語学の内容には概念的なものが多くてわかりにくいので、<u>先生には面白い教え方で進めていただきたい。教科書をただ読み上げる先生に出会わないように</u>。 117：(后来发现)，其实这课挺有趣的，<u>就是希望老师能多举例子，让我们更容易理解一点</u>。 【日本語訳】(あとで気づいたことだが)、本当は面白い授業だが、<u>もっと多くの例を取り入れたら、理解しやすくなる</u>。 41：其实老师还是照顾我们的进度上课了的，<u>就是感觉时间挺紧，就不太能够对所有内容都深入了解</u>。 【日本語訳】先生は私たちの理解に合わせて授業してくれたが、<u>時間に追われ、深い説明や全部の内容理解まではちょっと無理だったと思う</u>。
他のクラスメートのサポートに関する要望	6：我们上课的时候，老师让我们跟周围的3个人一起组小组学习了。其实我还是挺喜欢这种学习方式的，但是可能是我自己日语太差了，我们组当时组里有一个学霸，她就说的多一些，也没好好听我的话。<u>就有种不被重视的感觉。其实大家都是一个班，一个组的，要是能认真好好沟通，听一听（意见）还挺好的</u>。 【日本語訳】授業では隣の3人と一緒にグループを組んで、グループ学習を行った。もともとこういう形が好きだったが、私の日本語が下手なせいか、成績が上位の1人がずっとしゃべっていて、私の話を真面目に聞いてくれなかった。<u>なんか相手にされない感じだった。同じクラス、同じグループのメンバーなのだから、ちゃんと話し合えばいいのに</u>。 4：就这课吧，我就算有不明白的地方，<u>也不知道问谁</u>。有时候觉得人家学习好的（同学）都在准备考研，也不好意思打扰。结果久而久之，就一个人学了。 【日本語訳】授業で聞いてわからないところがあっても、<u>誰に聞いたらいいかもわからない</u>。成績のいい人は院試の準備に忙しいと思って、聞くのを遠慮しておいた。結局、自分1人で分からなくても我慢した。

序論で述べたように、本授業の進め方について、『高学年大綱』では、「教師の講義を中心に」と規定されているが、教育現場においてそのまま実施されていることが本研究のデータからも裏打ちされている。「この授業を聞くと、眠くなる」(155)や「先生は教科書に書いてあることをただ繰り返すことをしないでほしい」(142)などから、このような「教師の講義が中心」という授業に

第5章　学習者と教師は其々「日本語言語学概論」をどのように捉えているか【研究1】

対する学習者の不満が窺われる。そして、そのような進め方に対して、「もっと多くの例をとりいれたら、理解しやすくなる」(117)、「実際の生活と結びつけて説明してほしい」(151)、「日本語言語学の内容には概念的なものが多くてわかりにくいので、先生には面白い教え方で進めていただきたい」(143)など、教師にたくさんの注文を出している。特に、「日本語言語学の内容には概念的なものが多くてわかりにくいので」(143)からはこの科目の特性とも言える抽象的かつ専門的な概念が多いことに着目して、それを克服するためには教師側の工夫が必要な授業であるとして捉えていることがわかる。つまり、この科目の授業は扱われる内容があまりにも難解なので、教師の細やかなサポートなしには自分たちは理解できないと学習者が考えていると言える。

一方、このような教師からのサポートだけではなく、教室で学ぶ仲間のサポートも必要な授業であると捉えている点に注目したい。例えば、グループ学習の時のグループメンバーのふるまいに対して、「なんか相手にされない感じだった。同じクラス、同じグループのメンバーなのだから、ちゃんと話し合えばいいのに」(6)とクラスメートに対する不満を書いている。これなどは、仲間に対するサポート・期待感を吐露しているものと考えられる。言い換えれば、授業をよく理解するには、一緒に勉強しているクラスメートや仲間の助けを借りることも必須だと認識していることがわかる。

(2) 第2因子：授業に対する興味・関心

第2因子を構成する5つの項目は、学習者の立場から授業に対する興味や関心を表しており、「授業に対する興味・関心」と命名した。そこで、本科目の授業に対する興味、関心に関連すると考えられる記述を自由記述の中から抽出した。結果を表5-4として以下で示す。

表5-4　授業に対する興味・関心に関する記述

149：其实心里还是知道这课对日语学习是有帮助的，但就是很难提起兴趣来。 【日本語訳】この授業が日本語の勉強に役立つことがわかっていても、勉強意欲が湧いてこない。 157：觉得这课太难了，难得甚至有时候都不想学日语了。 【日本語訳】（内容が）とても難しくて、日本語の勉強意欲さえ失ってしまった。 119：我自己如果碰到自己感兴趣的内容还是会听一听，下去也会自己查查资料，但是碰到不感兴趣的（内容的）话，真是一点学习热情都没有。 【日本語訳】自分の場合をいうと、興味がある内容だったら、授業を聞いたり、自分も参考資料にあたったりするが、興味がない内容にはそうした情熱が湧かない。

续表

> 1：我对这课就一个目标，就是<u>不挂科</u>。（因为）<u>我也没有打算考研，就觉得按老师划的范围去记一记，复习一下，考试过了就行</u>。
> 【日本語訳】この科目は<u>期末試験に通りさえすれば（単位が取れれば）いいと思う。私は大学院に進学する気持ちがないから、先生が指示した復習範囲だけを覚えればいいと思った</u>。
> 132：感觉这课就挺无聊的，<u>一点兴趣都没有</u>。跟哲学那种课一样，一听就想睡。
> 【日本語訳】とてもつまらない授業だから、<u>全然興味がなかった</u>。「哲学」の授業と同じように、<u>授業を聞くと、眠くなる</u>。
> 147：（对这课）基本没什么兴趣。<u>有时候就觉得挺无聊的，甚至说不知道这课学习的意义到底在哪里</u>。
> 【日本語訳】（本科目に対して）<u>興味がない。たまには授業がつまらないと思って、（この授業の）勉強の意味がどこにあるかわからなくなった</u>。
> 155：<u>这个课一听就困，</u>所以也希望老师能讲得有意思一些，比如给我们讲一些课本以外的知识。
> 【日本語訳】<u>この授業を聞くと、眠くなる。</u>もっと面白くしてほしい、教科書以外の知識も教えてほしい。
> 99：最开始上这课的时候是挺痛苦的，因为太无聊了，<u>但是我又想考研，所以还是认真听了的。后来发现里面有很多我感兴趣的内容，还是挺有用的</u>。
> 【日本語訳】最初この授業を受けた時は辛かった。つまらないから。<u>でも、大学院に進学したいから、よく聞いていると、関心を持つ内容が多くて、役に立ったと思う</u>。

　第1因子の議論で述べたように、本授業の内容は、自分だけの力で理解しようとしても難しく、教師や仲間のサポートが必要となると捉えている。しかしながら、それだけではなく、学習者自身に興味・関心があるかないかも重要であると捉えていることが自由記述から鮮明に伝わってくる。「（本科目に対して）興味がない」(147)、「とてもつまらない授業だから、全然興味がなかった」(132)、「眠くなる」(132)(155)、「勉強意欲が湧いてこない」(149)、「（この授業の）勉強の意味はどこにあるかはわからなくなった」(147)、のような「つまらない」、「興味がない」という文言が多く見られた。

　興味・関心と学習動機の間に関係のあることは容易に想像できる。例えば、興味・関心の持てる授業であれば、授業への参加動機は高まり、授業態度も積極的になるであろう。しかし、この授業においては、両者の関係はもっと密接なものであることが窺われる。例えば、自由記述（119）と（99）を見てみよう。「興味がある内容だったら、授業を聞いたり、自分も参考資料にあたったりするが、興味がない内容にはそうした情熱が湧かない」(119)、「大学院に進学したいから、よく聞いていると、関心を持つ内容が多くて、役に立った」(99)。

第 5 章　学習者と教師は其々「日本語言語学概論」をどのように捉えているか【研究 1】

この授業は概論であることから、文法から音声まで日本語学の様々な領域を扱うことがまとめられている。したがって、学習者の興味・関心のありようも領域によって異なることが考えられる。例えば、音声には興味・関心があっても、文法にはないということもあり得る。(119) で言われているように、興味・関心がある場合には、授業に集中するというだけでなく、教室外で自主的に参考資料に当たるといった自律的な学習を展開しているのである。また、(99) では、大学院進学のために授業に集中したら、結果として新たに興味・関心が形成されたことがわかる。言い換えれば、元々興味・関心がなかったとしても、何らかの理由で授業に集中させることができれば、新たに興味・関心を形成する可能性があるということである。これは、本授業の改善の方向性を模索する本研究にとっては示唆に富むと言える。

(3) 第 3 因子：教師の熱意と努力

第 3 因子を構成する 3 つの項目は「日本語言語学概論」の担当教師が授業する時の努力と熱意を表しており、「教師の努力と熱意」と命名した。教師の努力と熱意に関連すると考えられる記述を、自由記述の中から抽出し、結果を表 5-5 として以下に示す。

表 5-5　授業に対する教師の努力と熱意に関する記述

56：这课就是在抄老师的幻灯片，要么就是（老师）让我们抄笔记。
【日本語訳】この授業は PPT の内容をノートに写しているだけ。毎回メモとりをさせられるばかりだ。
33：(课上) 老师就让我们去背一些概念的意义和解释。
【日本語訳】(授業で) やっぱり (理論知識の概念を) 暗記することが要求された。
2：从第一章开始就是什么学、什么学之类的，（全是）以前听都没听过的，然后老师再用日语一讲就更乱了。
【日本語訳】第 1 章から概念ばっかり、〇〇学とか、〇〇学とか、今まで聞いたこともなくて、先生が日本語で説明していたら、もっと混乱してしまい、分らなくなる。
107：课上老师一直都在自夸，说自己写了多少篇论文，得了什么教学奖，真的挺不喜欢听的。就算这老师知识再渊博，我们问问题讲不出来有什么用，只能让我们更混乱。
【日本語訳】授業で先生はしょっちゅう自分の自慢話をしている。何本の論文を出したとか、どんな賞をもらったとか、私たちは本当に嫌だ。どんな知識豊富な先生であっても、聞かれた質問に対してうまく説明できないのでは、私たちを困らせるだけだ。

> 60：我总觉得老师就有点随便讲讲的感觉。
> 【日本語訳】先生が私たちのことを適当にごまかそうとしているような感じがする。
> 3：幻灯片的内容和书上都是一样的，就觉得那还要老师干吗？
> 【日本語訳】(PPTの) 内容は教科書と同じだ。だったら、先生がいなくてもいいじゃないか。

　上の第2因子の考察で述べたと同様のことが教師にも該当する。言語学の概論として、文法から音声まで日本語学の様々な領域を扱うことは、教師にとっても負担が大きい。例えば、音声学の専門でないにもかかわらず、音声学の知識を短い時間でコンパクトに講義しなければならない場合、教師はその講義をどのように組み立てるだろうか。「メモとりをさせられるばかりだ」(56)、「(理論知識の概念を) 暗記することが要求された」(33) などは、講義中心の授業においては、教室で学生に課される通常の課題であろう。また、「どんな知識豊富な先生であっても、聞かれた質問に対してうまく説明できないのでは、私たちを困らせるだけだ」(107) や「先生が私たちのことを適当にごまかそうとしているような感じがする」(60) などから推察されるように、日本語学の特定の領域の専門知識を専門外の教師が説得的に説明し学習者の理解を得ることは、それほど容易なことではない。そして、「(PPTの) 内容は教科書と同じだ。だったら、先生がいなくてもいいじゃないか」(3) などに至っては、教師にとっては極めて厳しい苦言であると言わざるを得ない。

　また、先行研究では、教科書を使うだけでは不十分であり、代わりにPPTなどを使った授業改善の必要性が唱えられているが、自由記述からは、PPTの使用だけでは授業改善にならないことが分かる。PPTなどの工夫をしていても、「(PPTの) 内容は教科書と同じだから、だったら、先生がいなくてもいいじゃないか」(3) に見られるように、PPTの内容こそが重要である。

　(4) 第4因子：理解困難な内容

　第4因子を構成する3つの項目は本科目の内容理解に困難があることを共通的に反映しているため、「理解困難な内容」と命名した。そこで、授業の理解困難な内容に関連すると考えられる記述を自由記述の中から抽出し、結果を表5-6として以下に示す。

第 5 章　学習者と教師は其々「日本語言語学概論」をどのように捉えているか【研究 1】

表 5-6　理解困難な内容に関する記述

44：说实在的，刚开始听这课的时候感觉脑子都是懵的。然后<u>粗略地看了一遍书，还是不知道在讲什么，每次都差不多</u>（的感觉）。觉得东西很多、很细、很难。所以希望老师在每章讲完之后能给我们总结一下，帮我们弄清楚之间都有什么关系，什么结构。
【日本語訳】正直いうと、初めてこの授業を受けた時から、頭がぼーっとしていた。<u>ざっと一回教科書を読んだだけでは、何を言っているかさえわからない。しかも、これは毎回のことである。</u>（内容が）難しくて、細くて、わかりにくかった。先生は、各章の説明を終えた後、概念間のつながりをまとめてほしいし、相互にどのような関係になっているか、構造がわかるようにしてほしい。
1：<u>理论性的知识偏多，有时候看不懂，也不知道怎么去运用。</u>
【日本語訳】<u>理論的なところが多いから、理解に苦しむ時がある。具体的な運用も把握できない。</u>
2：从第一章开始就是<u>什么学、什么学之类的，（全是）以前听都没听过的</u>，然后老师再用日语一讲就更乱了。
【日本語訳】第 1 章から<u>概念ばっかり、〇〇学とか、〇〇学とか、今まで聞いたこともなくて</u>、先生が日本語で説明していたら、もっと混乱してしまい、分らなくなる。
119：我感觉语言学的东西<u>又多又难，就算心里想学好，也没么简单。</u>
【日本語訳】日本語言語学の内容は<u>多くて複雑で、よく勉強したくても、そんなに簡単ではない</u>と思う。
88：<u>书里的内容太多了，就按照学校要求的课时（我）觉得太赶了。</u>
【日本語訳】<u>教科書の内容が多すぎて、大学のシラバスだと時間的に無理だと思う。</u>
43：就这本书虽然学了很长时间了，但是现在我还<u>是不知道里面都讲了啥</u>。
【日本語訳】この本を長い間勉強してきたが、<u>何を言っているかはさっぱりわからない</u>。
69：这课上过一遍也记不住（内容）。
【日本語訳】<u>この授業（の内容）は一回勉強した後も、覚えていない。</u>
1：我对这课就一个目标，就是不挂科。（因为）我也没有打算考研，就觉得按照老师划的范围去记一记，复习一下，考试过了就行。（而且）<u>书上的内容觉得好高大上。</u>
【日本語訳】この科目は期末試験に通りさえすれば（単位を取れれば）いいと思う。私は大学院に進学するつもりはないから、先生の指示した復習範囲だけを覚えればいいと思った。<u>教科書の内容は権威をひけらかして書かれているようだ。</u>

---

　3 年生や 4 年生のこの科目の学習者は、1 年生や 2 年生と比べ、日本語に対してある程度の既有知識を持っている。しかし、「初めてこの授業を受けた時から、頭がぼーっとしていた。ざっと一回教科書を読んだだけでは、何を言っているかさえわからない。しかも、これは毎回のことである」(44)、「長い間勉強してきたが、何を言っているかはさっぱりわからない」(43)、「この授業（の内容）は一回勉強した後も、覚えていない。」(69) から、この授業が学習者にとって如何に理解困難な授業であるかが窺われる。な

55

ぜ、そして何に難しさを感じているかが自由記述から読み解くことができる。

まず、「第1章から概念ばっかり、〇〇学とか、〇〇学とか、今まで聞いたこともなく」(2) や「理論的なところが多いから、理解に苦しむ時がある」(1) などからは、日本語学という学問自体に馴染めず困難を感じていることがわかる。「難しくて、細くて、わかりにくかった。先生は各章の説明を終えたあと、概念間のつながりをまとめてほしいし、相互にどのような関係になっているか、構造がわかるようにしてほしい」(44) からは、日本語学の各領域の概念が断片的には理解できても、体系的には理解できず、学んだ概念や知識が自分のものになったという感覚が得られないという問題をもっていることが窺われる。また、「先生が日本語で説明していたら、もっと混乱してしまい、分らなくなる」(2) からは、中国語で説明してくれれば、表面的な理解ではなく、確かな理解ができるのにというアピールの気持ちが伝わってくる。

5.5.1.3 課題1の考察

ここでは、以上の各因子の考察を踏まえ、学習者が本科目の授業をどのように捉えているか、その全体像を明らかにしたい。

序論で述べたように、「日本語言語学概論」は他の精読や聴解・会話などのスキル科目とは異なり、日本語学の総合的・体系的な把握を目指す内容科目である。1年生や2年生の時に細切れに勉強してきた日本語学に関する知識項目を改めて整理し、体系化を図ることが目標とされている。したがって、自らの思考を整理し、新たな知識体系として構築する学習が要求されている。その点で、受身的な学習ではなく、主体的・能動的学習即ちアクティブ・ラーニングが学習者には要求されていると言える。しかし、課題1の結果に示されているように、現行の「日本語言語学概論」という授業は「教師の講義が中心的」であり、暗記が重視されており、学習者が自分と対話しながら、主体的・能動的に学ぶアクティブ・ラーニングからは程遠い現実がある。

ブラジルの教育学者パウロ・フレイレ (Paulo Freire) は、「教師が教え、生徒は教えられる」、「教師が学習の主体であり、一方生徒はたんなる客体に過ぎない」という教育を「銀行型教育」を呼び、学習者が主体的に考えたり、新しい知識を創造したりすることができない教育の在り方として批判をしている (1979: 68)。高学年である本科目の学習者にとって、「教師の一方的講義」は、彼らの既有知識を無意味なものとし、学習における主体性を奪い、学習者を知

第5章　学習者と教師は其々「日本語言語学概論」をどのように捉えているか【研究1】

識の蓄積容器のように見なしていると言っても過言ではなかろう。それは「アクティブ・ラーニング」という時代の要請や内容科目である本科目の特徴には背馳していると言える。

　同時に、「正直に言うと、初めてこの授業を受けた時から、頭がぼーっとしていた。ざっと一回教科書を読んだだけでは、何を言っているのかさえわからない。しかも、これは毎回のことである」(44)や「日本語言語学の内容は多くて複雑で、よく勉強したくても、そんなに簡単ではないと思う」(119)に示されているように、学習者は、この科目の授業を極めて難解でとっつきにくい、理解が困難な授業だと捉えている。しかし、学習者は、そこで終わりとするのではなく、理解が困難な授業であっても、理解できるようになる方法があると前向きに捉えている点に注目したい。彼等は、2つの条件が満たされれば、この難解な授業が理解できるようになると考えている。その2つとは、担当教師・仲間たちによる支えと授業に対する自分自身の興味・関心である。

　(1)　担当教師と仲間たちによるサポート

　教師のサポートとは、教師が「もっと多くの例を取り入れ」たり(117)、「実際の生活と結びつけて説明」したりする(151)など、授業をよく工夫することである。そうした教師の工夫なしにはこの難解な授業は理解できるようにならないと考えている。同時に、仲間のサポートも必須である。「成績のいい人は院試の準備に忙しいと思って、聞くのを遠慮しておいた。結局、自分1人でわからなくても我慢した」(4)に見られるように、質問のできる仲間がいないと落ちこぼれてしまう授業だと感じている。逆に、本科目の授業で難関に遭遇した時、信頼できる教師と仲間たちのサポートがあれば、一人で落ち零れることはないと考えていることが分かる。

　(2)　授業に対する興味・関心

　「興味がある内容だったら、授業を聞いたり、自分も参考資料にあたったりするが、興味が内容にはそうした情熱が湧かない。」(119)から推察されるように、難解であるとはいえ、もし興味・関心が持てれば攻略できると学習者は捉えている。そして、「最初この授業を受けた時はつらかった。つまらないから。でも、大学院に進学したいから、よく聞いていると、関心を持つ内容が多くて、役に立ったと思う。」(99)からは、最初の時点で、興味・関心が持てなくても、何らかの条件があれば、興味・関心を新たに形成することができると捉えていることが考えられる。

しかしながら、この科目の授業の現状については、学習者は極めて厳しいと認識している。第一に、教師側に授業に対する熱意や努力が足りないと感じている。「PPTの内容をノートに写しているだけ」(56) の授業で、しかもそのPPTも「(PPTの) 内容は教科書と同じだ。だったら、先生がいなくてもいいじゃないか」(3) に見られるように、教師の工夫の跡が見られないと感じている。第二に、「授業で聞いてわからないところがあっても、誰に聞いたらいいかもわからない」(4) から推察できるように、わからないときに教えてくれる仲間もなかなか見つからない。よって、「結局、自分1人でわからなくても我慢した」(4) という現実が生まれていると言える。

以上から、この授業の改善に向けての基本的な方向性が見えてきたと考える。具体的には、教師が熱意を持って授業に臨むことをベースに、授業内容の工夫に加えて学習者の興味・関心を呼び起こすことや学習者同士の学び合いの場を授業の中に設定することである。

5.5.2　教師は現行の「日本語言語学概論」をどのように捉えているか【課題2】

5.5.2.1　課題2の結果

教師の捉え方についても収集したデータを学習者への分析と同じく、SPSS (Ver. 20) で探索的因子分析を行った。具体的な流れは、まず天井効果が現れた項目を1個（項目4：最初の授業で、授業内容を学生へ説明する必要があると思う）削除した。初期解を主因子法で求め、固有値1.0以上を基準に因子が4つ抽出された。因子の解釈しやすさから4つの因子解が適当であると考え、抽出因子を4つに設定し、因子分析、プロマックス回転で分析を行なった。さらに、回転後の該当因子が他因子と負荷が低い項目を4個（項目1：この授業を任された時、抵抗感があった；項目5：私は、シラバス通りに授業を進めていた；項目8：この授業の教科書には、中国語の説明があったほうが分かりやすい；項目14：この授業を主に日本語で進めた）削除し、残った14個の項目について再度因子分析を行った結果、各因子の信頼度と累積負荷量を以下表5-7として示す。各因子の信頼度が0.7以上になったため、妥当だと判断した。

第5章　学習者と教師は其々「日本語言語学概論」をどのように捉えているか【研究1】

表5-7　教師側の捉え方についての因子分析の結果

項目	1	2	3	4
第1因子「教師—学習者間のインターアクションを促す工夫」　　$\alpha = .705$				
16、この授業で、授業活動（グループで論議など）も活用した。	.687	-.045	.112	-.047
15、この授業では教師の講義より、学生参加の授業が望ましい。	.686	.072	-.085	-.069
10、教科書の内容以外、日常生活の実例を取り入れたことがある。	.520	-.053	-.094	.159
12、学生の理解を確認しながら授業を進めた。	.477	.129	.194	-.016
9、この授業でパワーポイントなど、教科書以外のリソースも活用した。	.455	-.192	-.064	.134
第2因子「授業実施上の困難性」　　$\alpha = .707$				
6、授業の内容は多すぎ、配当時間内に終えることには無理がある。	-.084	.682	.036	.036
7、どの教材が教科書として適切かは判断が難しい。	.054	.639	.037	-.116
2、この科目の担当は、他の科目より難しかった。	-.168	.627	-.018	.172
13、学生の授業参加度の低さは、私の授業に取り組む姿勢に悪影響がある。	.343	.442	-.067	-.037
11、学生はこの授業を受身的に参加していた。	.067	.327	-.280	-.002
第3因子「授業に対する満足感」　　$\alpha = .711$				
19、授業の担当教師として、この授業に満足した。	.007	.078	.805	.092
3、学生はこの授業に興味があった。	.035	-.140	.650	-.072
第4因子「本科目の重要性」　　$\alpha = .733$				
18、この授業には、他の科目の内容の理解に役立つところがあると思う。	.159	-.065	.045	.729

续表

項目	1	2	3	4
17、この授業は日本語専攻の大学生にとって必要である。	-.043	.104	.000	.724
累積寄与率（％）	17.488	33.172	39.269	43.306

　第1因子は項目16「この授業で、授業活動（質問、グループで論議など）も活用した」と、項目15「この授業では教師の講義より、学生参加の授業が望ましい」、項目10「教科書の内容以外、日常生活の実例を取り入れたことがある」、項目12「学生の理解を確認しながら授業を進めた」と、項目9「この授業でパワーポイントなど、教科書以外のリソースも活用した」という5つの項目から構成されており、「教師―学習者間のインターアクションを促す工夫」と命名した。

　第2因子は項目6「授業の内容は多すぎ、配当時間内に終えることには無理がある」と、項目7「どの教材が教科書に適切かは判断が難しい」と、項目2「この授業の担当は、他の科目より難しかった」と、項目13「学生の授業参加度の低さは、私の授業に取り組む姿勢に悪影響がある」と項目11「学生はこの授業を受身的に参加していた」の5つの項目からなり、「授業実施上の困難性」と命名した。

　第3因子は項目19「授業の担当教師として、この授業に満足した」と、項目3「学生はこの授業に興味があった」の2つの項目から構成され、「授業に対する満足感」と命名した。

　第4因子は項目18「この授業には、他の科目の内容の理解に役立つところがあると思う」と項目17「この授業は日本語専攻の大学生にとって必要である」の2つの項目から構成され、「本科目の重要性」と命名した。

　次に教師の本授業に対する捉え方の4因子間の相関を求めた結果を表5-8として以下に示す。

表5-8　教師の4因子間の相関結果

	第1因子	第2因子	第3因子	第4因子
第1因子 「教師―学習者間のインターアクションを促す工夫」	1.000			

第 5 章　学習者と教師は其々「日本語言語学概論」をどのように捉えているか【研究 1】

续表

	第1因子	第2因子	第3因子	第4因子
第2因子 「授業実施上の困難性」	.228	1.000		
第3因子 「授業に対する満足感」	.163	-.423	1.000	
第4因子 「本科目の重要性」	.339	.073	.247	1.000

　表 5-8 で示した因子間の相関結果から、第 1 因子「教師ー学習者間のインターアクションを促す工夫」と第 2 因子「授業実施上の困難性」の間、第 1 因子「教師ー学習者間のインターアクションを促す工夫」と第 3 因子「授業に対する満足感」の間、第 1 因子「教師ー学習者間のインターアクションを促す工夫」と第 4 因子「本科目の重要性」の間の相関が比較的に低いことが分かった。一方、第 2 因子「授業実施上の困難性」と第 3 因子「授業に対する満足感」の間が中程度の負の相関が見られた。また、第 2 因子「授業実施上の困難性」と第 4 因子「本科目の重要性」の間は相関数値は．073 であり、極めて弱確率ということで、相関性がほぼないことと分かった。具体的な分析と考察は次節で行う。

　5.5.2.2　教師の各因子の考察

　以下では、5.5.1.2 と同じように、回収された教師たちの自由記述をもとに、因子ごとに結果を考察する。なお、「　」は回答者による自由記述のコメントであることを示す。統計上の都合のため、アンケートを作成した時、自由記述を必須項目として設定されており、回答者の先着順によって、それぞれの記述に通し番号を付した。また、特にコメントなしの場合も通し番号を記し、合計 112 個の記述を得ている。

　（1）第 1 因子：教師ー学習者間のインターアクションを促す工夫

　第 1 因子を構成する 5 つの項目はすべて教師が学習者とのインターアクションを実現するような工夫を表しているため、「教師ー学習者間のインターアクションを促す工夫」と命名した。そこで、教師の本科目における努力と工夫に関連すると考えられる記述を、自由記述の中から抽出し、結果を表 5-9 として以下に示す。

表5-9　教師の本科目における努力と工夫に関する記述

9：学生的接受程度不同，<u>授課内容做相応調整，从中日語言学対比的角度，結合生活実例授課</u>，効果还可以。 【日本語訳】学生の理解具合はそれぞれだった。<u>授業内容はそれに合わせて調整したことがあって、中日対照言語学の角度から、生活の実例を取り入れながら授業を進めた</u>。教学効果はまあまあ良かった。 39：採用了<u>譲学生発表教師点評的授課方式</u>，否則太枯燥了。 【日本語訳】<u>学生に発表させて、教師は後で講評する進め方をした</u>。そうしないと、この授業はつまらなくなる。 44：<u>採用混合式教学方法効果会好些</u>，另外，<u>課堂上可以出一些適合学生的練習題</u>。 【日本語訳】<u>マルチ教室を取り入れ</u>、授業効果が良かった。そして、<u>授業中、学生に練習問題を課した</u>。 86：不固定使用某一本教材，<u>几本相関教材配合使用</u>。尽量挙一些有趣的例子，提高学生的学習興趣。 【日本語訳】一つの教科書に限らず、<u>関連する教材を何本か共同で使っている。それから、面白い例文をできるだけ多く取り上げて</u>、学生の学習意欲を上げようとした。 101：<u>我規定平時分主要是通過課堂回答問題来獲得</u>，所以学生们参与熱情很高。 【日本語訳】<u>通常点数①は主に授業中の質問の回答次第と規定しているから</u>、学生の参加度が高かった。

　担当教師は各自の教育現場で様々な工夫や努力をしていることが分かった。なぜなら、「そうしないと、この授業はつまらなくなる」（39）、或いは、「学生の学習意欲を上げようとした」（86）からである。その工夫の核心が学習者との様々な形でのやり取り、インターアクションである。教師は、学習者を授業に引き込むために、学習者とのやり取りを試み、よいインターアクションを得るために、様々な工夫を注いでいた。

　教師の工夫は大きく授業の進め方と学習内容の2つに分けられる。具体的には、「学生に発表させて、教師は後で講評する」（39）、「マルチ教室を取り入れ、（中略）授業中、学生に練習問題を課した」（44）、「通常点数は主に授業中の質問の回答次第と規定している」（101）などである。このような授業の進め方は先行研究で指摘された「PPT、音声資料などの活用」（王2017）や「日本のセミナー理念を取り入れて、グループで研究、発表をさせる」（徐・馬2017）などと一致している。一方、学習内容上の工夫については、教科書だけでは足りないという共通認識から出発して、「生活の実例を取り入れ」（9）たり、「関連する教材を何本か共同で使っている。それから、面白い例文をできるだけ多く取

---

① 中国大学の期末評価は一般的に期末試験と通常点数の2部分から構成されている。

第5章　学習者と教師は其々「日本語言語学概論」をどのように捉えているか【研究1】

り上げ」(86)たりしていることが分かった。それについて、何・王 (2017) は、教科書など単一の教材に加えて他に多くの関連資料を提供すると、学習者の主体的な学習が実現しやすくなると指摘している。以上から、「日本語言語学概論」の現場において、担当教師は自分の講義だけでなく、教室で学習者が参加できる授業づくりを重視し、授業の進め方と学習内容の双方から自分なりの工夫をしていることが分かった。

(2) 第2因子：授業実施上の困難性

第2因子を構成する5つの項目は教師の立場から見た本科目の授業を進める上で遭遇する困難性を反映しているため、「授業実施上の困難性」と命名した。そこで、教師にとって授業実施上の困難性に関連すると考えられる記述を、自由記述の中から抽出し、結果を表5-10として以下に示す。

表5-10　教師にとって授業実施上の困難性に関する記述

2：说实话，我觉得一个学期的时间还是有点不够用。有些考研的同学会提意见："考研的题有很多都是这个课的，希望老师多讲一点。"我虽然也想满足他们的要求，但是实在没办法就跳着上，尤其是后半段。
【日本語訳】正直言うと、1学期の教学時間がちょっと足りないと思った。院試の準備をする学生から途中で「先生、この授業の内容は試験問題に多く出されるから、もっと多く取り上げて教えてください」というコメントをもらって、それに応えようとしたが、仕方なく（ある内容を）飛ばしたところがあったんだ、特に後半は。
5：除了课本，很难找到一些这方面的最新研究成果。我上课也都是用自己做的教材，因为也没规定。
【日本語訳】教科書以外、関連知識に関する最新研究の情報の入手が難しい。教材が指定されていないため、自分で作ったの。
13：该课在市面上的课本偏向于知识罗列型，涵盖范围太广内容却太浅。本人一直致力于自己边写讲义边教，希望以后能把讲义编辑为教材。
【日本語訳】この科目の市販教材はほとんど知識を網羅的に積み上げるものだから、範囲が広すぎて、深く書かれていない。私は自分で教材を作りながら、授業を進めている。これからも自分で作った教材で頑張っていきたい。
21：本课上学生上课的情绪并不高，除了一些要考研的同学外。
【日本語訳】学生の授業中の態度が良くないと思う。院試を受ける学生以外は。
6：因为本课开设在大三下半学期，很多学生都在准备考研，或者找工作，所以感觉认真听讲的同学很少。
【日本語訳】三年生の後期に開講されたから、学生は大学院の入学試験の準備中か、就職活動に取り掛かっているか、のどちらかで、真面目に受講する学生が少ない。
68：学生对语言学课程重要性认识不足，课堂参与度不高，以教师讲授为主。语言学教学是比较难上的课程之一。

> 【日本語訳】学生はこの授業を重視しておらず、授業の参加度もよくない。教師の講義が中心的だった。言語学の授業担当は難しい。
> 53：第一次上这门课，作为教师自己也比较迷茫，不知应该怎么上才好。理论知识偏多，要讲明白就要多举例，但过多地举例又怕完不成教学进度。学生对此课程表现得兴趣也不高，多少影响我的教学积极性。而且语言学方面的知识，虽然在以前学习过一部分，但很多都已经忘了，所以自己也是一边学习一边教学，备课时要花费大量时间。
> 【日本語訳】言語学の担当は初めてだった。教師としても迷いがあって、授業をどう進めればいいかが分からなかった。理論的な内容が多くあって、例文を取り入れて進めた方がいいと思うが、カリキュラムの進度に影響があると心配している。また、学生の興味も薄くて、自分の授業姿勢に多少影響をもたらしている。しかも、言語学の知識は以前勉強したことがあるが、大分忘れてしまった。だから、自分も勉強しながら、授業をする。授業を準備するのはかなりの時間がかかった。
> 48：不太清楚怎么教，别人不想带，主任安排下来就是我带了。当初，我不能像前辈一样拒绝主任，只有答应了。但是，心里还是有点不舒服。
> 【日本語訳】どう担当するかは分からない。ほかの同僚は担当するのがいやで、主任からの命令で、私の担当になった。当初、先輩のように断るわけにはいかないから、「はい」と言うしかなかった。でも、どうしても腑に落ちない気持ちだった。

「日本語言語学概論」の担当は、他の科目の担当と比較して、多様な悩みと困難さを抱えていることが分かった。それらの苦悩の内実を具体的に見ると、先ず、教師には大学側のカリキュラムに沿って授業を進めることが要求されているため、教学内容と教学時間に関する取捨選択において、主体性を発揮することが難しいことがある。特に、一学期の教学時間の中で多分野の知識や統合された内容をどのように扱えばいいかということ自体が難問であり、「仕方なく（ある内容を）飛ばしたところがあった」(2) 場合があり、「カリキュラムの進度に影響があると心配している」(53)。つまり、現場の教師は、教学の「時間的には無理がある」と思っている。また、「教材の判断が難しい」と思う教師も多い。パイロット調査から、『高学年大綱』においては教材が指定されていないため、担当教師は使用教科書を自身の判断で決定しなければならないことが分かった。このことは、一面教師に教材選定の自由がある点でよいということができる。しかし、他方、日本語非母語話者の中国人教師の中には、「関連知識に関する最新研究の情報の入手が難しい」(5) と否定的に感じるものもいる。加えて、「市販教材はほとんど知識を網羅的に積み上げるものだから、範囲が広すぎて、深く書かれていない」(13) という不満の声もある。もう1つ教師が悩みに思っているのは学生の受講姿勢である。中国の日本語専攻

第 5 章　学習者と教師は其々「日本語言語学概論」をどのように捉えているか【研究 1】

の大学院の入学試験の必須科目に「日本語学／日本言語学❶」がある。そのため、大学院の進学志望者は本科目に対する期待を持っている。それ以外の「学生の授業中の態度が良くない」(21) とか、「学生はこの授業を重視しておらず、授業の参加度もよくない」(68) が取り上げられている。項目 13 の「学生の授業参加度の低さは、私の授業に取り組む姿勢に悪影響がある」ということが浮き彫りになった。さらに、「以前勉強したことがあるが、大分忘れてしまった」(53) ため、本科目の内容に関して専門的知識が十分でないと自覚していることが推測できる。他方、「同僚が担当するのがいやで、主任からの命令」によって、担当することになった (48) という事情の教師もいた。意志に反して強制的に担当させられる場合も現場には少なからずあり、「腑に落ちない」と書かれていることから、そうした場合には、授業に積極的に取り組めない可能性もあると考えられる。それに対して、「どう担当するかは分からない」(48) に見られるように、「日本言語学概論」の担当に心理的抵抗感を持つ傾向があること分かった。

以上をまとめると、担当教師はいろいろな困難に遭遇し、苦悩を抱えていることが分かる。

(3) 第 3 因子：授業に対する満足感

第 3 因子を構成する項目は、項目 19「授業の担当教師として、この授業に満足した」と項目 3「学生はこの授業に興味があった」の 2 つである。項目 3 は学習者が興味を示しているという教師の判断である点に着目して、「授業に対する満足感」と命名した。教師の授業に対する満足感に関連すると考えられる記述を、自由記述の中から抽出し、その結果を表 5-11 として以下に示す。

表 5-11　教師の授業に対する満足感に関する記述

30：通过一学期的讲授，学生参与度较高，课堂气氛良好，学生日语能力得到较大提高。
【日本語訳】一学期の授業を通して、次第に、学生の参加度が良くなり、教室の雰囲気も良くなっていった。日本語能力も向上した。
32：师生互动有利于课程效果的提升。
【日本語訳】教師と学生間のやり取りがあると、授業効果が上がる。
36：语言学内容太多，有一点枯燥，很想让学生参与进来。
【日本語訳】言語学の内容が多すぎて、つまらないだろうが、授業にはちゃんと参加してほしい。

---

❶　中国語の言い方は各大学によって異なっている。

续表

> 58：本人一直从事此门课程的教学，也做过一些改革，但效果平平。希望在相关课程设计资料的指导下，能够让更多的日语专业的学生真正喜欢上这门课，感受到日语语言学的魅力所在。
> 【日本語訳】私はずっとこの科目の授業を担当していて、自分なりの実践もしてみたが、学習効果はあまりよくなかった。この授業の改善に関する研究を参考に、より多くの日本語専攻の学生がこの授業が好きになって、日本語言語学の魅力を感じるようになるだろう。
> 28：日语语言学概论对于日语专业本科生来说，是对之前零散语言知识学习的总结与升华。但内容烦琐，语法术语生僻，很多学生都有抵触情绪。建议以汉日语言对比为主线，以生动的例句，特别是口译笔译中的常见误用为切入点，会收到很好的课堂教学效果。
> 【日本語訳】「日本語言語学概論」は日本語専攻の大学生にとって、これまで学んだばらばらの言語知識をまとめることで、（日本語力を）向上させることができると思う。しかし、内容が複雑で、言語学の専門的な概念も多く、学生の多くはそれに抵抗感を見せている。中国語と日本語の言語形式上の対比を利用して、面白い例文を入れて、特に通訳の誤用問題を糸口として進めることで、いい授業効果が得られている。

　　第2因子の考察から、現場の教師が本科目の授業を進めるに当たって、どのような難題に直面しているかが分かった。それに対して、教師たちがこの科目を担当して満足感を感じているのはどのような状況においてであるかが第3因子を考察することで明らかにすることができる。満足感と関連する自由記述に共通しているキーワードは「学生の参加度」そして「学生の興味」であることが分かった。具体的には、「学生の参加度がよくなり、（中略）日本語能力も向上した」(30) からわかるように、教師は学生の参加度と日本語能力の向上に因果関係を読み取り、そこに満足感を感じている。同じく、「教師と学生間のやり取りがあると、授業の効果が上がる」として、ここにも因果関係を認めている。教師は、「つまらないだろうが、授業にはちゃんと参加してほしい」(36) と願い、「私はずっとこの科目の授業を担当していて、自分なりの実践もしてみたが、学習効果はあまりよくなかった（中略）より多くの日本語専攻の学生がこの授業が好きになって、日本語言語学の魅力を感じるようになるだろう」(58) と願いながら、研究論文を参考に授業改善の工夫をしている教師もいる (58)。他方では、日中対照をしながら例文を使うと授業効果が上がったと学習者の参加を促すコツを披露する教師もいた (28)。

　　以上をまとめると、教師たちの授業に対する満足感は「学生の授業参加度」と「学習者の示す興味」に左右されていると言える。学生が授業に積極的に参加

第 5 章　学習者と教師は其々「日本語言語学概論」をどのように捉えているか【研究 1】

することで生まれる教師の満足感が生まれ、授業に対する教師の満足感が生まれる時、学生の本授業に対する興味関心が高くなると言える。つまり、教師の満足感と学生の興味関心は互いに影響し合う相互的な関係にあると言える。また、学生の興味関心を引き起こす教師の工夫が奏功すれば、本授業に最初から興味を持っている院生志望者だけでなく、他の学習者にも拡張すると考えられる。

(4) 第 4 因子：本科目の重要性

第 4 因子を「本科目の重要性」と命名した。教師が考えている本科目の重要性に関連すると考えられる記述を、自由記述の中から抽出し、結果を表 5-12 として以下に示す。

表 5-12　本科目の重要性に関する記述

20：这门课对其他课还是有很大帮助的。
【日本語訳】この科目の授業は他の科目の授業に非常に役立つと思う。
14：对于第一次上这门课的学生来说也许非常难，但是只要掌握了，对今后的学习是很有帮助的。
【日本語訳】初めてこの授業を受講した学生にとってはかなり難しいが、身につけたら、今後の深い勉強に役立つと思う。
29：看似枯燥无味，不易受学生喜欢的科目，但是备课充分、多多利用多媒体等手段好好组织课堂的话效果会出人意料的好。它是统领日语这门语言的课，要让学生跳脱出日常所学语法单词的范畴，引导他们从高度、深度和广度上去把握。
【日本語訳】（この授業は学生にとって）つまらないし、（最初は）好きじゃないかもしれないが、（教師が）十分な準備をして、マルチ教室もうまく活用すると、（学生はこの授業が好きになり）授業効果もびっくりするほど上がった。本科目は日本語の他の科目を統合するような科目（なの）で、普段勉強する単語や文法に留まることなく、内容をより広く拡張し、学生が深く考えられるような指導が必要である。
33：日语语言学这门课程可以使学生初步了解语言学体系，清晰认识日语不同于其他语言的特点；可以使学生对学过的分散的日语基础知识有一个宏观的把握，促进对日语深层次的理解。所以这是学习外语的必修课。
【日本語訳】日本語言語学の授業は学生に日本語の構造を理解してもらい、他言語と比べて日本語の特徴やこれまで学んだ日本語の基礎的知識をまとめ、理解が深まるような授業だと思う。だから、外国語（日本語）専攻の学生にとって必要な科目だと思っている。
39：我觉得这门课对专业学生来说很重要，对考研的学生来说非常重要。
【日本語訳】この授業は日本語専攻の学生にとって重要だと思う。特に大学院進学志望の学生にとってはさらに重要である。
54：本课程专业性强，课程内容本身就有一定的乏味性，但对于语言学习者，尤其是从事日语教育的人是很有必要的。

続表

> 【日本語訳】本科目は専門性が強い科目であり、内容自体が難しくて、理解しがたいと思われるが、<u>外国語を学ぶ学習者、特に日本語教育事業に携れる人にとってはとても必要である。</u>
> 93：虽然有些知识点比较难，学生理解起来有些难度，<u>但是对于日语专业学生来说，本门课程是十分有必要学习的。</u>
> 【日本語訳】難しい知識項目があって、学生が理解するのは難しいが、<u>日本語専攻の学生にとっては、本科目の勉強は非常に必要である。</u>

5-8の因子間の相関関係が示したように、第2因子の「授業実施上の困難性」と第4因子の「本科目の重要性」の間にはほぼ相関性がない。以下に表5-8 教師の4因子間の相関結果を再掲する。

表5-8 教師の4因子間の相関結果

	第1因子	第2因子	第3因子	第4因子
第1因子 「教師ー学習者間のインターアクションを促す工夫」	1.000			
第2因子 「授業実施上の困難性」	.228	1.000		
第3因子 「授業に対する満足感」	.163	-.423	1.000	
第4因子 「本科目の重要性」	.339	.073	.247	1.000

「日本語言語学概論」の担当教師は現場で様々な「授業実施上の困難性」を抱えていながら、「本科目の重要性」や「学生にとって有意義な授業」と考えている。その理由として、「これまで学んだ日本語の基礎的知識をまとめ、理解が深まるような授業」(33)、「日本語の他の科目を統合するような科目」(29)だと捉えており、「他の授業に非常に役立つと思う」(20)と同時に、「日本語専攻の学生にとって重要だと思う。特に大学院進学志望の学生にとってはさらに重要」(39)、「外国語を学ぶ学習者、特に日本語教育事業に携れる人にとってはとても必要」(54)、(93)のように思っているからであろう。逆に考えれば、教師は「日本語言語学概論」を学習者にとって非常に重要で、必要がある科目であると認識しているが、現実には様々な難題に直面し苦悩を抱えている。

第5章　学習者と教師は其々「日本語言語学概論」をどのように捉えているか【研究1】

そこで、本授業のよりよいあり方を探求して、教育現場に示唆を与えることは、現場の教師にとって極めて意義深いと言えるであろう。

5.5.2.3　課題2の考察

以下では、各因子の考察と因子間の相関結果を踏まえ、教師がこの授業をどのように捉えているか、その全体像を考える。

「日本語言語学概論」の担当教師はこの授業を日本語専攻の大学生にとって、とても重要かつ必要な授業であると捉えている。なぜなら、「この授業は他の科目の授業に非常に役立つ」(20)と考えているからである。しかし、学習者はその重要性に気づかず、授業参加の意欲は低いままである。教師一人の講義によっては学習者の興味・関心を引くことができず、その結果学習者の授業参加意欲を高めることはできない。そこで、教師たちは本授業の実施において様々な困難や苦悩を抱えているにも関わらず、学生の授業参加意欲を促す工夫をしている。そして、学生の参加度が上がったり、興味関心を示したりしたときには教師の授業に対する満足感が高まることも分かった。問題は、教師の工夫が学習者にそれとして認知されていない点である。

以上から、現場で苦しんでいる教師たちを解放し、「教えやすい授業」へと改善するには、以下の2点が解決のカギだと考えられる。

(1) 学生が参加できる教室づくり

以上の第4因子の考察で述べたように、「日本語言語学概論」の教師と学習者の間には相互に影響しあう関係ができている。学生の授業参加度と興味関心のあり方が教師の授業満足度と直接的につながっている。

また、第1因子の考察から、現場の教師は「学生が参加できるような工夫をした」と自分では考えていることが分かった。例えば、マルチ教室の活用や、教科書だけでなく、多くの副教材をまとめてマイ教材を自主制作していることなどが自由記述からわかった。しかし、教師のこういう工夫が果たして学習者に積極的に受け止められているかというと必ずしもそうではない。なぜなら、研究課題1の学習者の第3因子から、「教師の努力と熱意」が学習者には認められていないことが確認されたからである。つまり、学習者が求めているものと教師の工夫や努力の間にギャップが存在しているということである。しかしながら、研究1の結果はその打開策に示唆を与えている。それは教師と仲間がサポートと学習者の「日本語言語学概論」の授業に対する興味や関心である。

以上をまとめてみると、「日本語言語学概論」という授業において、学生が参加できるような教室作りが非常に重要な課題であると教師が認識していること、同時に、教師と仲間のサポートがあれば難解な内容でも理解ができるようになると学習者が捉えていることが分かった。教師と仲間がサポートできる場の構築と本授業に対する学習者の興味関心を育成することがキーワードであることが確認できた。

　(2) 教師コミュニティの構築

　教師4因子の相関結果に示されているように、第2因子の「授業実施上の困難性」と第3因子の「授業に対する満足感」の間には中程度の負の相関がみられる。つまり、教師が満足できるような授業にするには、「授業実施上の困難性」を取り払うことが大事であると言った解釈が可能である。

　「授業実施上の困難性」の内実は第2因子の項目と教師たちの自由記述から推測することができる。具体的には、「カリキュラムの要求通りに授業を進めるとしたら、配分された時間内に終えることはできない」こと、「教科書の選定の判断が難しい」こと、「教師自身にも理解困難な教授項目がある」こと、「この授業の進め方がよくわからない」こと、「自分で教材を作らなければならない」ことなどである。一方、「教材を共同で開発したい」、「授業改善に関する研究を共有したい」という教師の声もある。つまり、自分と同じように本科目を担当する教師仲間の力を求めている。そこで、問題の解決策の1つは「教師コミュニティの構築」であることが考えられる。この科目の担当者は通常各大学少数であり、むしろ一人であることが多い。そこからくる教師の不安と心細さを同僚教師や学外の仲間との協力関係を構築することによって解消し、より良い授業の進め方を共に探求することが求められる。

5.6　研究1のまとめ

　本章は中国の大学における「日本語言語学概論」という授業を学習者と教師双方が其々どのように捉えているかを探るために、中国の大学において当該科目の受講経験を持つ日本語専攻生と担当経験を持つ教師を対象として、アンケート調査を実施し、それぞれ175名と112名の回答を得た。そのデータに対して、SPSS(Ver.20)で因子分析（主因子法、プロマックス回転）をした結果、

第5章　学習者と教師は其々「日本語言語学概論」をどのように捉えているか【研究1】

学習者では合計17個の項目から4因子が抽出された。それぞれ「教師や仲間によるサポート」、「内容に対する興味・関心」、「教師の努力と熱意」、「理解困難な内容」と命名した。教師では合計14個の項目から4因子が抽出された。それぞれ「教師ー学習者間のインターアクションを促す工夫」、「授業実施上の困難性」、「授業に対する満足感」、「本科目の重要性」と命名した。

　また、学習者と教師の間には本授業の捉え方について、一致している部分もあれば、齟齬も存在している部分もあることが分かった。具体的には、学習者と教師ともに「日本語言語学概論」の授業内容には、抽象的な概念を対象とする点で理解困難な部分があることで一致している。また、この理解困難な授業を乗り越えるためには、授業に対する興味や関心を喚起することが極めて重要であることについても共通的認識を示している。一方、教師は学生が参加できるような授業とするために、マルチ教室の活用や複数の教材の使用などを工夫しているが、そういう「教師の工夫と情熱」を学習者は認めていない。

　自由記述の分析から因子間の関係を推測し、授業改善の方向性を導き出すことができた。教師はこの授業をデザインにおいて、先ず、教室内の教師と学習者が相互影響関係にあることを認識した上で、学習者が求めている教師と仲間のサポート、相互の学び合いの教室風土を作ることを最優先的にすることである。また、教学面の手段、形式より、学習内容自体に学習者が興味や関心を持つように工夫することが大事な課題である。最後に、本科目の担当教師が置かれている不利な状況（例えば、担当者が各大学一人）を改善するためには、教師コミュニティの構築が打開策として考えられる。次章では、以上の結論を踏まえ、「日本語言語学概論」という授業をデザインして実践を行う。

第 6 章　「学習共同体」を取り入れた「日本語言語学概論」の実践教室
【研究 2】

6.1　はじめに

　　第 5 章は中国の大学日本語専攻教育の現場における学習者と教師両方に対する調査を通じて、現行の「日本語言語学概論」授業の問題点の全体像を明らかにした。結果、日本語学にセンスがあったり関心を持つ少人数の学習者を除くと、残りの多くの学習者は、授業から取り残されたままになっていることが分かった。その原因は主に「教師や仲間によるサポート」を得られず、学習内容の理解困難さが乗り越えられないことと日本語学の内容に「興味や関心」が持てないところにあることが学習者の声からわかった。一方、教師の視点からみると、教師たちは、本科目を日本語専攻生にとって、極めて「重要」な科目と捉え、学習者に理解させるための方法として「教師―学習者間のインターアクションを促す工夫」を採用している。ただし、「日本語言語学概論」という科目は概論のため日本語学の全領域をカバーしており、領域によっては教師自身の専門知識が十分でないこと、共に相談しあう仲間がいないことなどの「授業実施上の困難性」のため、その努力が学習者には届かず、本科目の担当に抵抗感を覚えている。また、本授業の学習者と教師は授業に対する学習者の熱意と参加姿勢において、相互影響の関係にあることが分かった。
　　学習者の「独学型[1]」授業の限界や教師の問題が明確になってくる中で、「一人も残らず（佐藤、2008）」、「聴き合う関係を基盤とする対話的コミュニケーションの実践（佐藤、2014）」による「学習共同体」の実践研究が注目されるようになった。「学習共同体」においては、対象世界（テクスト）との対話、

---

[1]　本研究では「本授業を仲間や教師のサポートがなく、一人で学ぶ」ことを指す。

第 6 章　「学習共同体」を取り入れた「日本語言語学概論」の実践教室【研究 2】

他者との対話、自己との対話という 3 つの対話によって、学習者と教師が新たな知識の構築に参加し、ともに成長できる授業が期待できるとされている（佐藤、1995）。日本だけでなく、近年は中国においても数多くの教育現場で学習共同体に基づく実践研究が進められ、授業効果も検証されている。つまり、「双方向対話的な循環に位置づけようとした（杉原 2006：166）」「学習共同体」は、先に述べた現行の「日本語言語学概論」の問題を改善に導く可能性があると考えられる。

　以上を踏まえ、本章では「学習共同体」の理論に基づいてデザイン・実施された「日本語言語学概論」の教室実践を検討する。教師は「学習共同体」の理論に基づき、教室実践を如何にデザインするか、デザインされた教室において、受講生と教師双方は、3 つの対話をどのように展開し、新たな知識の構築が達成されるか、言い換えれば、「学習共同体」がどのように具現化されるか、を明らかにしたい。そこで、本章においては、まず、従来の「学習共同体」の実践研究をまとめ、先行研究において残された課題を提示する。続いて、「学習共同体」の理論に基づいた「日本語言語学概論」という授業のデザインを提案し、実践をする。最後に、実践教室の実相を提示する。

6.2　先行研究

　近年、教育現場においては、教師主導の一斉授業から個々の学習者が軽視されない協同学習へと教師たちの関心が転換してきた。協同学習の有効性に関する実証研究も多くあり、主に学習者相互の学び合いによって、新たな知識の獲得と学ぶ権利の保障による良い共同体の構築の促進という 2 つの効果が指摘されている。一斉授業と協同学習の学習効果を検証する実践研究が充実したことを踏まえ、次に必要とされるのは教室の参加者である教師と学習者に密着したミクロな実践研究であると言える。個々の教室に注目し、一人一人の学習者は、教室で、どのような参加姿勢で、どのような言動を取るか、教師はどのように教室に関わり学習者にどう応答をするか、どのような教室風土がどのように醸成されているかをミクロ的観点から厚く記述する研究が求められていると考える。なぜなら、実践教室にいる学習者と教師は各科目の性格、課題の難易度、その場の出来事などによって、行動も変わるものであり、実践現場の声を拾い上げ、実践過程を可視化し、共有することによって、現場の教師たちは、

自身の新たな教室実践の展開が可能となると考えられるからである。なお、三代（2015：28）は日本語教育という場をデザインする日本語教師の役割には実践の共有があることを論じている。本節では、教室設計と学習者及び教師の教室／実践現場における参加の様相の2つの視点から先行研究をまとめた上で、中国大学日本語教育の文脈に立って、研究2の位置づけを明らかにしたい。

第3章先行研究で、「日本語言語学概論」という授業に対する様々な改善案を提示する研究を取り上げた（趙、2005；曽・龍、2014；陰、2015；王、2017など）。これらの研究は中国の大学の日本語専攻教育の文脈で「日本語言語学概論」の実践を論じている。一方、田和（2018）は日本の大学における「日本語学概論」という授業について、取り上げるべき内容及び指導方法をある教科書❶に沿って述べている。「日本語学概論」は日本語日本文学科と中学高校国語教員免許取得の必修科目であり、1（前期）と2（後期）の通年授業である。田和は文法分野を文の構造、品詞の種類、動詞、形容詞などの項目毎に詳しく考察し、教師が授業で取り上げるべき用語・トピックと取り上げ方について述べている。本科目に対する学習者の興味を喚起するには、教師による授業内容の取り上げ方の工夫が必要であることを論じているが、教師による一斉授業を前提にしている。本研究の想定した「学習共同体」の理論に基づく中国大学の内容科目としての「日本語言語学概論」の実践研究における教師の関わり方は具体的にどのようなものかは未だ検証する必要がある。

他方、学校教育の領域において、佐藤学をはじめ、日本各地の小中学校でパイロットスクールに作り、「学習共同体」づくりに向けた改革がなされている。「国語」、「算数」の基幹科目から始まり、「社会」、「体育」、「音楽」までに実践が広がっている。高等学校の生徒を対象として、水野（2010）、生徒たちが学習に参加しなくなっている傾向を問題視し、学級を生徒たちが安心と信頼の雰囲気の中で学ぶことができる学習共同体として再構築するための授業デザインを提案している。名古屋市にある高等学校1年生の「国語総合」の授業において、テクスト読解過程の各段階において個人としての思考過程と集団としての思考過程を組み合わせた二重討論四段階思考方式（自力読み→グループ議論→全体討論→理解の深化）による協同学習モデルを提案し、この授業モデルを使った「国語総合」授業の事例分析を行った。その結果、少人数グループ内では、比較的難度の高い文学テクストを協同して読解する過程において高密度な

---

❶　伊坂淳一．『新ここから始まる日本語学』ひつじ書房，2016年。

社会的相互作用が起こっており、生徒たちは自ら疑問を提出し話し合い、自分たちの既存の知識を活用する推論によって疑問を解決したことが明らかになった。ただし、「知識獲得における問題解決の過程をさらに様々の角度から分析し、教師がどのような方針で授業設計をし、どのような学習課題作りをし、どのような導きをすれば、学習者が知的好奇心を持って仲間との学習に取り組むことができるか」(水野 2010: 169) はこれからの課題として残されたと指摘している。この指摘はそのまま本研究に引き継がれるべき課題である。

先行研究から協同学習における実践教室の風土様相をある程度把握することができる。本研究のフィールドである中国の大学日本語専攻教育の中の「日本語言語学概論」という科目の授業については、未だ限界がある。なぜなら、これまでの先行研究は各自の実践教室の事例を詳しく分析しているにも関わらず、教師にとっては最も重要となる点、即ち学習目標と具体的な学習課題との関係が論じられていないからである。「日本語言語学概論」という抽象的な概念の理解を学習目標とする内容科目においては伝統的には専門用語や概念の暗記暗唱が授業の中心にされてきた。このような現場で、学習者が興味関心を持って参加できる授業へと改善するためには、具体的な課題作りや指導法の模索が必要である。また、中国の大学生は教師主導の授業に慣れてきたこと（池田 2005）から考えると、「日本語言語学概論」の授業でも「学習共同体」のような協同学習が有効であることを検証するには、実証的な研究が必要であると考える。学習者はどのような参加様相を呈しているかを調べることも重要であろう。

6.3 研究目的と研究課題

研究2の目的は、「学習共同体」の理論に基づいた「日本語言語学概論」の実践教室の全体像を示すことである。その上で、受講生と教師はどのような対話を展開し、「学習共同体」をどのように具現化したかを検討する。そのため、具体的な研究課題を以下のように設定した。

研究課題1：教師は、「学習共同体」の理論に基づき、内容科目である「日本語言語学概論」の授業をどのようにデザインするか。

研究課題2：デザインされた実践教室において、教師と受講生はどのような参加様相を呈しているか。

6.4 研究方法と分析方法

6.4.1 研究方法

本研究では課題1の結果を踏まえて、「学習共同体」の理論に基づき、「学習者と対象世界（テクスト／学習内容）の対話、学習者と他者の対話、学習者と自己の対話」を中心にした教室実践（2019年11月～～2020年1月）を「日本語言語学概論」の授業に取り入れる。

佐藤（2012）によれば、学習共同体の学校改革においては、男女混合4人グループによる協同的学びを中心に授業を組織している。また、教室は固定された「座学」から解放し、机を「コ」文字型か「輪状」型配置とし、学習者が取り組む課題は教科書レベルの共有課題と難易度を上げたジャンプ課題からなる。そして、従来の質問応答型或いはテスト型の評価方法から受講生自身のリフレクションが期待できるタスクシート❶に代替する。以下では詳細に説明をする。

6.4.1.1 実践のフィールド

本研究の実践のフィールドは第4章で述べた通り、中国のある私立大学の日本語学部である。筆者はそこで日本語教師として働いている。今回の実践に参加した学生は実践当時日本語学部の3年生の45人であり、都合によって欠席した学生がいる場合もある。

表6-1で示したように、当時、クラスの中に、N1に合格した学生は4人、N2に合格した学生は半分程度の25人だった。同省にある平均的な大学日本語学部と比較して、日本語レベルが高いとは言えない。それに、国立や公立大学と比べ、毎年の大学院進学希望者も多くはいない。他方、当大学は日本の3校の大学と連携協定を締結した。当校では、半年間か1年間の交換留学プログラムと終了後の大学院直通進学プログラムが行われており、毎年10人前後の留学希望者がいる。中国国内の競争が厳しい大学院進学試験を受験するより、日本への留学生活を選択する学生が多いと言える。当大学をフィールドにした理由には2つある。1つは当大学日本語学部の募集人数は省内一位であり、中国の大学における日本語専攻教育の代表的な存在だと言えることである。もう1つは上述のように、当大学の卒業生は大学院進学希望のほか、留学、就職など

---

❶ ワークシートとも呼ばれている。

多岐にわたっている。言い換えれば、受講生たちの日本語学習の目的は異なっており、本科目への期待も多様である。こういう多様な個性やニーズを持った学生の人物像も質的研究に相応しいと考えられる。なお、筆者は当該実践対象の3年生前半の精読授業を担当しているため、受講生全員とある程度のラポールが既に形成されている。

表6-1　本実践の受講生の属性

人数	性別		日本語レベル		
	男	女	N1	N2	その他❶
45	7	38	4	25	16

6.4.1.2　実践内容

「日本語言語学概論」はS大学のカリキュラムでは、週に1回、2単位（90分間）の「専業必修科目」と位置付けられている。表6-2で示すように、一学期、16週間にわたって、授業を進めることとなっている。テキストは『新日本語学入門　考察語言的結构』（2005）であり、日本で出版された『新しい日本語学入門―言葉のしくみを考える』を北京外国語大学日本研究センターの研究チームによって翻訳されたものである。前述のように、『高学年大綱』では当科目の教科書が指定されていないため、担当教師の判断に任せられる現場がほとんどである。2012年に新カリキュラムの作成に合わせて日本語学部の教研ミーティングで検討し、この教科書の採択を決定した。当時の採択理由は「出版年数はやや古いとはいえ、日本と中国の日本語学の学界における権威的学者によって編纂されたものであるから、学術的には無難であるし、用例豊富であり、中国国内の大学院進学試験で多くの大学から参考文献として指定されており、妥当である」とのことだった。

表6-2　S大学の「日本語言語学概論」のシラバス

第1回	日本語学の地位	第4回	日本語の文字と表記
第2回	人類言語の特徴	第5回	日本語発音の基礎方法と概念
第3回	音声と音素の概念	第6回	敬語1-尊敬語

---

❶　N2未満を指す。

续表

第 7 回	敬語 2- 謙譲語	第 13 回	日本語の自動詞
第 8 回	敬語 3- 丁重語	第 14 回	日本語の他動詞
第 9 回	敬語 4- 丁寧語と美化語	第 15 回	日本語のテンス
第 10 回	ボイス 1- 受身態＋中間テスト	第 16 回	日本語のアスペクト
第 11 回	ボイス 2- 使役態	第 17 回	復習
第 12 回	ボイス 3- 授受動詞と授受表現	第 18 回	期末試験

なお、本実践に当たって、大学のシラバスで要求された文字、語彙、文法、統語などすべての内容を 1 学期の間にカバーするのは無理だと考え、授業開講前の予備調査で、受講生に「自分が一番興味を持つところ、或いは一番勉強したいところ」について回答してもらった（図 6-1）。

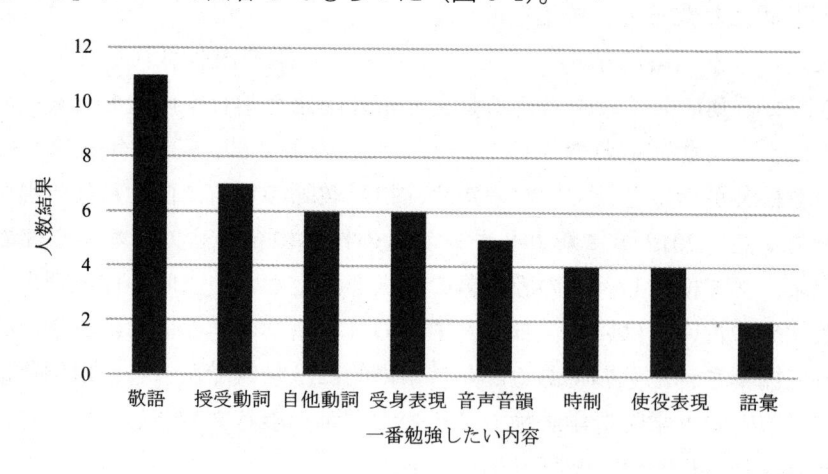

図 6-1　学習者が興味を持っている内容の結果図

教学時間の考慮を入れながら、図 6-1 の結果を参考にして、トップ 3 である「敬語（11 人）、授受動詞（7 人）、自他動詞（6 人）と受身表現（6 人）」を実践の学習項目として選定した。テキストの内容に基づき、同僚教師と相談した上で、上のトピックを巡って、合計 7 回の実践をデザインした。初回実践の前の回、2019 年 11 月 15 日の授業において、最後の 15 分間を利用し、本研究と次回からの実践についてオリエンテーションを行った。また、受講生の了

第 6 章 「学習共同体」を取り入れた「日本語言語学概論」の実践教室【研究 2】

承を得た上で、研究参加同意書にサインしてもらった。最後に、初回の実践に向けて、共有課題（敬語の分類方法はどのようなものか）のタスクシート（表 6-3）を配った。

表 6-3　第 1 回のタスクシート

共有課題 今まで学んだ敬語の種類／分類方法をまとめてください （出所も明記すること）	
ジャンプ課題 教科書を参考にした上で、「ナル尊敬語」にはどのような使用制約があるかを考えてください	
今日の授業でよいところや改善したいところなどの振り返り	

なお、本実践の具体的なシラバスを以下の表 6-4 で示す。

表 6-4　2019-2020 学年秋学期「日本語言語学概論」の実践シラバス

回	年月日	授業内容	具体的な進め方
1	2019 年 11 月 22 日	1、待遇表現と敬語の概念説明 2、敬語の分類方法 3、「お／ご〜〜になる」の「ナル尊敬語」の使用制約 共有課題：今まで勉強した敬語はどのように分類されたか。 ジャンプ課題：「ナル尊敬語」にはどのような使用制約があるか。	1 コマでは先ず、前回渡した共有課題のタスクシートについてグループで共有し、各グループの意見を統一させた上で、一人を代表として、一言で要約された結果を黒板の上に明記する。そのあと、教師から教科書の観点を受講生の結果と合わせながら、まとめる。分類基準によって、結果も違うことを理解させようとする 2 コマでは尊敬語の概念から始まって、テキストに書かれる「寝る→お寝になる」のような誤用例から説明し、「ナル尊敬語」にはどのような使用制約があるかについてグループで討論させる。最後に教師は本節の内容をまとめ、次回の共有課題（教科書にある「伺う」と「参る」の例を予習し、謙譲語と丁重語の区別を考える）を課する

回	年月日	授業内容	具体的な進め方
2	2019年11月29日	1 共有課題の共有:「伺う」と「参る」の使用方法再確認 2 謙譲語と丁重語の区別 3 具体的な例文説明:「申しあげる」と「申す」、「存じ上げる」と「存じる」 共有課題:「伺う」と「参る」の使用方法の再確認 ジャンプ課題: 教科書の説明を参考したうえで、他の用例を通して、謙譲語と丁重語の区別を把握する	先ず、前回の共有課題について、一人の学生を指名し、自分で理解したところをクラス全員に共有させる。次、「申し上げる」と「申す」、「存じ上げる」と「存じる」の用例をグループで討論させ、謙譲語と丁重語の区別をまとめさせる。各グループの発表が終わった後、教師から本節の内容をまとめる。最後に、次回の共有課題（丁重語と丁寧語の概念を把握した上で、日常生活の中で、丁寧語を使わない場合はどのようなものか）を課する
3	2019年12月6日	1 丁寧語とは何か 2 日常生活で「です」「ます」のような丁寧語を使わない場合はどのような場合か。 3 美化語とは何か。 4 尊敬語、謙譲語、丁重語、丁寧語、美化語についての要点まとめ 共有課題: 丁寧語とは何か ジャンプ課題: 日常生活で「です」「ます」のような丁寧語を使わない場合は何か	先ず、教師は日常生活の用例を用いて、丁寧語と美化語の概念を説明する。次に、共有課題の共有時間に入り、各グループのフィードバックをする。さらに、前3回で勉強してきた尊敬語、謙譲語、丁重語、丁寧語、美化語について、グループで要点をまとめさせて、その結果を2コマで「三分スピーチ」の形で発表させる。最後に次回のジャンプ課題（今までの学習経験で敬語について困っている問題を各自で準備し、次回の授業の討論テキストとなる）を課する

第 6 章 「学習共同体」を取り入れた「日本語言語学概論」の実践教室【研究 2】

续表

回	年月日	授業内容	具体的な進め方
4	2019 年 12 月 13 日	1 教師による敬語全般のまとめ 2 受講生各自で持ち出した質問の共有、討論、発表と教師からのフィードバック 共有課題：教科書の敬語応用練習 ジャンプ課題：今までの学習経験で敬語について困っている問題を各自で準備し、グループで共有しながら解決しよう	敬語全般のまとめと応用練習 今回は教科書にない内容への挑戦だった。授業で討論するテキストはすべて学習者自ら持ち出した質問である。まず、受講生に共有課題で自分の理解できない質問をグループで共有し、討論をさせる。グループの力でもクリアできない質問、あるいは討論を通じて、仲間に注意してほしいところを黒板で書かせた後、代表者が発表する。その過程で、教師からのフィードバックと他の受講生からの質問もある。最後に、次回の共有課題（教科書の内容を予習し、母語の中国語と第一外国語の英語と比較しながら、日本語の授受動詞の概念を再認識する）を課する
5	2019 年 12 月 20 日	1 日本語の授受動詞と中国語、英語の授受動詞は具体的に何を指しているか。 2 日本語の中の「やる、あげる、差し上げる、くれる、下さる、もらう、いただく」といった 7 つの授受動詞の意味再認識（授受動詞の練習問題を課している） 3 日本語の授受動詞の関係図へ挑戦 共有課題：教科書の内容を予習し、母語の中国語と第一外国語の英語と比較しながら、日本語の授受動詞の概念を再認識し、練習問題を完成する。 ジャンプ課題：日本語の授受動詞の関係図へ挑戦してください（全体的、総合的に考えることを要求する）	先ず、教師から学生の普段の学習生活でよく誤用された授受動詞の例を挙げながら、「やる、あげる、差し上げる、くれる、下さる、もらう、いただく」という 7 つの日本語授受動詞についての概念を説明する。次、グループで共有課題の共有をした上で、各グループで授受動詞のまとめを図表化させる。最後に教師から本節内容のまとめと次回の共有課題（教科書の「始まる」と「始める」の例を予習して、以下の中国語を日本語に翻訳させる： 1、我打开门。2、门开了。3、卸妆油。4、妆花了。5、老板给我涨工资。6、好不容易升薪了，我要大吃一顿）を課する

81

续表

回	年月日	授業内容	具体的な進め方
6	2019年12月27日	1 日本語の自動詞と他動詞の判断基準は何か。 2「始まる―始める」、「閉まる―閉める」、「落ちる―落とす」、「消える―消す」、「上がる―あげる」のような自他対応の動詞の使い分け 3 なぜ日本語は自動詞が愛用されているか 共有課題：教科書で書かれた自他対応動詞について、その使い方を確認する。 ジャンプ課題：なぜ日本語は自動詞が愛用されているか	自他動詞の対応 先ず、前回の共有課題を一人の学生に指定し、自分の答えを黒板に記入させる。そのあと、教師より「始まる―始める」、「閉まる―閉める」、「落ちる―落とす」、「消える―消す」、「上がる―あげる」のような自他対応の動詞を例として、日本語の自動詞と他動詞の使い方について説明をする。続いて、グループで各自の答えを確認させ、テキストの中の「日本人は自動詞が愛用されている」という記述に対して、自分の感想や悟ったものを討論させる。最後に次回の課題（自動詞表現と受け身、他動詞表現と使役表現の関連をテキスト内容と確認しながら、考えてください）を課する
7	2020年1月3日	1 自動詞表現と受身表現、他動詞表現と使役表現、それぞれの関連関係はどのようなものか。 2 実践全体のまとめと振り返り 共有課題：日本のテレビドラマ（1話）を自由に選択して、その中に現れた受身表現、自動詞表現をメモ取ってください。 ジャンプ課題：自動詞表現と受け身表現、他動詞表現と使役表現、それぞれの異同点は何か。	先ず、前回の共有課題をグループで共有し、代表者を決め、クラスで発表させる。それから教師による本節内容のまとめと自分自身の振り返りを受講生と共有する。 最後、実践全体に対する感想やコメントなどを、タスクシートの振り返り欄に記入してもらう

6.4.1.3 授業の流れ

　下の図6-2で示したように、毎回の実践は大きく教室外と教室内の活動からなっている。実践の目標は「学習共同体」が提唱した「3つの対話」を重視する

第 6 章　「学習共同体」を取り入れた「日本語言語学概論」の実践教室【研究 2】

ことによって、学習目標の達成に向けた学び合いの教室を実現することである。

　まず、教師仲間と相談した上で決められた共有課題に対して、受講生は教室外で自らの調べ学習と理解が要求された。今まで勉強した知識を生かし、自分一人の力で、対象世界（学習内容）との対話をすることである。次に、その結果を教室内でグループメンバー間で共有し、討論を続ける。つまり、他者としての仲間との対話、学習者間の対話ということである。その過程で、教師は各グループの様子を静かに観察し、学生に求められた時、内容に対するフィードバックと説明などを行い、教師と学習者間での対話がなされる。さらに、議論時間は学習の進み具合によって調整することもできる。議論を十分に行った上で、各グループの教室発表を進める。このように、他者（学習者間や教師）との対話が追求される。最後に、授業が終わった後、受講生にもう一度当日の学習内容を回想、再度の理解を求め、振り返りと次回の共有課題を課する。これは自己との対話を指し、この対話を通じて、学習内容への理解深化や自己に対する内省を期待している。

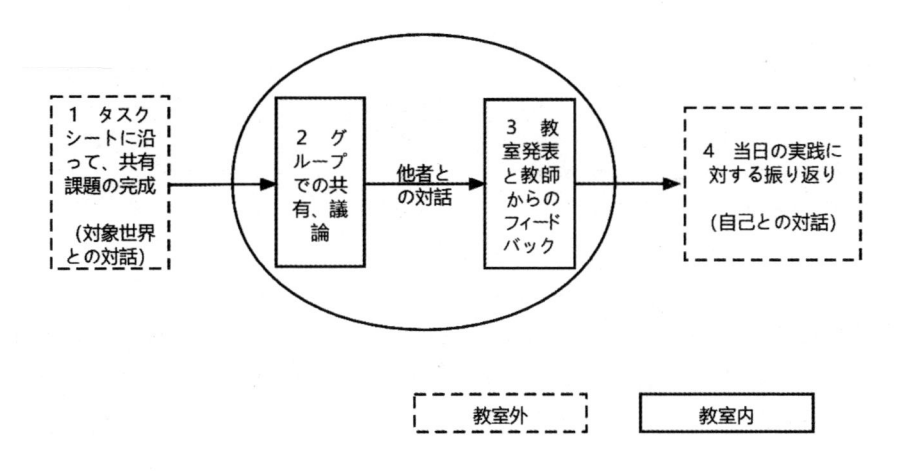

図 6-2　「日本語言語学概論」実践における教室活動の流れのモデル図

6.4.1.4　教室実践の具体例

　実践の具体像をより明確にするため、以下では第 4 回、2019 年 12 月 13 日の教室を例として、具体的な教室活動を紹介する。第 4 回を例にした理由は内容的に見れば、尊敬語、謙譲語、丁重語、丁寧語、美化語のまとめであり、つまり敬語部分の内容を総合的に深化させる内容と考えられる。しかも、当日の実践内容はテキストのままではなく、すべてが学習者自ら持ち出した質問であ

り、受講生にとっては親しみやすいと判断した。さらに、前3回の実践を経験したため、実践の教室活動に対して段々馴染んできて、お互いの対話活動も活発に行われたと見られるからである。

　2019年12月13日、第4回の実践は当日第4限目（午後3時から4時40分まで）の授業で行う。授業開始の5分前、教師は各グループの座席表を黒板の中に明記した後、教室外で次から次へと教室へ来る受講生にグループわけのくじ引きをさせた。事前にグループわけの仕事を済ませるのは第1回の実践で「こっそりとくじを引き換えた人もいる」というコメントを受けたからである。教室外でくじを引いた学生は教師の指示によって、自分の名前をくじの裏側に記入した後、引いた番号通りに着席した。当日グループわけの内訳は表6-5のように示す（すべては仮名である）。

表6-5　第4回実践のグループわけの内訳表

1	寒、傑、小楠、楠楠	2	凝、園、蒙、榛
3	方、文、萌、僅	4	振、棋、妍、傑傑
5	明明、新玲、璠、威	6	洋、蘭、穎、明、帥
7	悦、青文、平、成	8	雪、麗、芸、紋、
9	亭、恵、佳、熙	10	亜文、星、飛、雯
11	茜茜、玲、硕、彭		

　授業が始まった後、教師は本日の実践内容について簡単に説明する。教師と同僚仲間の考慮では、前3回は敬語の分類法、ナル尊敬語の使用制約、謙譲語と丁重語の使い分け方、丁寧語と美化語の使用場面について勉強してきた。今回は全体的な振り返りとして、受講生自らの問題提起を期待する。そのため、共有課題として、受講生各自で理解できない質問或いは問題を準備させ、今回討論のテキストとした。

　教師が授業の旨を説明した後、早速グループの共有、議論の時間に入った。国際日本語能力試験の問題をテキストとした学生はほとんどである。議論の指定時間が30分だったが、受講生の討論は予想以上に熱かったので、30分から40分まで延長することにした。その過程で、筆者である教師は学生からの質問を受けた。しかし、直接に正解を出すのは受講生間の討論や思考によくないと

第 6 章 「学習共同体」を取り入れた「日本語言語学概論」の実践教室【研究 2】

考え、違った選択肢の内容と文脈のつながりによる深く考えることを勧めた。そのほか、討論に行き詰ったグループに、ファシリテーションを与え、討論の進行役として、グループに一時参加したこともある。仲間や教師のサポートで、自分で持ち出した疑問をクリアできただけではなく、他人の質問を巡っても討論が続けているので、教室の雰囲気が活発的だった。筆者は当日の観察メモに「（この授業を）担当以来、初めて自分のやりがいをしみじみと感じた。なぜなら、学生たちの頷いた顔と質問を投げてくれた人は今までのないぐらいからである。」というふうに書いた。その後、第 2 コマに入って、教師から黒板での共有や発表の準備を要求した。そして、各グループは自分たちの究極の一問を慎重に決めた上で、代表者が黒板に記入をした。途中で、仮名や漢字の書くミスを修正に、ほかのメンバーが黒板まで来たグループが 2 組あった。最後に教師の立場から見れば、グループ順番に発表をした時、それぞれの努力をはっきりと見えたと考える。なぜかというと、その発表で自分の自信ある内容だけをアピールするのではなく、自分たちの困惑を素直に言い出し、クラスの仲間と教師のサポートを求める場合はたくさんあったからである。授業終了の 10 分前からは教師のまとめと講評だった。

図 6-3　当日受講生による発表の板書

6.4.2　データの収集

　研究2では主に実践教室の録音資料と文字資料の両方からアプローチする。録音資料とは毎回の実践中、教師から一つのICレコーダーを教室最前列の中心部に置いて、授業全体の録音を取っている。それから、より詳細的な議論内容を把握するため、各グループの発話を受講生たちの意志で自由に携帯かICレコーダーによる録音をしてもらい、授業後、教師へ送ることを依頼した。より活発な議論ができるため、母語の中国語で進めることも許可する。各部分の活動の所要時間は進捗状況により、その都度教師から調整を行う場合もある。すべての録音を学習者の了承を得た上で、文字化した。そのほか、文字資料とは受講生が書いているタスクシートは毎回収集し、受講生の了承を得た上で、日本語に翻訳してデータとする。また、授業中で使用された教師観察メモと共有課題、ジャンプ課題などを決定する際、同僚教師と相談する時に使われた教研ノートも文字資料として収集されている。

　なお、本研究で対話の文字化の原則は王（2019）を参考にして、以下のように設定した。

符号	表す意味
。	文末を表す
、	区切りを表す
……	1秒以内の短い沈黙を表す
？	疑問の音調を表す
（　）	発話者の表情や気持ちを表す
【　】	筆者が付け加えた説明
〈　〉	割り込み発話を表す

6.4.3　分析方法

　研究2では、主として6.4.2で収集された音声データを「ミクロに授業の具体的な流れに沿って、より詳細的に言葉や行為をとらえようとする方法（秋田2006：18）」としての教室談話分析の手法を用いて質的に分析する。また、タスクシート、教師の教研ノートなどの文字データは教室文脈の説明のために、分析に入れることにした。以下では、受講生と教師双方は「日本語言語学概論」

の教室実践でどのようなやり取りを通じて、「学習共同体」が具現化されたかどうかという点を切口にして検討する。

6.5　結果と考察

6.5.1　「学習共同体」に基づいた教師の授業デザイン［研究課題1］

6.2で述べたように、「日本語言語学概論」は専門用語が多く、理論的な科目であるため、学習者の多くは内容の理解に困難をきたしている。学習者が興味を持って参加できる授業とするためには教師の具体的な課題作りが重要である。また、非母語話者としての教師の役割は一体どのようなものかについても検討する。

6.5.1.1　課題1の結果

研究1の結果から、「日本語言語学概論」の担当教師の多くが現場で様々な苦悩を抱えていることが分かった。その苦悩の内実は多岐にわたっている。例えば、カリキュラムに要求された知識や内容があまりに複雑であり、同時に担当教師は仲間がほとんどおらず、一人で教科書の選択や具体的な教え方などに迷い続けている。一方、学習者と教師は相互影響の関係にあり、教師は学習者からも多様な注文を受けながらも、参加意欲が低い学習者と対面するたび、担当への抵抗感を強めることになる。

それに対して、近年、教師の専門的力形成には、同僚教師の援助や助言が極めて大きな役割を果たすことが注目されている。佐藤（1993）は「教育実践の創造と相互の研修を目的とし、相互の実践を批判し、高め合い、自律的な専門家としての成長を達成する目的で連帯する同士的関係」としての同僚性の重要性を提唱した。換言すれば、「学習共同体」は教師と学習者共に成長できる授業を目指し、今までのような一人での苦闘から解放するには、校内同僚との連帯する「同僚性（collegiality）」の構築が重要だとして提唱されている。

教室実践をデザインするに当たって、担当教師としての筆者は同大学で当科目の担当経験者である亜（仮名）に研究協力を依頼した。同じ教研室[1]に所属

---

[1] 教学検討をよりスムーズに展開するため、中国の大学で同じ学部の教員を専攻による分ける部門の単位である。S大学の日本語学部は日本語学部担当教研室と第二外国語（日本語の他に、韓国語、フランス語、ドイツ語もある）担当教研室に分けられている。亜は日本語学部担当教研室の主任である。

する亜は2011年3月、日本の某大学大学院日本言語文化専攻を卒業し、同年8月にS大学に日本語教師として就職した。2016年9月から、同教研室の主任を務めている。2017年3月から7月まで一学期間の「日本語言語学概論」を担当した。職場の上司としての亜はやや上位の立場にある。ただし、筆者と年齢が近く、授業後の休憩時間などを利用し、授業や家庭のことについて話題を共有するという関係にある。しかも、研究1の担当教師へのアンケート調査においてはインタビューに協力してくれた。このインタビューでは、亜はこの「日本語言語学概論」という授業を「内容は理論的かつ抽象的である」、「深くまでは展開しにくい」、「どうやって学習者が過去に学んだ知識を授業に生かすかに関わる工夫は難しい」などややネガティブなコメントをしていた。そうした悩みを持っていた亜は、筆者から研究目的と実践提案の経緯説明を聞いた後、筆者の依頼を快諾してくれた。実践担当教師である筆者と同僚の亜は、週1回、毎週水曜日の午後の時間を利用し、教研ミーティングを定例会として持つことを決めた。この会では、具体的な実践方策を決めることとした。具体的には、前回の実践状況の共有と次回実践の実施を巡る話し合いである。毎回の会議は勤務大学の定例会議後、毎週水曜日の約午後2時半から始まり、平均1時間半前後の時間がかかった。合計で7回である。筆者は毎回の教研ミーティングの要点を記録し参加した。また、各ミーティングでどのような議論がなされたかについてもノートにメモを取った。

　教師二人はどのような模索をして、教学内容の選定、また実践の立案を決めたか、そのプロセスを可視化するために、以下では第7回の教研ミーティングを例として、教研ミーティングの要点記録❶（表6-6）と教研ノート❷（表6-7）のデータを取り上げながら、教研ミーティングの実態を質的に探る。第7回を選択した理由は以下の2点である。第7回は教研ミーティングの最終回である。したがって、先行する6回の教研ミーティングの経験の上で、教師たちのアイデアが洗練されるようになっていたと考えられる。日付の都合で、第6回（日本語の自他動詞）と第7回（日本語の受身表現）の内容を一括して検討したため、議論時間が長く、内容的面も豊富であった。

---

❶ 全7回の教研ミーティング要点記録は付録の（3）にご参考。
❷ 全7回の教研ノートは付録の（4）にご参考。

第6章 「学習共同体」を取り入れた「日本語言語学概論」の実践教室【研究2】

表6-6 第7回の教研ミーティングの要点記録 ●

回	年月日	項目	詳　　細
7	2019年12月25日① 水曜日	前回実践の気づきと問題点	気づき：前回のジャンプ課題に対して、各グループはよく頑張ったと思う。お互いの意見や考えを共有したり、教師に質問したりすることによって、それぞれの関係図を完成し、発表もした。結果的に、教科書に要約された内容を踏まえた一般的な構造図もあれば、受講生の個性が溢れる成果もある。特に数学的な考えに基づいた一つの座標図が発表の時、受講生全員の注目を集め、評価された。教師としてもいい勉強になり、感銘を受けた。 問題点：前回の共有課題である授受動詞に関する6つの穴埋め問題に対して、受講生の大部分はクリアできたが、共有時間の観察を通じて、理解困難な学生がまだいることが分かった。その原因の1つは母語の中国語と比べれば、日本語の授受表現は主語が省略されたことが多く、判断が難しいと打ち明けた。
		問題点に対する解決策	これまで5回の実践を通じて、受講生は十分な理解ができず、誤用が多く発生した原因の1つは母語からの干渉だと考えられた。その背後に中日両国は生活様式、文化背景、行動、思想パターンなど多くの面で差異があるからである。しかし、実践の受講生は日本での生活経験がほとんどなく、日本人的学習リソースもS大学の日本人教師一人なので、限られた環境の中で日本語を勉強していると言える。したがって、言語の使用ルールの暗記より、先ず実生活の中の使用環境と日本文化を理解できる場の提供し、受講生自身の能動的学習がデザインのカギだと共通認識した。 具体的に言えば、第6回の内容について、「日本語は自動詞多用の言語に対して、中国語は他動詞多用の言語」と教科書で述べられているが、受講生は自動詞がどれほど多用されているか、なぜ多用されているかについては理解しなければならない。また、第7回の受身文の機能について、「対応する能動文の動作主を不問に付したい場合；（中略）迷惑な気持ちを表したい場合がある」と記載されているが、受講生はそれを読んだ後も、なぜ「動作主を不問に付したい」と「迷惑な気持ち」なのかが理解できなければ、把握しにくいと考えられる。 　そこで、課題設定の時、学習者の興味関心を持たせる上で、実際の日常生活から問題提起の意識を育てようと思った。

● 次週の水曜日は2020年1月1日であり、元旦休みとダブっているため、当日は残り2回の実践内容を一括に検討した。

续表

回	年月日	項目	詳　細
7	2019年12月25日水曜日	第6回実践の授業内容	日本語の自動詞と他動詞の判断基準；「始まる―始める」、「閉まる―閉める」、「落ちる―落とす」、「消える―消す」、「上がる―あげる」のような自他対応の動詞の使い分け；自動詞が愛用されている日本語
		議論で取り上げられた教科書の内容	P129 ここで自他の対応がある動詞の組を一部挙げてみよう。 例（14）消える―消す、直る―直す、壊れる―壊す、落ちる―落とす、割れる―割る、切れる―切る、始まる―始める、閉まる―閉める、溶ける―溶かす、上がる―あげる
			P134 自動詞の典型は「なる」で、他動詞の典型は「する」であると言えますが、日本語では次のような表現も好まれます。 例（36）：私たちは今度結婚することになりました。 もちろん、結婚するのは話し手であり、意志的な動作なのですが、それを「（ことに）なる」という自動詞的な表現にすることによって、動作主の存在を隠すのが日本語の表現としては丁寧な表現として好まれるのです。
		第6回実践の課題設定	共有課題：教科書のP129で書かれた自他対応動詞について予習をし、その使い方を確認する。
			ジャンプ課題：なぜ日本語では自動詞が愛用されているか
		第6回実践の学習目標	共有課題：教科書P129の自他対応動詞の例文を通じて、それぞれの使い方を再認識し、普段の学習で自分の理解できない部分と気づきを喚起させたい。
			ジャンプ課題：言葉そのものより、その裏にある日本人と中国人の文化背景、行動パターンの違うところを理解することを期待している。
		第7回実践の授業内容	直接受身表現と間接受身表現と中間的受身表現それぞれの概念確認；自動詞表現と受け身表現、他動詞表現と使役表現、それぞれの関係

第6章 「学習共同体」を取り入れた「日本語言語学概論」の実践教室【研究2】

续表

回	年月日	項目	詳　　細
7	2019年12月25日 水曜日	議論で取り上げられた教科書の内容	P99　受身は大別して直接受身と間接受身に分けられますが、その中間的な性格を持つものもあります。 直接受身 例（5）a 太郎が花子を殴った。 　　　b 花子が太郎に殴られた。 P101　間接受身 例（13）田中さんは事故で弟に死なれた。 　（14）私は昨日雨に降られて、ハイキングに行けなかった。 　（15）私は昨夜一晩中隣の人にピアノを弾かれて、寝られなかった。 p 102　中間的な受身 例（18）太郎は知らない男に頭を殴られた。 　（19）太郎は泥棒に財布を盗まれた。 　（20）太郎は通り魔に弟を殺された。
			P108　使役文の構造は間接受身文とよく似ていることが分かります。 両者の共通点と相違点は次のようになります。 共通点：主語は動作主ではなく、出来事の外にいる。 相違点：主語は使役では影響の与え手だが、間接受身では影響の受け手である。
		第7回実践の課題設定	共有課題：日本のテレビドラマを1話選択して、セリフの中から受身表現をメモ取ってください。
			ジャンプ課題：自動詞表現と受け身表現、他動詞表現と使役表現、それぞれの異同点は何か。
		第7回実践の学習目標	共有課題：自分で興味がある日本ドラマを自由に選択して、その中の受身表現を聞き取ることによって、実生活の日本語はどれだけ受身表現とが多く使われるか、中国語との比較を確認してください。
			ジャンプ課題：教科書の構造図を理解することや仲間との議論を通じて、違った視点から日本語の受身表現と自他動詞の関連を理解してください。

そして、教師二人の議論要点のメモは以下表 6-7 である。

表6-7　第7回ミーティングにおける二人の議論要点メモ

2019年12月25日　　水曜日　　第7回　教研ミーティング		
	筆者	亜
前回の実践についての共有	・前回実践のジャンプ課題（授受動詞の関係図）はみんなそれぞれの答えがあって、良かったと思う。（亜に共有） ・特に座標図は皆の注目を集め、いい勉強になった。 ・共有課題の穴埋め質問に対して、迷った学生がまだいる。その原因は「（日本語の）主語がない」と聞かれた。 ・教科書で書かれた表現はフォーマルなものが多く、日本人の日常生活とは距離感がある。 ・母語からの干渉は確かに原因の一つであり、その背後に両国の文化背景などにも差異があると思う。 ・言葉の使用規則より、日常生活での対話を通じて、日本文化、行動基準などを受講生自身に理解させる場の提供が大事。	・座標図は斬新的だった。自分の授業で学生に紹介したい。 ・自分もいい勉強になった。 ・「唯一の正答」にこだわらない ・日本語の主語はよく省略されるのに対して、中国語では「我」とかの人称代名詞が不可欠である。 ・日本人教師に「学生がよく分からないと言ったが、具体的にどこが分からないかは教えてくれない」と言われたことがある。 ・文化背景、生活様式などに差異があることに賛成。実生活の使用環境、日本文化を先ず理解しなければならない。
第6回実践（日本語の自他動詞）について	・自分の学生時代にも日本語の自他動詞について困っていた。 ・教科書のP129の例（14）で取り上げられた自他対応の動詞は日常生活の中で頻繁的に使われる。共有課題としたい。 ・他の教科書で例文を参考にして、教師としての事前準備をする。 ・教科書のP134の例（36）「私たちは今度結婚することになりました」に興味深かった。中国語ではこういう場合で自動詞を使わない。 ・ジャンプ課題は「なぜ日本語では自動詞が多く使われているか」について展開する。	・同じような経験がある。英語のこの部分にも困っていた。 ・P129の例（14）の例は典型的な自他対応の動詞であるため、これらの意味と使い分けを学生に確認する必要がある。精読授業などの例文を参考にすればいい。 ・結婚は普通個人的意志による行動である。自動詞を使うのは日本人の意識につながっている。 ・後ろの節には「自動詞愛用の日本語」の内容がある。中国語と対照しながら、学生に理解してもらう。

第 6 章 「学習共同体」を取り入れた「日本語言語学概論」の実践教室【研究 2】

续表

2019 年 12 月 25 日　　水曜日　　第 7 回　教研ミーティング		
	筆者	亜
第 7 回実践（日本語の受身表現）について	・教科書で受身表現を直接受身、間接受身と中間的受身の 3 種類に分けられる。大学院の入学試験ではよく問題として出される。 ・王冕はお父さんに死なれた。 ・中国語で受身文は比較的に多く使われていない。そういうところを先ず理解する必要がある。 ・なぜ「被害の気持ち」「動作主の不問に付したい」なのかも理解必要である。 ・日本語の中にどれほど受身文が多く使用されるかを日本のドラマを通して、体験してもらいたい。 ・ジャンプ課題は難易度を少々あげると、P108 に使役文の構造と間接受身文の相違点について図がある。それを理解してもらいたい。	・中間的受身より、直接受身と間接受身の方が多くみられる。特に直接受身は被害の気持ちを表すところが中国語では理解しにくい。 ・先行研究で中国の清の時代の著書「儒林外史」の中に、「王冕死了父親」のような表現は日本語の間接受身と似ていると書かれた。 ・前回でも日本人の日常生活の場面状況を理解することが大事であることが共通理解である。 ・ドラマは学生の興味を引き出すいいリソースだが、ただストーリに夢中してはいけない。言葉の表現を大事にしてほしい。 ・使役表現の復習にもなるため、ジャンプ課題としては賛成である。

　表 6-7 で示した通り、毎回の教研ミーティングは前回実践の共有と次回実践に向けた学習内容の検討、共有課題とジャンプ課題の設定についてなされている。具体的に見ると、先ず、前回（第 5 回）の実践で受講生と教師は日本語の授受動詞について、共有課題やジャンプ課題を中心に活発な議論がなされた。特に、ジャンプ課題の関係図に対して、各グループの議論と発表から受講生たちの頑張る姿が見られ、担当教師としても良い勉強になったと感じた。座標図の作成から得られた喜び、受講生の理解困難の気持ち、教師として自分の反省、これら些細な感想は第 7 回最初の共有時間の種となった。受講生の発表時の写真とタスクシートに描かれた関係図も亜と共有した。亜は筆者と同じく座標図に大変興味を示し、「斬新的な視点だったから、自分の授業で学生に紹介したい」と語った。現在 2 年生の精読授業を担当している亜はこの「日本語言語学概論」の実践で得られた新たな知識に刺激を受け、自分の教育現場に生かしたいと考えていることが分かった。しかも、「自分も勉強になった」と受講生に刺激されて得た自分の学びを言語化した。言い換えれば、元々亜の立場は研究

93

協力者としての教師であるが、研究の過程を共有することによって、受講生のアイデアを知り、間接的に受講生との対話も成立し、知識の構築が双方向に進行することが可能になる。座標図以外、他のグループのオリジナリティに富んだ関係図を見た後、亜は「唯一の正答に拘らない」という主張をした。従来、中国の大学日本語専攻教育のカリキュラムでは高度な言語能力の習得を目標の一つとして重点が置かれてきた。また、研究1の自由記述で分かったように、受講生の多くは「日本語言語学概論」という授業を通じて、文法知識の向上による多様な試験に合格するという目標の達成を期待している。その背景の下、学習者には正答を追求する傾向がある。しかし、それは『高学年大網』で記述された本科目の目標である「既習の日本語の基礎知識を理論的に分類、整理し、総括させる」ということや「3つの対話」を尊重するという本実践の目標との間で矛盾がある。そのため、前4回の実践計画の段階で試行錯誤を経験した二人はジャンプ課題の設定に際して、受講生一人一人の思考を大事にし、唯一の正答より、深い議論ができるような方向にもっていこうという共通認識ができていたと言える。「唯一の正答に拘らない」という亜の主張から、筆者は前回の共通認識を思い出し、実践の初心を再び確認した。

　その後、前回（第5回）の実践における教室観察で気になった問題点も亜と共有した。それは共有課題の穴埋め質問に対して困惑した学生がまだいることだった。当時学生の「（日本語の）主語がない」という原因の説明を聞いた亜は「確かに日本語の主語はよく省略されるのに対して、中国語では「我」、「你」とかの人称代名詞が不可欠である」と自分の見解を話した。亜の見解に対して、筆者はまず同意の態度を示し、次、「現行の教科書で書かれた表現はフォーマルなものが多く、日本人の実生活とは距離があるため、受講生の理解は程遠かった」と自分の感想を追加した。その感想は亜の職場で遭遇した経験を回想させた。普段、亜は教研室の主任として、担当授業以外にも、教師管理の事務も担当している。ある定例会議で、日本人教師から「学生はよく分からないと言っていたが、具体的にどこが分からないかは教えてくれない」という学生に対する愚痴を聞いた。つまり、「日本語言語学概論」の実践で受講生からの悩みが亜の仕事上の経験を喚起させ、それが、外国人教師の不満と繋がり、教師と学生との間に理解のずれがあるということに亜は気づいたニとどある。過去の経験の共有を契機として、二人は異なる文化背景のもとでの日本語学習の心得を更に共有した。筆者の「母語からの干渉は確かに原因の一つであ

第 6 章 「学習共同体」を取り入れた「日本語言語学概論」の実践教室【研究 2】

り、その背後に両国の文化背景などにも差異があると思う」と言った意見に賛成した亜は「実生活の使用環境、日本文化を先ず理解しなければならない」と主張した。結局、「日本語言語学概論」の実践計画について、「言葉の使用ルールの暗記より、日常生活での対話と実例を通じて、日本文化、日本人の行動基準などを総合的に理解させる場の提供が大事」という共通認識に至った。それも以後の課題設定の原則として決められたのである。全体的に見ると、前の回の実践で出た問題点を巡って、二人の教師はそれぞれの意見や感想を交換している。さらに、そこから仕事場の経験や悩みが触発され、実践における課題作りの原則の決定につながったのである。お互いの相談は専門上の切磋琢磨だけでなく、生活と仕事上の悩みもテーマになり、自己開示が進んでいったのである。

　続いて、二人は第 6 回の実践（日本語の自他動詞）について議論を継続した。先ず筆者は自分の学生時代の経験を語り、日本語の自他動詞に関する理解が十分ではなく、困っていた時期があると述べた。亜はそれを聞いた後、自分も同じような経験があることを示し、英語の自他動詞にも困っていたことを共有した。それで、筆者は自分が授業準備の過程で教科書の 129 ページの例（14）に関心を持つことを話した。具体的に、これまで日本語学習の教科書がストーリの文脈に沿いながら、言葉や文法の説明に入るのであるが、母語からの干渉（中国語に自他動詞の概念が薄いことと日本語と語順が違うこと）や自他対応の動詞をストーリの中に同時に導入することがめったにないため、学習者はそれぞれの使い分けがよく把握できないと考えられる。一方、「日本語言語学概論」の教科書で日常生活で頻繁的に使用される自他対応の動詞をまとめて取り上げたため、受講生がどれほど把握できるかを確認するのに適応であると考え、共有課題として設定したいと言い出し、亜の意見を確認しようとした。それに対して、亜は例（14）の動詞は日本語における典型的な自他動詞と見られ、共有課題として設定するならば、精読授業など他の教科書で関連例文を参考にした上で、各動詞の意味と使い分けを受講生と確認することを勧めた。「他の教科書を踏まえた上で、教師はきちんと事前準備をする」と筆者はこういうメモを取り、亜の提言を受け入れた。次に、筆者は教科書の 134 ページ例（36）「私たちは今度結婚することになりました」の例文に興味深かった。なぜなら、専門用語の堅苦しい説明文より、例（36）の文は結婚という生活に近いテーマなので、受講生にとって理解しやすいし、中国語の中で、結婚を話のテーマにな

ると、一般的に「ことになりました」のような自動詞文が使用されていない。このような差異は受講生の興味を持ち出し、議論しやすいと考えるからである。亜も「結婚」を「個人的意志による行動」と考え、「自動詞を使うのはやはり日本人の意識につながっている」と意見交換をした。更に、二人は教科書の内容をともに読んでおり、ジャンプ課題の設定をしようと思った。その過程で、亜は教科書134ページにある「このように自動詞と他動詞をどちらも使える場合、日本語では動作主の存在を含意しない自動詞を使う表現の方が好まれる傾向があります。（中略）こうした問題は動作主を表に出さない「なる」的表現を好むか、動作主を表に出す「する」的表現を好むかという文化の違いとも考えられます」といった指摘に目が留まり、「中国語と対照しながら理解するのは効果的かもしれない」と言った。その発言によって、筆者は上の共有段階で、二人の「言葉の使用ルールの暗記より、日常生活での対話と実例を通じて、日本文化、日本人の行動基準などを理解させる場の提供が大事」という共通認識に記憶を誘い、「中国語と対照した上で、なぜ日本語は自動詞が多く使われているかについて考えてください」と第6回実践のジャンプ課題として決定した。

　最後に、二人は第7回（日本語の受身表現）についての議論に入った。教科書の内容に関する検討が始まった直後、筆者は99ページで書かれた受身の分類法を巡って、以前の経験を教師仲間の亜に教えた。それは、4年生の精読授業を担当している時、よく大学院の入試問題の説明を学生に聞かれていた。その中に「直接受身と間接受身の区別」、「間接受身とは何かの説明」、「中間的受身と直接受身の異同点」と言った精読授業で触れていない質問が多数ある。それらの入試問題を聞いた亜は「中国語の受身表現と比べて、日本語の受身表現はより多く使われる。特に間接受身のような言い方は中国語にはないため、被害の気持ちを表すところが学生にとって理解しにくい」と自分の意見を述べた。その後、二人の議論は亜の提起した先行研究に対する検討まで進展された。その研究は、中国の清の時代の著書「儒林外史」にある「王冕死了父亲（王冕はお父さんに死なれた）」という文に対する考察であり、日本語の間接受身と類似した珍しい中国語表現との結論である。筆者はその先行研究に対して、「本来、中国語の受身表現は「〜被〜」文で表れているが、日本語と異なって、述語と目的語の語順によって文の意味も変わってくるので、受身文が比較的に使用されていない。こういうところを理解する必要がある」というふうに理解した。それから、教科書104ページ、受身文の機能の部分に「対応する動作主を不問に付したい場合」、「迷惑／被害な気持ちを表したい場合」との指摘に対し

第6章　「学習共同体」を取り入れた「日本語言語学概論」の実践教室【研究2】

て、学生が本当の理解に到達できるかについても心配の気持ちを亜に吐いた。亜は筆者の心配を下ろそうとして、再び前回の「日本人の日常生活の場面状況から自らの理解が大事である」の共通理解を言い出し、課題設定の原則として主張をした。「日常生活の場面状況から」というキーワードからヒントを受けた筆者は自分の大胆な考えを提言した。それは日本のテレビドラマをリソースとして利用し、日本人普段の会話でどれほど受身文が使用されているかを受講生自ら確認してほしいとのことである。実際に、上で分析したように、中国大学の日本語学習者は限られた環境の中で日本語を勉強している場合が多いため、普段、日本のテレビドラマの鑑賞を趣味とする学習者も多い。それを考慮した亜は「テレビドラマは学生の興味関心を向上させるよいリソースと認めたが、ただストーリに夢中してはいけない。言葉の表現そのものに集中し、実感してほしい」と発言した。筆者は亜のコメントを受け入れ、字幕の中国語表現と比較したうえで、ドラマで出てきた受身表現の理解を共有課題として決めたのである。続いて、二人はジャンプ課題の決定について議論がなされていた。筆者は最終回の実践でジャンプ課題の難易度を少々あげ、教科書108ページの使役文と間接受身文の関係図について受講生の総合的理解を図ろうとしていた。亜はこの提案がこれまでの知識の復習にもなると考え、筆者の言ったことをあっさりと賛成した。

　以上で分析したように、同僚の亜と毎回の教研ミーティングは前回の実践で担当教師の気づきと問題点の共有から始まり、次回実践に向ける教科書の内容を議論した上で、共有課題とジャンプ課題の設定、学習の目標までともに工夫しながら、検討をしている。その内実を具体的にみると、以下の図6-4で示した通り、担当教師の筆者はまず実践の教室を対象に授業観察して、そこから感じた気づきと問題点を教研ミーティングで同僚仲間と共有をする。自分の担当科目の時間と重なった原因で、実践を共に参加できない仲間教師はこの共有を通じて、受講生との対話を間接的に実現できるのである。ただし、二人の教師が事前に綿密に考慮してきたとはいえ、教室で常に予想以外の出来事が起きた場合もある。それこそ担当教師は学習者からの収穫を気づきとして心得ているほか、自分でも困っていることを問題点として記録できる。こういう時、同僚の亜は自分の知識や経験の上に立っており、筆者の意見を賛成したり、補充したりしている。逆に、自分の困惑も素直に言える。しかも、日本語母語話者ではない二人の教師はすべての問題点と受講生からの注文に応じられるわけではないが、二人は共有の中で、過去の教育現場や仕事関係上の経験を喚起し、他

科目、他言語との既有知識／認識を連動させている。このような連動は知識上と教師間の人間関係に相乗作用をもたらし、二人の議論を深化させていく。更に、二人は議論を基づき、次回実践に向けて、計画と修正の工夫が見られた。このプロセスから得られたすべての収穫は教師としての学びができ、各自の実践フィールドや「日本語言語学概論」以外の科目にも実行することにつながっている。毎週 1 回の教研ミーティングを通じて、これまで「日本語言語学概論」のジレンマに陥った一人の教師から解放され、同僚との協同によって、心から信頼できる仲間も間接的に実践に参加し、最後まで「日本語言語学概論」の教室実践を見守っているのである。

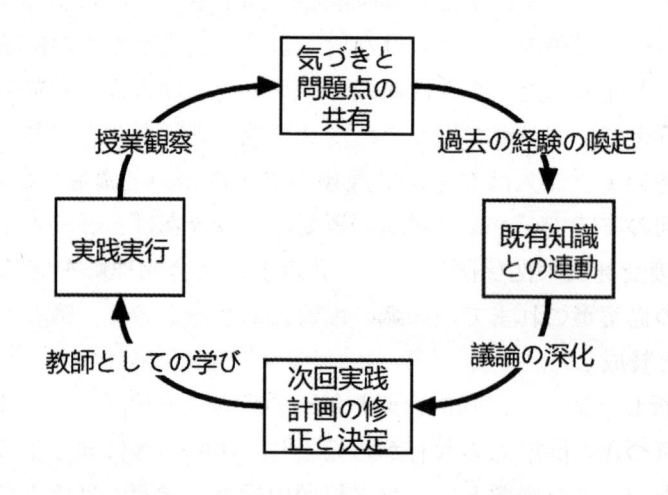

図 6-4　教研ミーティングの収穫図

　以上の分析を持って、「学習共同体」に基づいた「日本語言語学概論」の教室実践における教師の授業デザインのプロセスが明らかになって、教室実践の第一歩となっている。

6.5.1.2　課題 1 の考察

(1)「一人にしない」教師共同体の構築

　「日本語言語学概論」の開講実態を事前調査で調べた結果から分かるように、本科目は各大学の性格によって違いがある。『高学年大綱』によって、本科目を日本語専攻学部の基幹科目として位置づけられているにも関わらず、学部段階で開設される大学もあれば、大学院段階で開設される大学もある。近年

第6章 「学習共同体」を取り入れた「日本語言語学概論」の実践教室【研究2】

大学における日本語専攻の募集人数が減少傾向にあるため、日本語教師にも悪影響をもたらしている。フィールドの説明で述べたように、2012年中日関係の悪化に影響され、S大学の日本語専攻志望者が急減した。当校の日本語学部の教員人数も従来の21人から半分不足の9名までに減少し、事務系の仕事への転職、自らの辞職などかなり深刻な環境にさせられている。これはあくまで近年中国大学の日本語教師の職場の縮図である。この背景の下に、残りの教師たちは仕事、家庭、社会など多方面のプレッシャーを抱えている。例えば、従来何人かの同僚仲間と共同で同一科目を担当していた経験がなくなってしまい、教員の配置にも激しい変化が見られた。つまり、同じ科目を同時に担当する同僚仲間が少なくなると同時に、規定された「標準課時❶」のために、各教員は毎学期複数の科目を担当しなければならない。そうすると、自分の教育技法や授業内容の準備を工夫する余裕がなくなり、教師間の科目内容、授業方法などについての交流する土台が崩れ、職場で相談できる教師仲間のコミュニティも失われてしまう。

しかし、今回の「日本語言語学概論」の授業実践において、研究者である担当教師は職場の同僚の亜と共に、全てのステップを通じて、実践計画を立案し、共有、省察もしてきた。大学の職場で、小さいながらも、二人の間に民主的コミュニティが構築できたと言える。専門的知識を磨く踏み場や人情的繋がりの居場所が作られ、一人でいる現状から解放できたのである。しかも、二人の対話の中身を探ると、最初の議論は教材内容を中心に行ったが、定期的、持続的な教研ミーティングが信仰していくにつれて、お互いの間に互恵関係が構築され、共有点も過去の受講経験、職場での悩み、他科目への活用まで拡張したことが明らかになった。現在の中国大学の日本語教育現場では科目間、教師間の連携が乏しい一方で、昇進をめぐる厳しい競争関係にあることを考えると、こうした民主的なコミュニティの存在には意義があることが分かる。

(2)「日本語言語学概論」の授業における教師の役割

従来、「日本語言語学概論」の授業では教師の講義が中心となり、教師と受講生の間に対話するチャンスがほぼなく、教室活動があると言っても、教師による一方的質問応答活動、文法項目の置き換え練習がほとんどであった。一部の理解が速い学生或いは大学院の進学希望を持った学生以外は、授業から落ち

---

❶ 中国の大学から教師を評価する基準の1つであり、一学期／学年で最低〇〇限の授業数を完成することを指す。

零れていく学生が多い。佐藤（2006：41）は「協同的な学びにおいて学びの主体はあくまでも個人であり、グループ活動の中で決して一体化を求めず、むしろグループなかの個々の人の考えや意見の多様性を追求している」と述べた。そうすると、「一人にしない」、「個々の多様性を追求できる」授業に改善するために、教室の運営者である教師の役割は言うまでもなく重要であり、実践における教師の工夫がなければ、学習共同体の構築はできない。特に、この内容科目である「日本語言語学概論」の教室実践において、教師の役割は主に2つあることが課題1の結果から分かる。1つは学習目標の達成に向けて効果的な課題作りをすることである。「学習共同体」で追求される学びは教科書レベルの共有課題と高いレベルのジャンプ課題によって組織されている。二重課題の探求は「基礎」から「挑戦」までのプロセスであり、学習者の学力を向上させ、知識の最適化を模索する。もう1つ重要なのは、本研究のフィールドにおける「日本語言語学概論」の担当教師は日本語母語話者でない中国人日本語教師であるという点である。非母語話者ならではのメリットを再認識する必要があると考える。例えば、日本語母語話者にとって、似たような文法のどっちが適切であるかは即座に判断できるが、学習者の関心を持っているところ、「それはなぜか」については日本語学の知識を持っていなければ答えられない。特に、本科目の晦渋な専門用語や知識項目に対して、教師は母語の中国語を媒介語として使用しながら、過去の自身の学習経験を活かしながら、学習者が理解に躓いているポイントを細かいところまで聞くことができる。つまり、学習者が理解困難な部分は教師自身も経験した可能性がある。自分自身が理解できず戸惑った学習経験を活用することで、学習者の困惑を理解しやすくなると考えられる。更に、教師は知識の「絶対的権威者」としての立場から学習者と共に知識を構築していくという点で教師においても成長が期待される立場に変わることも可能になる。言い換えれば、教師も教室の一員として学習に参加してこそ、各学習者の優れた側面を発見できるようになり、彼らの表現意欲を刺激し、確かな知識の獲得に向けた学び合いの教室が可能になると考えられる。

6.5.2 「学習共同体」の実践における教師と受講生の参加様相［研究課題2］

課題1の考察からわかるように、新しい「日本語言語学概論」という授業で、

第 6 章 「学習共同体」を取り入れた「日本語言語学概論」の実践教室【研究 2】

教師は一人で苦悩することを選択せず、教師仲間と定期的な教研ミーティングを通じて、具体的な課題作りを推敲し、実践教室を設計している。こういう協同的活動によって、授業デザインを立案することができるだけでなく、教師間の共同体も構築されている。また、「日本語言語学概論」の教師の役割には個々の学習者を尊重すること、学習者と共に成長することと非母語話者教師ならではのメリットを生かすことがあると分かった。それでは、デザインされた教室において、受講生と教師両方はどのような参加様相を呈しているか。以下は収集した談話データと文字データを使って、質的分析を進める。

6.5.2.1　課題 2 の結果

(1) 他者との対話による聴き合う関係の構築
①仲間同士の聴き合う関係が構築されて、「分からない」と言えた
【事例 1】　2019 年 12 月 13 日　　　第 5 組参加者：　明明、新玲、璠、威
　その日の共有課題は今までの学習経験で敬語について困っている問題を各自で準備し、次回の授業の討論テキストとなるとのことである。なぜこの共有課題を課したかというと、当節テキストの内容に合わせて、尊敬語、謙譲語、丁重語、丁寧語と美化語の部分を各自に説明の続き、さらなる内容への理解や総合的な知識統合をうまくできるかを検証するために、受講生自ら課題を提起することを同僚と二人の望むところからである。
　参加者 4 人の中で、新玲は成績上位で、国内の大学院へ入学希望があり、璠と明明は大学の日本への協定留学プログラムに興味を持っている。たった 1 人の男性の威は 4 人の中で成績が優秀とは言えなく、クラスの中でいつも存在感が薄く、教師やクラスメートにも口数が少ない存在である。4 人の間に成績と性格のばらつきがあり、成績が上位ではない方はどうやってグループの力を生かして、課題をクリアできるか、特に、口数が少ない威は議論に入るかどうかは研究者である教師の懸念するところである。
　議論するテキストは以下のようである。

部長はスミスさんのことは＿＿＿＿＿＿と思います。
1. ご存じじゃない　　2. ご存知ていない　　3. 存知ない　　4. お存知ない
---

　4 人はこの問題をめぐって、議論が以下のように進められた。
　（下線は筆者による。以下同様）

番号	発話
1	璠：【读题】部長はスミスさんのことは_____と思います。选项有：ご存じゃない，ご存知ていない，存じない，お存知ない。<u>威さん、一緒に，你们看看，你觉得应该选哪个</u>？ 【訳】【問題を読む】部長はスミスさんのことは_____と思います。選択肢は「ご存じゃない」、「ご存知ていない」、「存じない」と「お存知ない」ですね。<u>威さん、一緒に【日本語で威に声かける】みんなはどっちがいいと思うか。【威に向かって】</u>威さんは？
2	新玲：……我觉得选2。　　【訳】……私は2だと思う。
3	明明：嗯，我觉得这个，我觉得ていない。 【訳】うん、私は「ていない」の方がいい。
4	新玲：我觉得后面两个不对。　　【訳】3と4はダメだね。
5	璠：第4个是肯定不对的，是吧。 【訳】そう、4は絶対間違ってると思う。だよね。
6	全員：是的。　　【訳】うん。
7	璠：你们觉得选哪个？　　【訳】じゃあ、どっちがいいの？
8	新玲：我觉得选第2个。　　【訳】私は2番だと思う。
9	明明：就这个都投两票了，我也投一票。 【訳】2番はもう二票ね。私もこれに一票（選択肢2）
10	璠：第二个选项是ご存知ていない，第一个（选项）是ご存じゃない。 【訳】2番は「ご存知ていない」、一番は「ご存じゃない」
11	威：(小声) 我选1。　　【訳】(小さな声で) 私は1番だと思う。
12	璠：我看看啊，正确答案是1。 【訳】ちょっと待ってね、答えは1番だった。
13	新玲、明明：啊？　　【訳】(とても不思議そうな声で) ええ？
14	新玲：(温柔地) <u>你为啥选1啊【问威】</u> 【訳】(優しそうな声で) <u>威に】どうして1番なの？</u>

第6章 「学習共同体」を取り入れた「日本語言語学概論」の実践教室【研究2】

　この問題についての論議は璠の配慮から始まった（璠1）。なぜ（璠1）の対話は璠の配慮なのかというと、璠の性格から説明したい。璠ははっきりと自己意識の持ち主であり、一年生の大学入学当初は男と同じような短髪をしていて、濃いメイクの毎日だった。クラスメートや教師に「元不良だったか」と思われた時期もあったが、時の流れにつれ、璠の日本語学習に対する情熱や友達への優しさにイメージのギャップにひかれて、みんなからの人気を呼んでおり、いつもクラスのムードメーカーをしている。今度の議論に入って早々、微笑みながら、仲間に問題を読んであげた（璠1）。それは各自でテキスト（学習内容）との初対話を促した。特に、いつも口数が少ない威に対して、日本語で「一緒に」というボールを投げだした。沈黙の仲間を引っ張っていると見られる。そして、同じチームにいるほかの仲間にも各自の考えを聞いた。そのボールに対して、威は早速返答をせずに、少々空白の時間になった。威はこの空白の時間で、一体テキストとの会話をしたか、或いは性格の影響で、仲間との対話の猶予をしたかは後のデータから見ていく。威の代わりに、成績優秀な新玲（新玲2）と明明（明明3）は自分の考えた答えの2番をみんなと共有した。それに対して、この問題を提起した璠はまず同感を示さず、「3、4番は絶対間違って」自分の意見を述べ（璠5）、仲間の確認を求めた。そこから璠はこの問題に対する自信が少ないことが窺えた。続いて全員は璠の「選択肢4が間違っていること」の意見に一致した（全員6）。それで、璠は「答えは2番だ」という新玲と明明の答えに満足できず、再び質問をした（璠7）。この一言で威の答えも期待していると見える。それに対して、新玲と明は迷いもなく、「2番の答え」である自分の考えを再度主張した（新玲8）（明明9）。威の答えをもらわなかった璠は1番と2番の選択肢を復唱する（璠10）。その復唱から2つの意味が読み取れる。1つは自分はこの2つの選択肢に疑問を思い、選択に迷うことが推測できる。もう1つは威の答えを待っていることを発信したと見られる。ついに、威は璠の期待に応え、小さな声で「1番」という自分の考えを述べた（威11）。クラスでいつも存在感が薄い威はこの談話のやり取りで期待されて、他人と違った自己主張をしたのである。一方、応えられた璠は皆からもらった二種類の考えに対して、やはり答案を確認しようと判断して、結局威の1番は答えだった（璠12）。新玲と明明はこの答えに不思議に思い（新玲、明明13）、自分の考えが間違っていると分かったのである。ここで注目すべきなところは威と比べ、新玲の成績は比較的に上等だが、自分の間違いに気づいた後でも、

優しそうな声で威の考えを尋ね（新玲14）、相手の意見を尊重している。そこから、この問題において、教えると教えられる立場は今までの教室イメージと違って、威を対等的な仲間として受け止めたのである。

番号	発話
	<続き>
15	明明：第一个（选项）的意思是知道，第二个（选项）的意思就是不知道？是吗？ 【訳】1番は「知っている」の意味で、2番は「わからない」の意味ですか？
16	璠：都是不知道。　　【訳】どっちも「わからない」よ。
17	新玲：都是不知道，但是那个状态不一样。 【訳】そう、1と2もわからないけど、状態が違うと思う。
18	明明：哦，对对。不知道不知道。　　【訳】そうだ、そうだ。わからないんだ。
19	璠：<u>我也没有太明白</u>。他（威）说ご存じ是一个名词。 【訳】<u>でもよく分からないの</u>。威さんは「ご存じ」は名詞だと言った。
20	明明：「存知ている」不是说尊敬他吗？ 【訳】「存じている」は尊敬語ではないの？
21	新玲：「ていない」不是代表不知道的状态嘛。 【訳】「ていない」というのは「わからない」の状態が続いている意味だね。
22	明明：<u>（问威）</u>你为什么选1啊？ 【訳】<u>「威に」</u>なんで1を選んだの？
23	威：那天（老师）不是说要注意，ご存じ是名词（形式）嘛。 【訳】前に（先生が）教えたじゃない、「ご存じ」は名詞のように（使われる）だって。
24	新玲：对啊，然后存じ的前面要加ご嘛，所以3和4肯定不对。<u>那你为啥觉得2是错的呢？你觉得呢？</u> 【訳】うん、それから、「存知」の前は「ご」でしょう。だから、3と4は絶対に間違っている。けど、<u>なんで2はダメだと思うの？</u>
25	威：（微笑着努力解释）嗯（犹豫回想），昨天（老师）不是说了ご存じ是名词嘛，所以我觉得如果是动词的话，否定就可以用ていない，但是昨天刚说的，是名词的话就得是じゃない。 【訳】（微笑みながら）ええと、昨日（先生が）「ご存知」は名詞だって言ったじゃない。だから、もし（「ご存知」が）動詞だったら、否定形は「ていない」になるが、名詞の場合は「じゃない」と思う。

第6章 「学習共同体」を取り入れた「日本語言語学概論」の実践教室【研究2】

续表

番号	発　話
\<続き\>	
26	璠：这不是还有状态要（考虑），「知る」不是说知道就知道，肯定形式「知っている」，不知道就是不知道的状态一直持续，就是「知っていない」，没有「知らない」这种形式吧，它都是持续的，你不能说你今天知道，明天就不知道了吧，应该是这样吧，我是这样理解的。 【訳】状態も（考えなければならないよね）「知る」の肯定形は「知っている」で、「わからない」の状態が続くと、否定形の「知っていない」になるじゃないの。「知らない」という言い方はないよね。だって、状態が続いているから。今日は知っているが、明日は分からないとは言えないよね。そうだよね。私はそう思うよ。
27	威：不对，不知道的说法是「知らない」，这是特殊的。知道的确实是「知っている」。 【訳】違うよ。「知る」の否定形は「知らない」んだ。それは特殊表現だから。まあ、肯定形は確か「知っている」けどね。
28	明明：哎呀，想起来了，这都是以前做过的，又忘了（有点遗憾的语气）。 【訳】ああ、思い出したよ。これも前にやったことがある問題だが、また忘れてしまった（残念そうな気持で）。
29	威：（接着解释）你们想啊，名词的否定是不是ではない。「私は日本人ではない」然后，ご存じ是名词部分，所以也就是ご存じじゃない。因为じゃ就是では嘛。 【訳】考えてみて、名詞の否定形は「ではない」でしょう。（例えば）「私は日本人ではない」、それから「ご存知」は名詞の部分だから、答えは「ご存知じゃない」。「じゃ」は「では」と同じだし。
30	明明、璠、新玲：哦，对对对。　【訳】なるほど、そうだったんだ。
31	明明：威挺厉害的嘛。　【訳】威さんはすごいじゃない。
32	璠：原来这么简单。　【訳】簡単な問題じゃない。
33	新玲：对啊，我们都想复杂了。（笑） 【訳】そうだね、私たちが複雑に考えたから。（笑）

しかし、新玲の質問に対する威の説明が見えなく、その代わりに明明の意味確認がなされた（明明15）。なぜ（新玲14）の質問に対して、正解だった威は即座に応えなかったのか。録音から聞いた限りでは、普段の教室でも陽気な明明は今回も一番速く自分の主張を出した（明明15）。それで、無口な威は発

105

話のタイミングを逃したのかもしれないと判断した。明明の理解では「1番は「知っている」の意味で、2番は「分からない」の意味」になったが、璠は即座で否定した（璠16）。しかも、璠の続きとして、新玲は「1番と2番の選択肢の意味は一緒だが、状態が違う」と補充した（新玲17）。それで、明明はすぐに自分の間違いを意識した（明明18）。次、新玲と明明のやり取りを聞いた後でも、この質問が迷いの森に入った璠は再び自分の疑惑を素直に「よく分からない」と打ち明けたし、威の「『ご存知』は名詞」というコメントを代わりに共有した（璠19）。ここで教師としての筆者は1つ疑問が浮かびあがった。それはなぜ璠だけが威のコメントが分かったかということである。録音を文字化する時、この些細なところを威に聞いてみたら、2つの要因が明らかになった。1つは当時璠と威は隣に座っていた。つまり、物理的に優位な場所にあって、小さな声でも聴き取れるわけである。もう1つは璠は最初に「一緒に」というボールを上げたからという。つまり、威にとって、最初璠の一言の言葉は人間関係の潤滑油になって、威が相手扱いされた感じがあり、議論に入ることに役立っている。それで、上の新玲初めての質問に対する威のノーリアクションの原因が分かった。実は威は答えることを拒否したわけではなく、小さな声で自分の判断証拠である「ご存知」は名詞」を呟いたのかもしれない。隣にいる璠はその小さな声を拾い、代わりに言ったのである。ただ、威のこの一言の解説に満足できない明明は再び一番を選択した理由を聞いて（明明22）、威からの説明を期待するわけである。それに対して、威はその前先生が教えてくれた知識（「ご存知」は名詞）を短く説明した（威23）。続いて新玲はまず威の説明に肯定的な態度を示し、選択肢の3と4が正しくないといった。しかしながら、対話はそこから終わるのではなく、自分の選択だった2番はどうしてだめなのかを正解者だった威に聞いた（新玲24）。それで、仲間に相手された威は先生の言った知識点を説明しながら、頑張って自分の考えを述べた（威25）。その説明を聞いた璠はやはりどうして2番がダメなのかに理解できなさそうであり、状態も考えなければならないという意見を仲間に確認した（璠26）。今回威は「知る」の否定形が「知っていない」という間違った知識点をズバリと指したのである（威27）。上の談話から少々自信を身につけたと思われた。やり取りの中で、明明の記憶を呼び起こし、この問題は前にやったことがあるから、悔しい気持ちを漏らした（明明28）。自信づけた威は引き続き自分の説明を努力してみた（威29）。日本語の初級文法の一番簡単な「私は日本人ではな

第 6 章 「学習共同体」を取り入れた「日本語言語学概論」の実践教室【研究2】

い」という例文を持ち上げ、上手に説明して、ほかの仲間との合意に達したとみえた（威29）。最後に明明から威への新しい認識（明明31）も収穫して、自分への反省もできたのである（璠32、新玲33）。

この断片から、男子学生の威はもともと発言しにくい状態から自分の意見や考えを堂々と言えるようになって、最後仲間から自信づけるような肯定的評価も得られた。それから、比較的に成績が上位な女子学生（新玲、璠、明明）は自分の失敗した答えに対して、誠実に受け止められて、素直と「わからない」が言えたことによって、正答者の威の説明を期待して、結局、内容への理解が獲得されたことが見られる。

更に、その日のことをタスクシートで追求してみれば、当日の授業に対する振り返りは以下のように書かれた（原文のまま、一部抜粋）。

威：みんなと相談して、問題はすぐ解決した。一緒に話し合ってよかったと思う。
璠：今日の授業を通して、敬語の使い方をもっと身につけるようになりました。自由にグループと相談することは良かったと思います。（中略）もっと自分の意見と感想を話したい。
新玲：课堂大家之间的积极交流，容易打开我们的思维，加深我们的理解。同时也可以更好地了解不同人的想法，我特别喜欢，希望以后也可以更多地开展这样的课堂活动。 【訳】授業で皆さんと積極的にコミュニケーションを取っていて、自分の視野を広めたり、理解を深めたりすることができた。同時に、他の人はどういうふうに考えているかも把握できて、大好きだ。これからもこういうような授業活動を行ってほしい。
明明：将全班分成不同的小组，针对一个问题或者多个问题去讨论，各自发表意见，相互再结合，得出最终的结果，大家都兴致勃勃。我很喜欢这种集思广益，希望能继续听到、看到同学们不同的想法。 【訳】クラス全員をいくつかのグループを分けて、1つ（以上）の問題をめぐって、各自の感想を共有して、お互いに確認しあって、最終的な結果を出す。誰でも興味津々だった。特に私は他の声を収集して、有益な意見を吸収することが大好きだ。これからももっと仲間たちの違った意見を聞きたい。

以上のやり取りを見ると、同じ課題に対して、性格も成績も異なった4人のメンバーが相手のことをちゃんと扱っており、沈黙の人を引っ張っていながら、自分の疑問や感想を徐々に言えるようになった。対話の中で、学習者は普段の成績の上下と関係なく、グループ内の仲間と真面目に聴きあう関係が構築されて、相手の発話に認めたり、反論したりして、逆に自分の発話も認められたりする場合が複数あった。その相槌によって、成績上等の璠と新玲でも「よく分からない」をスタレートに告白しただけではなく、成績が上等じゃない威も皆

から肯定的な意見を得て、その達成感によって、次第に自信がつけられて、口数も増えたと見られる。「わからない」のような言葉を出せるのは安心できるグループという場があり、そこでは親身になって、聴いてくれる仲間がいるからである。前述で述べたように、従来の「日本語言語学概論」の教室では、教師の講義を中心に授業を行うことがほとんどである背景に、限られた時間で高度に集成された内容の説明を完成させるため、指定問題への応答練習以外、効率的な授業活動が行われていない。その中で、受講生は自分の考えや疑問に思うところを教師や仲間に交流する場も時間もなかなかないのである。したがって、学習者の受講姿勢も受身的になってしまって、自律学習能力が提唱されている現在では、不利な立場に陥る可能性も考えられる。しかし、今回の実践では、あえて「分からない」と言った学習者は自分の考えを率直に表現でき、同じ教室にいる仲間と聴き合う関係が築かれ、納得がいくまで課題の解決にも達していると見える。

②聴き合う中で、教師が「教える」人から「知識の共構築者」へ

【事例2】2019年12月13日　第3組の参加者：文、方、萌、僅

先ず、4人の人物像を説明する。男性の文はグループで唯一のN1合格者でありながら、性格はシャインであるため、普段女子学生との接触も少ない。ほかの科目を受講する時、いつも一番後ろの男子学生陣のところに座っている。方は4人の中で学習に要領が悪く、クラスでの存在感も薄いである。萌は成績中等で、明るい性格の持ち主である。最後の僅は単親家庭（少年時代に、両親が離婚し、母親の女手一つで育った）の事情で口数が少ないが、成績は中の上にあり、卒業後日本へ留学することを決心した。自分の進路について、はっきりと自己意識をもっている人である。

その日の共有課題は今までの学習経験で敬語について理解困難な問題を各自で準備し、今回の授業の討論テキストとなるとのことである。以下の対話は僅が準備しておいたN1の試験問題に対して議論が展開されている。そのテキストは以下である。

田中：部長、先日提出した書類なんですが、あれで大丈夫でしょうか。
部長：あ、ごめん、まだ見てない。
田中：そうですか。すみませんが、なるべく早く（　　　　　）
1. 見ていただけると助かるんですが　　2. 見ていただくんでしょうか
3. 見ていただいたと思うんですが　　　4. 見ていただいてはよろしいでしょうか

第 6 章　「学習共同体」を取り入れた「日本語言語学概論」の実践教室【研究 2】

　グループの 4 人はこの問題に対して、しばらく議論がなされた。それぞれの意見や感想を交わした後、僅と文は 1 番で正解であることを方に教えた。しかし、4 人は正解がどれかという答えに満足できず、各選択肢の意味、使い方まで追求しようとした。そこで、萌は 4 番がなぜ正解じゃないかについて仲間に問い詰めた。4 人の議論が立ち往生した。その時、近くで教室巡視の教師は 4 人の困った顔に気づき、第 3 組へ近づいた。以下でお互いの発話データを分析し、教師の「日本語言語学概論」の教室における参加様相を見てみよう。

番号	発　　　　話
	＜前　略＞
34	方：老师快到了，要不我们问问老师吧。 【訳】先生はもうすぐこっちに来るから、（先生に）聞いてみたらどう？
35	文、萌、僅：嗯。　　　　（呼びかけ）老师 【訳】うん。いいね。　　（先生に向かって）先生
36	教師：讨论得怎么样了？ 【訳】議論はどうだった？大丈夫？
37	萌：老师，我们别的还好，就这个想不太明白，就是第 4 个选项觉得也可以。看答案的话，我们也知道 1 读着挺顺的。但是 4 为啥不对？ 【訳】先生、他のはいいが、この質問だけがよくわからない。第 4（の選択肢）も正しいかと思われる。正解を見て、1 番だと違和感がないが、どうして第 4 はダメなのか。
38	教師：(读题中) 你们怎么想的啊？ 【訳】(問題を読んだ後) じゃあ、皆さんはどういうふうに理解しているの？
39	萌：就是刚才我们也都讨论过了，我觉得日剧里面请求别人不是经常会用【てはよろしいでしょうか】的说法吗？这里面不也是请求课长看文件吗？ 【訳】先はみんなで議論したが、私は日本のドラマでよく人にお願いする時は「～～てはよろしいでしょうか」を使っていると思って、この問題も課長に資料を読むことをお願いしているじゃないか。だから、
40	方：所以就觉得 4 也对的。但是总有点别扭，说不出来。 【訳】だから、4 番（の選択肢）も正しいと思う。具体的に言えないけど、なんか語感が違って。

グループの4人は議論が五里霧中になった時、方は授業観察の先生に気づき、他の3人に「先生に聞いたらどうか」というアドバイスをした（方34）。そして、3人は方のアドバイスを受け入れ、先生を自分の近くまで呼びかけた（文、萌、僅35）。近くづいてきた教師はただ正解を聞くことがなく、4人の状況を把握するために、まず議論の進む具合を尋ね、受講生の説明を促した（教師36）。これまで教室のグループ学習において、教師が参加せずに、受講生自らの力によって問題解決が期待されることが多いが、学習共同体の中における教師は「静かな観察者」として、学習者の議論に立ち会っており、学習者からの質問やヘルプに応じることが前提である。

　　萌は先生の質問に対して、現在理解できない部分を正直に説明した（萌37）。というのは、1番の選択肢が正解であることに異議がなかったが、なぜ4番目の選択肢がダメなのかについては理解できないということである。教師は萌の説明をちゃんと聞いた上で、問題を読みながら、他の3人の具体的な感想を再度質問した（教師38）。教師はここでまずテキストとの対話を通じて、具体的な状況を把握しようとした。それで萌は自分が日本のドラマで見た依頼表現の場面を教師に説明して、問題内容と関連付けながら、自分の疑問に思ったところを言った（萌39）。萌の後に続き、方も自分の疑惑は4番の選択肢に関わることを教師に共有した（方40）。

番号	＜続き＞
41	教師：好，那你们抛开这一题，想一想平时用てはよろしいでしょうか的例句举一个出来看看。 【訳】分かった。じゃあ、この質問を置いといて、普段「～～てはよろしいでしょうか」の例文を1つ考えてください。
42	文：我记得会话（课）里好像学过：あの辞書、お借りしてもよろしいでしょうか。 【訳】会話の授業で確か「あの辞書、お借りしてもよろしいでしょうか」を勉強した。
43	教師：好，这句话（是）啥意思？中文。 【訳】うん、この文はどのような意味か。中国語で言ってご覧。

第 6 章 「学習共同体」を取り入れた「日本語言語学概論」の実践教室【研究 2】

续表

番号	＜続き＞
44	僅：就是我能借你的词典吗？ 【訳】（中国語で説明する）つまり、私があなたの辞書を使ってもいいかの意味だね。
45	教師：你们想想动词是谁，然后这个动作是谁做的？又是问谁的，看看能不能悟出来。 【訳】じゃあ、この文の中の動詞は何か。動作主はだれか、相手はだれかをちゃんと考えてから、何が分かるのかな。
46	萌：(重复)动词是啥，谁做的。动词是借，动作是我做的呀，然后对听话人说的。 【訳】(教師の話を復唱)動詞は何か。動作主はだれか、動詞は「借りる」、動作主は「私」、そして相手は「聞き手」だろう。
47	文：咱再看看咱们这题吧。 【訳】もう一度問題を見よう。

　2 人の経緯説明を聞いた後、教師はこの質問から一旦離れて、普段ほかの「～～てはよろしいでしょうか」の使った例文を回想することを勧めた（教師 41）。問題の議論が行き詰まった以上、問題そのものから一旦離れ、3 年生の受講生としての既有知識を喚起させるための考慮である。教師の提案を聞いた後、文は直ちに会話授業の「あの辞書、お借りしてもよろしいでしょうか」という例文を思い出し、そのまま共有した（文 42）。教師はその例文の意味を中国語で説明するように要求した（教師 43）。本来語学の内容と教科書の専門用語の多くは抽象的であり、本文の理解に入る前、日本語でどのように説明するかについては十分混乱させる可能性がある。それで、僅は文の代わりに、上の例文の意味を中国語で説明した（僅 44）。質問文と比べ、明らかに難易度が低い例文に対する理解は 3 年生の受講生にとって、無難かもしれないが、教師はその回答を多様な立場（動作は何か、動作主、相手はだれか）からアプローチしてみようと受講生を促した（教師 45）。自分の疑問について、教師に直接答えを出すことではなく、多面的に考えることを言われた。一方、教師は学習者の自主的な思考を促進するような発言をした後、その場から離れたことではなく、4 人の議論を一体どこまで、どのような過程を通じて、問題クリアできるかを

静かに観察することを選択した。そして、新たな提案に対して、萌は教師の話を復唱してから、例文の「動詞は借りる、動作主は私、相手は聞き手」という自問自答をした（萌46）。この行動から、萌の内容との対話と自分との対話が同時に行っていることが見られる。萌のつぶやきを聞き取った文は問題本体に戻って、「もう一度見よう」という考えだった（文47）。

番号	＜続　き＞
48	方：动词是看资料。 【訳】動詞は「資料を見る」。
49	萌：啊，我有点知道了，我感觉吧，借词典那个动作借是我做的，就是问人家允不允许我用，然后这题动作是请课长做，这就对不上了吧，一个是我做的，一个是请对方做的。 【訳】ちょっと分かったかも。私の考えでは、「辞書を借りる」は私がやる動作でしょう。「使う」のは私。しかし、この問題は課長が「資料を見る」でしょう。だから動作主が違うの。1つは私、1つは相手。
50	僅：嗯嗯，好像是这个感觉不对，就是我们请课长做某事就单纯请求就可以了，再问よろしいでしょうか的话，好像又变成允不允许我了，就感觉主语就不一致了。是吧，你们觉得呢？ 【訳】うん、そうだと分かった。この質問は課長に何かをお願いするだから、もし後に「よろしいでしょうか」をつけると、また「私」がいいかどうかになってしまう感じ。だから、主語が違ってくる。そうでしょう？
51	方：等一下啊，我反应一下，再想个句子吧。 【訳】ちょっと待って、消化させて、もう1つの例文を挙げましょう。
52	僅：好，咱们都反应反应。（沉默4秒）中国語で書いてもよろしいでしょうか。就是如果日语不懂的话可不可以用中文写。之前咱不是问过外教考试日语写不明白咋办。 【訳】分かった。みんなも考えてみようよ。（沈黙4秒）「中国語で書いてもよろしいでしょうか」、この前、外教（日本人教師）の試験で私たちが先生に「もし日本語で表現できない場合は中国語で大丈夫かどうか」と聞いたでしょう。
53	方：啊啊，对对。 【訳】そうだ、そうだ。

第 6 章 「学習共同体」を取り入れた「日本語言語学概論」の実践教室【研究 2】

续表

番号	＜続　き＞
54	文：是哈，这也是我自己写。所以请求别人我自己做这个事行不行用よろしいでしょうか，然后请求别人做某事就用ていただく。 【訳】そうだね。この文も「書く」手が私で、だから私のやることを許可するかどうかを尋ねる場合は「よろしいでしょうか」、それから他人がやることは「～～ていただく」を使えばいい。
55	僅：不错不错。 【訳】うん、悪くないね。
56	方：嗯嗯，不过这种过级题真难。 【訳】うん、しかし、こういう能力試験の問題は結構難しいね。
57	教師：<u>那你们明白了没有?</u> 【訳】<u>それで、この問題は分かったの？</u>
58	方：明白了明白了。我觉得刚才大家总结的挺好。 【訳】分かった。さっきみんながよくまとめてくれたと思う。

　そうしたら、方は本題の動詞は「資料を見る」ということを確認した（方48）。萌は自分と仲間の考えを整理した上で、問題への理解を深化し、例文の動詞「借りる」の動作主が話し手の「私」と問題の動詞「資料を見る」の動作主は聞き手の「課長」とは異なった視点を悟って、仲間に自分の発見を共有した（萌49）。隣にいる僅は萌の考えを受け入れて、自分なりの解釈である「他人に依頼する時、「よろしいでしょうか」を使うと、主語が違うことになる」ことを加え、他の人の感想を「そうでしょう」と確認しようとした（僅50）。しかし、方は完全な理解を達成することができなく、「もう1つの例文」を使用しながら、仲間の意見を消化させるという要望を出した（方51）。その要望に僅は積極的に「分かった」と対応した後、4秒の思考がなされて、自分が思い出した日本人教師の授業で試験についてのやり取りの例文「中国語で書いてもよろしいでしょうか」を仲間に共有した（僅52）。少し前の共同経験のため、方は早くこの例文に親しみを感じられ、「そうだ、そうだ」と示した（方53）。

113

最後に、文は仲間の理解と意見を聞いた上で、「てよろしいでしょうか」と「ていただく」の2つの文法の使用場面へのさらなるまとめをした（文54）。結局問題提起者の僅は「悪くない」と満足感を示した同時に、成績が優秀ではない方は「こういう能力試験の問題は結構難しい」という感想を率直に表明した（僅55、方56）。隣で4人の議論を見守っていた教師は方の感想（56）を拾い、全員の理解具合を最後に確認した（教師57）。その中、教師の発話量は一般的な教室講義より少ないが、学習者の難航したところや悩みなどを十分に把握したからこそ、議論の進行を助長することができると言えよう。

　この事例の分析を通じて、教室観察者の教師は最初の意味確認から最後の十全な理解という結果に至るまで、学習者のそばで真摯に聞いている過程が見られる。従来の日本語専攻の教室では知識の「積み上げ」型になる場合が多く見られる。それは、特に『高学年大綱』の中にある「日本語言語学概論」について書かれた「教師の講義を中心に」という文言に支えられていると考えられる。このような「教師主導型」授業を徹底的に改善するには、単なるグループ活動を導入するだけでは足りない。「学習共同体」の実践で、教師は同じ教室にいる学習者の声を十分に聴き合いながら、「教える」立場から学習者と共に知識の構築に当たる教室活動に参加することによって、学習者の議論や心理的な支えを与える役を果たしている。

　（2）ジャンプ課題との対話による高い質の学びへの探求
　【事例3】2019年12月20日　第10組の参加者：星、雪、琪、蕾
　ジャンプ課題：日本語の各授受動詞の関係図の作成
　第10組の参加者である4人の女子学生は、成績中等で、鮮明な性格の持ち主ではなく、クラスで普通な存在である。担当教師としての筆者は、この4人はジャンプ課題への挑戦はクリアできるかどうかが最初の段階ではっきりと判断できなかったのである。当日の授業は日本語の授受動詞は具体的にどのような動詞を指しているか、また、各授受動詞の意味を再認識し、全体的なつながりを把握することを目標にした。そのために、共有課題はテキストの内容（日常生活の中で、授受動詞の使用は視点の制約、親疎関係、上下関係などを考慮に入れるべきという指摘）と関連して、以下6つの穴埋め問題を課した。そして、授業の第1コマでは、各自が書いておいた答えをグループで共有した上で、教師のフィードバックも完了した。

第 6 章　「学習共同体」を取り入れた「日本語言語学概論」の実践教室【研究 2】

```
甲：昨日、親にお米をたくさん＿＿＿＿＿＿から、君に＿＿＿＿＿＿。
乙：ありがとう。
②甲：君に＿＿＿＿＿＿＿紙、なくしちゃった。
乙：じゃあ、もう一枚＿＿＿＿＿＿ね。
甲：えっまた＿＿＿＿＿＿の？ありがとう。
先生：たくさんの本が余っているから、君に＿＿＿＿＿＿ようか。
学生：本当ですか。それでは＿＿＿＿＿＿＿＿。
④子供：それじゃ、学校に行ってくる。
母：家に帰ったら、犬に餌を＿＿＿＿＿＿＿＿＿＿＿ね。
⑤子供：昨日、先生がたくさんの本を＿＿＿＿＿＿＿よ。
母：それじゃ、お返しに、これを先生に＿＿＿＿＿＿。
⑥弟：宏がこの服を＿＿＿＿＿＿＿よ。
兄：へえ、宏がそんないいものを＿＿＿＿＿＿＿＿だ。
```

　一方、教師側の経験から言うと、与えられた問題を理解したとしても、当該知識についての十全な理解まで達していないこともある。理解のどこかに穴があり、授受動詞に関する誤用は多く出ている。何・王（2017：113）は「知識を一方的に受ける立場より、学生自身が教材や資料の内容を要約したり、まとめたり、解釈したりすることを通じて、学習への新たな認識を作る過程で意味を見つけ、理解を深めることができる」と指摘している。この何・王の考え方を採用して、第 2 コマのジャンプ課題を「多視点から考えてみて、日本語の各授受動詞の関係図を作って、議論してください。それから、各グループの意見がまとまった後、黒板に書いて、発表してください」と設定した。第 10 組の 4 人の対話は以下のように展開した。

番号	発話
<前略>	
59	琪：我想的是这样，嗯，中间这个是やる，这是あげる，这是さしあげる，然后平辈如果给我的话那个箭头不是可以这样嘛，可以这样一个箭头。 【訳】私が思ったのはこのようだった。真ん中は「やる」、ここは「あげる」で、ここは「差し上げる」だ。そして、同世代の人が私に何かを与える場合は、矢印をこうつければいいじゃない。
60	蕾：咱们老师是不是说画到一个图里，是吗？ 【訳】先生が、すべてが１つの図にすると言ったか。
61	雪、星：嗯。　【訳】うん。

续表

番号	発話
	<前略>
62	星：把所有词画到一张图里。 【訳】すべての授受動詞を1つの図にまとめるの。
63	琪：别人给我是くれる，我给别人是さしあげる。 【訳】他人が私に与えるのは「くれる」、私が他人に与えるのは「差し上げる」だよね。
64	雪：不是呀，这样的话，你那个やる怎么画啊。 【訳】ちょっと違う。そうすれば、「やる」はどのように描くの？
65	琪：やる这不是刚才放这里了。 【訳】「やる」はさっきここに置いた。
66	星：<u>我们还得考虑级别</u>。やる不是平级，あげる是平级。我现在就画了这一个。然后后面我想再给别人（别的词）接，但还不知道怎么画。 【訳】<u>上下関係も考えなきゃ</u>。「やる」は平（の関係）ではないが、「あげる」は平でしょう。とりあえず、私はここまで描いた。それから、他の（授受動詞）とどうつなげるかはまだよく分からない。
67	蕾：我想的是可以连在一起。比如くれる和もらう之间有没有什么关系？ 【訳】私の考えでは、つなげられると思う。例えば、「くれる」と「もらう」は何かつながりがあるの？
68	琪：<u>还有我和我的一方（要考虑）</u>。因为像我的花啊，我的妹啊弟啊之类的，还得比我低呢。 【訳】<u>私と私の身内も考えなければならない</u>。例えば、私の花とか、私の弟や妹みたい、私より下でしょう。

　教師が出したジャンプ課題に対して、受講生の多くは戸惑い、順調に進めることはできなかった。その原因は教師の担当経験から言うと、以下のことが考えられる。研究1の事前調査から分かるように、受講生たちは普段の日本語学習で精読授業を中心に受けており、文法項目に対する理解も精読授業によるものが大きい。授受動詞の場合を具体的に言うと、1年生前期は「もらう」、「あげる」、「くれる」から導入し、1年生後期か2年生の前期は敬語式の「いただく」、「くださる」、「差し上げる」まで徐々に拡大されるのが一般的である。つまり、従来の精読授業では、授受動詞に関する説明は段階的に深まり、1回の

第 6 章 「学習共同体」を取り入れた「日本語言語学概論」の実践教室【研究 2】

授業においてすべての授受動詞を同時に含まれるものではないため、全体的な理解や思考の場が少ないというつとである。1 年生の時はそれほど混乱しなかった学習者も 2 年生になると、すべての授受動詞が導入され、それらに触れることで、各々の意味が曖昧になったり、誤用が多く発生したりする人も少なくなかった。今回「日本語言語学概論」の教科書では日本語の中、7 つの授受動詞を「やる、あげる、差し上げる」、「くれる、くださる」と「もらう、いただく」の 3 つのグループに分けた。それで、最初の教室を観察した結果、以下図 6-5 のようにそれぞれに 3 つの図にまとめたグループがほとんどだった。

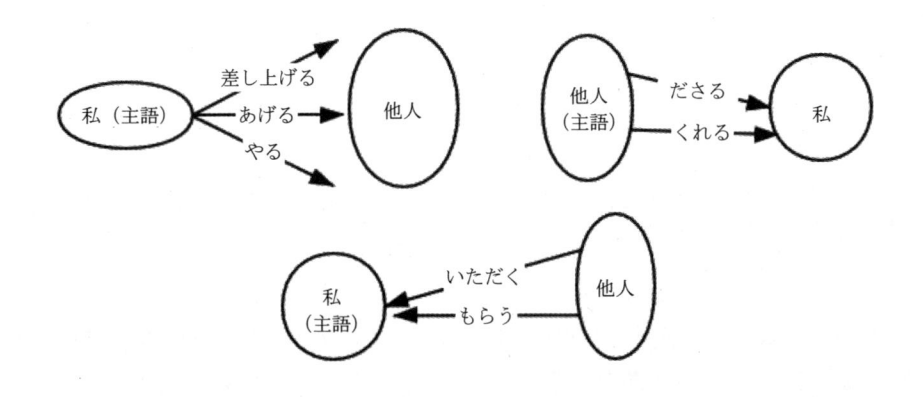

図 6-5　3 グループの授受動詞関係図

　しかし、これでは教師が想定したジャンプ課題の「既習知識の分類、整理、新しい知識の構築」の目的には達していないと判断される。授業を観察していてそのことに気づいた教師は次のように新たな指示を与えて、「ただ教科書通りに分けられた 3 つのグループをそれぞれの図として作成するのではなく、違う視点、それから、全体的にどのような繋がりがあるかを考えて、1 つの図にまとめることに挑戦してください」。
　事例 3 に取り上げられた第 10 組の対話はこの文脈の下で進めていったものである。
　琪は先ず自分の考えをほかの仲間に共有し、「やる」を図の真ん中に行って、「あげる」と「差し上げる」の関係を矢印の方法で示したい（琪 59）と言った。ここまで聞いた蕾は先ほど「すべて（の授受動詞）を 1 つの図にする」と教師の注意を繰り返し、みんなに確認を求めようとした（蕾 60）。それで、雪と星は「うん」と答えて（雪、星 61）、星は更に同じような言葉で説明を追加した

（星62）。仲間の注意を聞いた琪は小声で「くれる」と同じグループにない「差し上げる」の意味を自己確認した（琪63）。それを聞いた雪は直ちに「ちょっと違う」と反対意見を示し、「くれる」と「差し上げる」の他に、「やる」はどう描けばいいかを琪に質問した（雪64）。琪は自分が描いておいた図を示しながら、「やる」の具体的な位置を雪に教えた（琪65）。続いて、仲間の星は違う意見を出した（星66）。つまり、ただ位置の確認ではなく、上下関係も考慮すべきであり、「あげる」と「やる」の場合は、動作対象も上下関係によって使い分けるというニとである。しかも、星の発話はここで終わったのでなく、自分が現段階でできた1つの図を仲間に見せた。また、教師の「ほかのグループの授受動詞も一緒に考えよう」という要求に対して、自分は直ちに完成できず、他の授受動詞とどう関連付けて描けばいいかという困惑も素直に打ち明けた。それに対して、蕾は3つのグループに必ずつながりがあることを強調し、「くれる」と「もらう」から出発してどうかとアドバイスをした。琪はまた別の考える角度もあることに気づき、仲間に「私の妹や弟とか花とか」の「身内」の立場も考えなければならないと伝えた（琪68）。

　59-68の発話で示したように、最初の4人は各自の理解を持って仲間との交流を始めた。しかし、それぞれの知識のベースが違うため、相互の意見や感想に食い違ったものが多くあり、各自の着目点も違うことが露呈した。最初の時点では、この4人はどのようにすべての授受動詞の関係を1つの図にまとめられるかについては分からなかった。

番号	発話
	＜中略＞　　＜続き＞
69	蕾：対了，那"我得到"怎么画啊？ 【訳】ところで、「私が何かを得る」はどう描けばいいの？
70	星：我觉得要考虑的因素有好多，有点难。 【訳】考えなければならない要素が多すぎて、ちょっとむずかしいと思う。
71	雪：<u>没事，不怕，我们慢慢来。</u>哎，你看箭头不一定是一个方向，还可以反过来嘛。 【訳】大丈夫だ。怖くはない。ゆっくりやればいい。ほら、矢印は必ず同一方向とは限らないでしょう。逆にしたらどう？

第6章 「学習共同体」を取り入れた「日本語言語学概論」の実践教室【研究2】

续表

番号	発話
	<中略>　　<続き>
72	蕾：哎对了，我有个想法，但是不确定啊。 【訳】そうだ、ちょっとアイデアが浮いた。正しいかどうかは分からないが。
73	琪：说嘛，有想法就说嘛。 【訳】言ってみなよ。何かあったら言えばいいじゃない。
74	蕾：就是我们能不能画一个坐标轴，有上下左右的那种，然后把两个轴标（放到）一个维度，比如上下关系和内外关系，具体的我还没想好。我先画这纸上你（们）看看啊。 【訳】例えばの話だが、座標図を使ったらどう？上下左右があって、そして1つの軸に1つの標準を表す。例えば上下関係と「内」と「外」とか。具体的にはまだだが、とりあえずこっちの紙で描いてみるね。 （6秒の空白時間）
75	雪：我觉得不错啊，这样可以和刚才琪的那个做什么的连上。 【訳】いいじゃない。そうすると、さっき琪が言った「やる」とかもつなげられるでしょう。
76	星：怎么连？ 【訳】どうやって？
77	雪：我们把"我"画个小人儿放中间，然后以它为起点，看看怎么都摆上。 【訳】これ、小さな人を真ん中に置いて、それを起点の「私」とすれば、各動詞はどこに置けばいいのを考えて。
78	蕾：对，老师不是让用一个图表示所有嘛，那我们把我做中心点，然后看看每一个词怎么摆。 【訳】そういえば、先生は1つの図にするといったから、その「私」を真ん中の出発点として、各動詞を置いていけばいいと思う。
79	琪：哇塞，哇塞，不错啊。我觉得这样真好。 【訳】わあ、悪くないね、とてもいいと思う。

先ず、蕾が中国語で「私が何かを得る」という文をどう図表化すればいいかと、具体例を示しながら、教師の指示に答えるためのグループ議論を始めようと切り出した（蕾69）。ところが、その提案に対して、星は考えるべき要素が多くあり、答えられるわけがないだろうという諦めの気持ちを言葉にした（星70）。その星の後ろ向き的な発話に対して雪は即座に「大丈夫だ。怖くはない。ゆっくりやればできる」と言って言葉でグループの人たちの気持ちを鼓舞しながら、同時に実質的にグループの議論を始めるべく、矢印の方向は必ずしも同一方向ではなく、逆方向でも関係を表示することができるという議論のための切り口を提供した（雪71）。それに呼応して、最初に議論の開始を呼びかけた蕾が、星の提案を引き取って、「正しいかどうかは分からない」で自分の発話を締めくくりながら半ば遠慮がちに自分に考えがあることをにおわせる発話をした（蕾72）。その蕾の躊躇に対して、琪は、ひとまず言ってみろと言って蕾の背中を押した（琪73）。その琪の声に自分の考えを言うための勇気をもらった蕾は、数学の座標図で表示してはどうかという自分の考えを披露し、2つの軸を持ってくれば、それで1つの図にまとめられるというだけでなく、具体的なやり方を別の紙に描きながら詳細な説明をした（蕾74）。蕾のこの座標軸を採用するという考えは、その前の「矢印は必ず同一方向とは限らない」という雪の発話に触発され、それを基に、考えを進めていったものと考えられる。なぜなら、翌日教師が蕾に発想のきっかけがどこにあったのかと尋ねたところ、高校時代理系専攻だったという彼女の経歴が分かったからである。大学入学試験で日本語を第一志望と選択しなかった蕾は入学成績によって、意志に反して日本語学部に割り当てられた。そのこともあって、蕾は自分の日本語学習能力にはあまり自信がないという。そこからも蕾の小心翼々とした発言（蕾67）が理解できる。グループメンバーにおいては、普段の蕾の様子からは予想もできない快刀乱麻の回答であっただろうと考えられる。しばらく一呼吸おいて（6秒の空白）、雪が「いいじゃない」と言って積極的な評価を与えた。更に、琪が最初に持ち出した「やる」の図を関連付けて、座標図で追加しようと言った（雪75）。星は雪に続き、具体的にどう描けばいいかを追求した（星76）。雪は、人のイラストを図の真ん中において、各授受動詞がその真ん中に置かれた人とどのような繋がりがあるかを共に探求しようと提案をした（雪77）。雪のこの提案に対して、蕾は再度教師の課題を復唱し、賛成の意見を示した（蕾78）。二人の協力で作った座標図を見た琪も、合意が達成されて、嬉しそうな声で「と

第6章 「学習共同体」を取り入れた「日本語言語学概論」の実践教室【研究2】

てもいい」と評価をした（琪79）。4人の対話は、ここまで展開してきて、7つの日本語の授受動詞を座標図で表示することについては全員が賛成したのである。

　上の59-68の段階で、星は上下関係を強調することに対して、琪は身内の親疎関係を表すべきだと主張している。そして、蕾は違ったグループの授受動詞を1つの図に表現することを仲間に注意する。つまり、4人は如何にジャンプ課題を完成するかについて、それぞれ違った拘りや理解困難なところを持っていた。それに対して、69-79の対話では先ず、課題の解決が困難に思い、できないという気持ちに傾いた。しかし、仲間の支えによって、蕾は過去の理科生としての学習経験を活かし、独自の発想を言うことができた。それ以降、グループメンバーの間の対話が新たな段階に入っていよいよ深まっていき、雪が蕾の提案の上に、更に自分の意見を追加した。

番号	発話
	<続き>
80	雪：好，现在各组之间画好了，但是老师不是还说看看组与组之间（的联系）吗？就像くれる和もらう这样的。 【訳】よし、今各グループはできたが、グループとグループの間はどういう関係なのかも考えることと先生がいったじゃない。例えば「くれる」と「もらう」の間。
81	星：我们加个点吧，现在已经有箭头了，我们换个别的表示。 【訳】「・」を付けたらどう？今矢印はついているし、別のもので表したい。
82	琪：那你那点想表示什么？ 【訳】「表す」って何を？
83	星：你看くれる和もらう现在箭头方向都一样，但是老师不是说那个便当的事了嘛，都是我妈给我做，但是日本人都用もらう的多，因为主语的视角不一样。 【訳】今「くれる」と「もらう」は矢印の方向が一緒だが、先生が教えてくれた「弁当の話」はまだ覚えているの？同じく「母が私のために弁当をつくる」ことに対して、日本人は「作ってもらった」のほうを多く使うんだって、それは主語の視点が違うから。

续表

番号	発話
	<続き>
84	蕾：嗯，对对，那我们可以用点表示主语的位置。这样就是一个图了。 【訳】そうだ。じゃあ、「・」は主語を表すのだ。それで1つの図で完成でしょう。
85	雪：一会我们重新画一个清楚点的，再上去。 【訳】もう一枚綺麗なほうを描いてから、発表しよう。
86	星，琪：好，那就开始（重新画）吧。 【訳】うん、よし、今からだ。

　　座標図の形式で表示すると決めたが、中身の具体的な配置については意見がそろっていないため、4人の議論は更に継続した。先ず、雪（80）が教師が提示した課題の確認を呼びかけた（雪80）。それに答えて、星は、ただ矢印に頼るのでは、お互いの関係を完全に説明することはできないと考え、「・」を付けたらどうだと仲間の同意を求めた（星81）。その意見に対し、琪は直ちに賛成か反対かの意見を出さず、「・」自体の意味は何かを問い返した（琪82）。続いて、星は座標図の中に書かれた「くれる」と「もらう」を指しながら、同じ意味になってしまうと自分の気づきを伝えた。さらに、本章内容の「視点の制約」についての教師の説明（同じく母が娘のために弁当を作った場合、中国人は常に母のことを主語として、「母が弁当を作ってくれた」と表現しやすいのに対して、日本人は娘である「私」を主語として、「母に作ってもらった」と恩恵表現を使う）を持ちだしながら、「・」の意味を主語であることとして説明した（星83）。具体的な星の説明を聞いた上で、座標図の提案を出した蕾も同感を示し、主語の違った場所によって、異なるグループの関係も理解しやすくなると考えを述べた（蕾84）。結局、上下関係、親疎関係、主語の場所といった3つの基準で7つの授受動詞の関連図を作成することにグループメンバーがみんなで合意した。ジャンプ課題のクリアまで4人で乗り越えることができた。最後の（雪85）と（星、琪86）の発話から見て、黒板発表のために、4人は興味津々でもう1枚綺麗な図を作って、共同成果をクラスの仲間に大事にアピー

第6章 「学習共同体」を取り入れた「日本語言語学概論」の実践教室【研究2】

ルしたいという気持ちが伝わってくる。以下の図6-6は第10組最後の完成図である。

　69-79の対話において、蕾は数学で使われる座標図を使い、授受動詞の関係図を完成しようという提案をした。そして、4人はその提案を踏まえて、実際に書いてみた。続いて、80-86の対話で雪は各グループの授受動詞の関係を表すことに再度注意を喚起し、星は教師が以前説明した「視点のルール」についての説明を紹介した。琪は自分がまだ理解不明なところを仲間に確かめ、蕾は3人の考えをまとめ、最後の完成図作成を担当した。こうして、事例3の4人は最初のジャンプ課題に対する「分からない」という途方に暮れる気持ちから、仲間との対話を通じて、自己との対話を促し、自身の視点や感想を更新した。特に、自分の考えに自信がない時や相互の理解が食い違った時、相手の支えの言葉によって、さらなるレベルの探求を放棄することなく続けることができた。結果、4人の意見が統一され、課題に対する理解も深まっていったということが分かる。

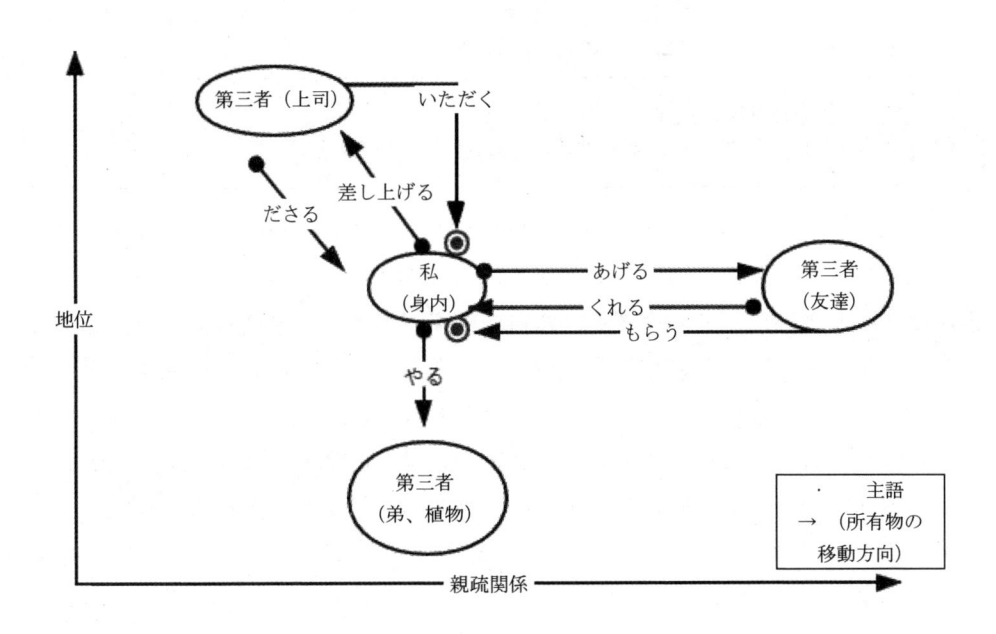

図6-6　第10組による授受動詞関係の完成図❶

---

❶　当時黒板発表の図は汚れがあるため、ここは電子化にしたものである。

また、当日蕾のこの数学的発想は教室発表の中で最も多くの注目を集めた。他のクラスメートにとっても、教師にとっても意外な興味深い展開だった。収集したタスクシートから、以下の示すように、第10組に関する記述が少なくなかった。クラスの中に、この座標図に積極的な評価を与えた人が多くいた。

怜：今天小组的其他成员都是比我优秀的同学，从他们身上我学到了很多我不足的地方，授受动词是很早就学习到的知识，小组的同学们很善于从不同的方面去把授受动词进行分类，同时，在黒板上画出关系图的人都很厉害，<u>特别是数学的思维，让我受益匪浅</u>！ 【訳】今日のグループのほかの皆さんは私より優秀な人が多く、彼らから勉強になったところが多かった。授受動詞はずいぶん前に学んだ内容だが、皆さんは違った視点から分類するのが上手だし、黒板で自分の関係図を発表するのも素晴らしいと思う。<u>特に数学の発想で表示するのには本当に頭が下がった</u>。
楠：通过活动让大家自己总结学习授受关系的图，我发现了每个组都有值得我学习的地方，尤其是第一次看到坐标图和文科结合在一起，想都没想到，也加深了（我）对授受动词的理解。 【訳】先ず自分で授受動詞の関係図を書いてから皆さんと共有する、それを通じて、各グループに学ぶところがあって、特に座標図と文系との融合は（自分では）考えもしなかったと思う。授受動詞への理解も深まった。
榛：用数学的逻辑思维来画图真的很厉害。 【訳】数学の構造で（関係）図を描くのは本当にすごいと思う。

　「日本語言語学概論」という授業では教師の一方的講義が多く、受講生は受身的に受講する立場にあって、教師あるいは仲間との交流の場が少ない。たとえ難解な問題や専門用語の内容理解に難航しても、サポートを提供してくれる仲間も時間的余裕もない。その結果、自分一人で落ち零れて、課題への探求はともかく、教科書内容の理解すら中途半端になってしまう。仲間から支えの暖かい言葉や内容に対するそれぞれの考えの共有さえあれば、心理的負担の軽減も、同時に、自己の視点の広まりも、高いレベルへの挑戦も可能になることが分かった。

　以上事例3のやり取りを見ると、少人数の学生が達成できるレベルのジャンプ課題に対して、解決のプロセスは「一人での奮闘→仲間と相談する→課題クリア」として一直線に進むわけでなく、内容面も、受講生の心理面も試行錯誤を繰り返しながら螺旋的に進むことが分かった。最初の4人グループは課題に対する理解や着目点が違うため、他者との対話があるにも関わらず、食い違うことが多かった。しかし、同じ目標に向かうことを諦めずに、相手の発言を聞

いたうえで、自分の理解を更新し、さらなる共有を続ける。結局、仲間のサポートに支えられ、最終的解決に少しずつ近づいていくと言える。授業当日の全体的結果から見ると、受講生全員がジャンプ課題を完成できたわけではないが、仲間の声を無視せずに、相手の言うことに真剣に向き合いながら、探求に夢中になっていたことは否定できない。同時に、本来成績が中位或いは下位にいる学生こそが、このような探求の議論を通じて、自分のできない部分とできる部分に気づき、さらなる学習へ挑戦する可能性が生まれることに着目したい。

(3) 自分との対話－リフレクションによる新たな認識

「日本語言語学概論」という授業において、他者との対話や学習内容との対話は以上の分析で可視化された。一方、「学習共同体」の理論に基づくと、自己との対話（省察）も重要な対話である。したがって、教師は、実践教室のデザインにおいて、学習者が自己との対話を図ることを促す目的で、タスクシートの最後に、「今日の振り返り」の欄を設けた。それは毎回の実践後に書くことを要求し、内容と使用言語の制限がなく、次回までに提出とした。上の分析で示したように、学習者は自分の感想や反省を、教室での活動を終えた後に書くようになった。そこから、自己との対話の中身が推察される。

一方、担当教師は実践前、同僚仲間との協同作業で実践の計画を立てた後、実践中、受講生と共に新たな知識を構築する役割を果たし、「日本語言語学概論」の実践を遂行した。しかしながら、「学習共同体」の理論によれば、実践における教師の行動はここで終止符を打つことはない。授業内容である対象世界との対話や受講生と教師仲間の他者との対話の他に、自己との対話（省察）も重要な役割を果たし、教師の実践を支えている。柳沢・三輪（2007）はドナルド・ショーン（Schon, Donald, A）の反省的実践（reflective practice）を次のように訳している。

「行為が行われている最中にも＜意識＞はそれらの出来事をモニターするという反省的洞察を行っており、そのことが行為そのものの効果を支えている」。

この反省的洞察を＜行為の反省（reflection-in-action）＞、その行為者を「反省的実践家（reflective practitioner）」と呼んでいる。本実践において、担当教師の筆者は毎回の実践が終わった夜、当日の実践に対する自らのリフレクションを文字化し、反省ノートとした。それらのデータは合計7回であり、

A4サイズの紙9枚である。以下では反省ノートをデータとして分析し、担当教師自身の認識を探る。

①学生と対等な立場に立つことで生まれた専門性の学び

（2019年12月20日　第5回実践後）
今天大家画的图简直太让人惊喜了，尤其是数轴，作为文科生的我，从来都没有这样想过，文科的东西可以用理科来思维。简直是太厉害了。
【訳】今日の関係図は本当にビッグサプライズだった。特に座標図にびっくりした。文系の私にとって、一度も文系のことを理系の方法で考えるという発想はなかった。すごすぎると思う。

（2019年12月20日第5回実践後）
与其说今天我是老师，我更觉得自己像个学生坐在下面看他们发表，让我学习到了很多。
【訳】今日の自分は教師というより、むしろ学ぶ学生の方だったと思う。下でみんなの発表を聞いて、本当にいろいろと勉強になった。

（2019年12月27日　第6回実践後）
不过今天慧说的那句，"这不就跟英语的及物动词和不及物动词是一个感觉嘛"我觉得很有道理，道理相同，我却从来没想到过，这么说来，初中时候上英语课老师讲什么是及物动词什么是不及物动词，我也没弄懂过。
【訳】今日の慧が言った「英語の目的格補語を取るかどうかと似たような感じがする」ということには一理があると思った。なぜ私は連想できなかったか。振り返ってみれば、中学時代の私は英語の先生の「目的格補語」の説明自体がよく分からなかった。

受講生の実践参加の様相を分析で示したように、「学習共同体」の実践においては、対話的コミュニケーションが成し遂げられ、受講生の間には互恵的学びが達成されていたことが分かった。成績の優劣という壁を打破し、学習者一人一人の知識や意見の交流が双方的に実現されたのである。同様に、このような互恵的な学びが教師と学習者の間にも成立していたことが実践後の教師のリフレクションから読み取ることができた。「日本語言語学概論」という授業では教師が中心になっており、そこでは、教師はその学問領域の専門家として、或いは教師の知識は権威的なものとして位置づけられている。それに対して、学習者は一方的に講義を受けその知識を授けられるという非対称的な関係の立場に立っている。そのため、教室参加の意欲が抑えられ、学習者にとって「学びにくい」科目になっているという側面のあることを指摘した（研究1）。しかし、「学習共同体」を基礎にした本実践教室に参加した受講生は、教師と仲間

第 6 章　「学習共同体」を取り入れた「日本語言語学概論」の実践教室【研究 2】

との間に聴き合える関係を構築し、自ら個人的感想や知見を言えるようになった。更に、それによる達成感が生まれ、対話の良い循環となっていた。一方、教師は「個」としての学習者を尊重し、学習者と対等な立場に立って、それぞれの声を真摯に聞くことができた。自分の経験や感想を喚起することによって、逆に学習者から専門性の勉強になったことが多かった。

　第5回と第6回は日本語の授受動詞と自他動詞を巡って、実践が展開されていた。授受動詞のジャンプ課題（関係図）に対して、教師にとって、事前に正答の正体がはっきりしないまま、教師は、教室に臨んだ。しかし、受講生は多様なイメージや考え方を交流しあうことによって、バラエティーに富んだ結論を出した。特に、理系出身の受講生蕾は数学の座標図を利用し、授受動詞の関係を表現しようとした。自他動詞の議論の中で、英語の得意な受講生慧は教師の指示した「母語の中国語と比較する」という枠を超え、英語の自他動詞を連想し、日本語の自他動詞と同じような性格を持っているという自分の考えをグループの仲間に話した。そのシーンを観察した教師は、慧の発言に触発されて、自分の学生時代における英語学習の経験を回想することができ、過去の理解不足から補い、納得がいくまでの理解を改めて構築することができた。

　これらの収穫を通じて、教師は受講生から教師一人では到達できなかった知識を構築することができ、内心から受講生たちの考えに対して「すばらしい」、「いろいろと勉強になった」、「一理がある」と捉えかえすことができた。しかも、「自分は、教える教師というより、むしろ学ぶ学生の方だ」と素直に自身との間で対話が構築され、そのことを通じて、受講生との間で強固な対等的関係が築かれ、以降の教室運営の前提となったのである。

②少数派学生に対する固定観念の更新

第4回実践後　2019年12月13日

还有一个大发现，硕这个孩子<u>挺让人意外的，以前总以为他成绩差，而且一副玩世不恭的样子，好像什么都不在乎的表情，说实话心里并不是很喜欢他</u>。但是今天我发现<u>他在自己的一组很擅长调解气氛，也认真听大家的发言，也有主动向我提问</u>。

【訳】もう1つの大発見、男子学生硕のイメージは<u>意外</u>だった。あの子はいつもどうでもいい表情で、積極的に授業を聞いてくれないし、成績も悪い印象だから、<u>あまり好きではなかったが</u>、今日は彼のグループの近く彼を観察すると、彼は<u>グループのムードメーカー的存在であることが分かった。みんなの発話をちゃんと聞いてくれていたし、私にも質問をしてきた。</u>

第5回実践後　2019年12月20日
怪不得她一直在班里说话小声，原来转专业之前高考是理科录取来的，所以才有不同的思维吧。以后我得多注意这些"少数派"，多发现他们的优点才行。 【訳】蕾（座標図の提案者）は以前別の理系の専攻から日本語専攻に振り分けられたのだから、いつもクラスで声が小さかった。今回理系の発想ができたのもなるほどと思った。これからはクラスの「マイノリティー」に気を遣う必要があって、もっと彼らのいいところを掘り出さないと。
第6回実践後　2019年12月27日
还有，今天我看到榛讨论的时候站了起来，可能跟凳子不能移动有关，但就算我走过去之后，她仍然站着跟大家说话，听起来好像很投入。真希望她以后也能跟大家打成一片。 【訳】最後、榛は今日の議論で立ったままで参加していた。固定型椅子だから、移動ができないだろうが、私が近づいて行っても、立ったままで真面目に聞いている様子だった。クラスのみんなと仲良く行ったらいいのになあと思った。

　　第4回、第5回、第6回のリフレクションで、教師は普段のクラスで存在感が薄い3人の少数派学生に心を打たれたことが記述されていた。第4回の実践中、教師は碩という男子学生に注目した。これまで教室では、彼が「どうでもいい表情で、積極的に授業を聞いてくれないから成績が悪い」ということで、教師は彼のことが「好きではなかった」。しかし、教師は碩の当日の参加の様子を観察して「意外だった」。なぜなら、碩はグループの仲間の発言を真面目に聞いており、ムードメーカーの役を果たし、積極的に自分の疑問を教師に質問してきたからである。つまり、教師は碩の真剣な参加の姿に引かれ、消極的だった評価を更新したというつとである。続いて、事例3の考察通り、第5回の実践のジャンプ課題に対して、理系出身の受講生蕾は以前理系専攻の知識を生かし、座標図のアイデアを提言した。普段彼女の「声が小さい」印象から自信不足だという見方を一変させ、他の人とは異なった独特な発想に感心した。最後に取り上げられた榛は、前年度の卒業が順調ではなく留年してきた人物であり、他のクラスメートとの共同経験が限られていたので、自分一人で後ろの席に座ったままで授業を受けるのが一般的だったが、第6回の実践を観察した教師は榛の「立ったままで真面目」にグループの議論に参加している受講姿勢に関心を寄せ、これまでとは違った態度で実践に参加したことが分かった。それで、教師は榛がこれからの学習生活のみならず、社会生活の面においても他

第6章 「学習共同体」を取り入れた「日本語言語学概論」の実践教室【研究2】

のクラスメートと良好な人間関係を構築できることを希望した。
　この三人は成績はあまり優秀ではないとか、別の専攻から振り分けられたとかと言った理由で、以前の教師中心の授業では、教室活動においても口数が少なく、参加態度もよくなかった。そのため、教師の頭に「あまり好きではなかった」、「声が小さかった」という否定的な印象がこびり着いていた。しかし、対話を重んじる本実践では、教師は教室で起きていることを静かに観察することができ、そのことによって、これまでの固定観念で固まっていた受講生の印象を更新し、個々の受講生の優れた一面を発見することができた。
③「教師とは何か」についての反省

2019年11月22日　第1回実践後
内心预想了很多种可能出现的情况，但是后来读到学生收上来的反馈才意识到，<u>真正的课堂不是老师可以完全掌控的</u>。
【訳】内心でどんな反応が出たりとかは予想しておいたが、みんなが提出したタスクシートを見てからは、<u>実際の授業で教師は完全に事前把握できるわけがないこと</u>に確信を持った。

2019年12月6日　第3回実践後
要谨记：不要总拿自己的认知来要求学生也必须达到，做不到的话就觉得是他们不行，要知道他们现在学日语才两年多，而且基本没去过日本，没有这种环境的熏陶，只有课本和课堂是他们获取知识的途径。<u>作为老师得有耐心</u>。
【訳】今自分の知識量と同じことを学生に要求してはいけない、上手くできないことはすぐ「成績が悪い」とかのように判断してはいけないことをよく覚えておくことだ。彼らは日本へ行ったことが一度もないし、日本語を勉強していたとしても、ただの2年間ちょっとだから、教科書と教室だけに頼って勉強してきたのだから、<u>教師として焦ることは禁物だと肝に銘じるべきだ</u>。

2019年12月13日　第4回実践後
<u>以后千万不能再以自己的固有印象来评论一个学生，尤其不能以"成绩差＝所有都差"来贴标签</u>。
【訳】これから<u>外見或いは先入観で学生を評価してはいけないと反省しなければならない。特に「成績が悪い＝すべてが悪い」というラベルを誰かにつけてはいけない</u>。

2019年12月13日　第4回実践後
<u>老师不是万能的，能教给学生的一定不只是正确答案，得是一种学习方法</u>。
【訳】<u>教師は万能ではない、学生に教えるのは1つの正解ではなく、学習の方法の方が大事だ</u>。

续表

> **2020年1月3日　第7回実践後**
> 大家所提的问题中，有一些我自己也不知道怎么回答才能让他们理解得更好，我也想有所求助，对，当老师的不是啥都会，也需要不停学习。
> 【訳】もう1つの反省は、みんなからの質問の中に、自分にもよくわからないことがあって、人に助けを求めたい。教師はなんでもわかるというわけではなく、勉強を最後まで続けなければならない。

　上で分析したように、教師は「学習共同体」の実践で、受講生と対等な立場に立ちながら、彼らの考えと声を聞くことによって、自分一人で到達できない知識を新たな学びとして収穫し、これまで気づかなかった少数派学生の優れた一面を発見できた。また、毎回の省察は教師自身との対話を促し、「教師とは何か」についての再考や反省をした。

　具体的に言えば、第1回の実践で教師は万全な準備をしたつもりで教壇に立ったが、タスクシートに書かれた受講生の初回実践に対する感想を読むことによって、予想外のことがたくさんあると分かった。例えば、「こっそりくじを変えた人がいる」から「相当一部の受講生は普段自分と馴染まない人と一緒に座ることを拒否している」ことと見られ、実際の教室は「教師が完全に事前把握できるわけではない」ものと認識した。その上で、「そうすると、普段の授業とどのような違いがあるのか。その時、亜と相談しておいた目標の1つは「違う人から長所を取ることじゃないか。だから、何とかそこを改善してほしい」と今回の「日本語言語学概論」のコースデザインの意義を反省したのである。次に、第3回の実践後、教師は受講生の丁重語と丁寧語に対する習得が不十分で、教室活動の中にうまく理解できない場合があることに気づいた後、積極的に「理解できない」原因を探ろうとした。その過程の中、自身の学生時代の記憶を呼び出し、「今日みたいに、日常生活と密接に関わった内容（丁寧語の使い方）は、私も三年生、四年生の時、日本人の先生によく指摘とれでたから、気づいたのだ」と反省をした。しかも、受講生の学習環境と関連付け、学習上の試行錯誤をちゃんと受け入れ、「教師として焦ることは禁物だと肝に銘じるべき」と自分に呼びかけたのである。

　続いて、上の②の分析したように、教師は毎回の実践中、個々の受講生の個性を尊重し、彼らの発言をちゃんと聞き入れ、教室の細かいところまで観察をした。それを通じて、これまで知らなかった学習者の一面、特に少数派学生の

第6章 「学習共同体」を取り入れた「日本語言語学概論」の実践教室【研究2】

優れたところに気づき、「外見或いは先入観で学生を評価してはいけないと反省しなければならないことに気づいた。特に『成績が悪い＝すべてが悪い』というラベルを誰かにつけてはいけない」と再認識した。その後、第4回の実践において、受講生各自が準備しておいた敬語の質問に対して、教師はフィードバックの時ミスが発生した。そのミスから自分の勉強不足に恥ずかしく感じると同時に、教師が学生に教えることは何かについて心理的な葛藤も生じた。

　大学教育の対象者は基礎教育段階と違って、強い自己意識を持った成人である。教師というのは「万能ではない」と考え、教育の方法は「唯一な正答」を教える「詰め込み型」教育ではなく、彼らの自己意識をうまく生かし、「1つの正解より、学習の方法の方が大事だ」と捉えた。以上すべてのリフレクションを全体的に振り返って、教師は第7回（最終回）の実践が終わった後、「教師はなんでも分かるというわけではなく、勉強を最後まで続けなければならない」と認識し、教師の専門性と人間性の2つの意味で教師の成長を持続的に追求することだと決意を新たにした。

④持続可能な「同僚性」の追求

> 第5回実践後　2019年12月20日
> 其实这个图大家会画成什么样子，我完全没有把握，而且我觉得这本没有什么标准答案，亚说放开手让大家做一做是对的。
> 【訳】実はこの関係図について、学生がどんなものを作り出すかは全然見当がつかなく、自信がなかったが、亜が言ってくれた「学生に自由に任せればいい」は正しかった。

> 第7回実践後　2020年1月3日
> 我和亚的队伍要是能更壮大就更好了。
> 【訳】私と亜以外の先生も入ってくれることを願っている。

　研究1の教師に対する調査で分かったように、「日本語言語学概論」という授業を担当する際にいくつもの悪条件に遭遇し、本科目担当に対する抵抗感を抱いた教師が多数いた。1つの原因は共同担当の同僚仲間がほとんどおらず、自分一人で苦悩をしていることである。しかし、「教師は一人で成長することはできない」と佐藤（2004：135）は指摘している。6.5.1.1で分析したように、「日本語言語学概論」の実践中、筆者は一人の同僚仲間と共同で実践計画を工夫し、実践過程を共に省察してきた。最初の亜は教研室の主任として、筆者の実践に対する意思を支持する態度を取り、カリキュラムの進度要求に間に合わ

ないという筆者の不安に寄り添い、上司としての度胸を示してくれた。そして、毎回の教研ミーティングに積極的に参加し、各課題の推敲を協同で行ってくれた。第5回の関係図をジャンプ課題として決めた後、教師である筆者は「その正答は一体何か」について明確にすることができず困惑していた。筆者の表情から問題を敏感に感じ取った亜は「学生に自由に任せればいい」と自身の考えを述べて、「唯一の正答」にを拘るべきでないこと主張をした。結局、受講生はグループの議論を通じて、各自のアイデアを発揮することができ、バラエティーに富んだ答えを出すことができた。教師は受講生からいい気づきを得た。亜の「自由に任せればいい」が「正しかった」ことを確信し、同僚としての亜から実践の勇気をもらい、「同僚性」の役割の重要性を実感している。一方、亜も「学習共同体」において、担当教師との共有と協同作業を通じ、受講生と同僚からの収穫も多数あって、別の科目にまで生かしたいと思った。二人のコミュニケーションは実践前の家庭生活の雑談から、仕事上の悩み相談、専門性の発展にまで拡大して、お互いにとって心の居場所ができ、人間関係の面でも成長が見られた。教師は「学習共同体」における「同僚性」を持続的に構築するには、「私と亜以外の先生も入ってくれること」と念願している。

6.5.2.2　課題2の考察

(1) 聴き合う関係の下での「分からない」からの学び

従来の「日本語言語学概論」という授業で、教師の一方的講義が主導であり、仲間と交流するチャンスが少なかった。しかも、楊（2017）の指摘では、現代中国の大学生の間で、人間関係の維持は学生寮単位で構成されたところがほとんどなので、4年間の大学生活が終わった時も、ほとんど声を掛けたことのないクラスメートもいる。稀薄な交友関係に置かれる受講生は授業中難解な専門用語に難航した時でも、仲間や教師からのサポートを得られず、自分一人で我慢し、理解を放棄する場合もある。このような環境のもとで、普段の教室において「分からない」ということを恥ずかしいことと思い、隠そうとする学習者もいる。本実践ではお互いの聴き合いによって、困惑と感じたところをちゃんと言えるようになり、成績の優劣と関係なく、仲間と教師にサポートを求めたり、意見交換したりすることができた。佐藤（2010）は「学びは他者の声を聞くことから出発し、対象世界との対話と他者との対話と自己との対話を通じて、新たな出会いと対話的実践を創造する営みです」と述べている。つまり、受講

第6章 「学習共同体」を取り入れた「日本語言語学概論」の実践教室【研究2】

生同士はお互いの声をちゃんと聴くことが実現できてこそ、精神的安定感が得られ、相手の考えを理解することが可能になる。当然、その中には「分からない」部分を聴くことも含まれている。仲間の「分からなさ」を聞くことによって、自分の考えを整理したり、工夫して表現したりしようとする。新たな考えと出会い、思考を深め、さらなる学びへ進行することができるのである。事例1の成績優秀な新玲でも自分の分からないところを素直に言うことができ、それほど優秀ではない威とのやり取りから互恵的学びが成立した。

(2) 仲間との支え合いで始まる探求型学習

一般に、学びは「基礎」から「発展」へ進むと言われている。「日本語言語学概論」の性格から、正に大学1、2年生の段階で学習してきた語彙、文法項目、語用など基礎的かつ分断的知識を統合的、系統的理解へ発展させる科目と言える。しかし、すべての学習者はこの目標に辿り着けるわけではなく、例えば低学力の学習者は基礎段階でも躓いてしまう可能性がある。それらの学習者は果たして「日本語言語学概論」の実践から何を学べるかを考察したところ、実践のコミュニティーにおける学習者は教科書レベルの共有課題（基礎）とレベルアップしたジャンプ課題（発展）で組織された授業でともに支え合いながら、探求にも挑戦した。最終的結果から言うと、すべての受講生がジャンプ課題が完成できたわけではない。しかしながら、低学力の学習者もやり取りを通じて、既習知識の関連付け、相手の意見に合っているかどうかを、積極的な働きを果たして、「ジャンプ」から降りて、「基礎」の学びを遂行していると言える。それに、その過程に夢中になり、学習の面や情意面での上達による喜びがはっきりと見えている。

以上から受講生は「日本語言語学概論」の実践でどのように参加しているかその様相を考察してきた。一方、学び合いの場を如何にデザインして、提供することができるかを追求するために、次節では教師は今回の実践において、どのような活動を遂行し、具体的にどう関与しているかを考察していく。

(3)「反省的実践家」への道のり

教室デザインにおける教師の役割が重要であることは上の分析で述べているが、どのような教師像が学習者にとって良い教師なのかはどの教師にとっても現実の問題と考えられる。学習者に期待される良い日本語教師はどのような教師なのかについて多くの調査・研究（縫部2001、八木2004、上原2008など）があり、それらの研究結果から見ると、「高い専門分野の知識」という認識は

共通している。つまり、学習者の視点から見ると、教師は「知識の熟練者でなければならない」として認識されている。しかし、研究2で分かったように、担当教師自身も様々な困惑を抱えている。例えば、杉浦・奥田（2014）は、学び合い中心の授業を実現する授業実践の課題として、導入の困難、課題設定の困難、共用化の困難という3つのことを指摘している。また、穆、劉（2015）は中国大連地区で行われた協働学習の研究会に参加した日本語教師32名[1]を対象に協働学習に対する意識についてアンケート調査を行った結果、半数以上の18名の教師は協働学習の実践経験があることが分かったとしている。ほかに、回収した質問紙の記述を質的に分析することによって、中国の日本語教師の協働学習に対する意識は「期待」、「不安や障害」、「今後の実践について取り入れたいこと」という3つのカテゴリーが得られた。「不安や障害」のカテゴリーには「活動デザインに関する不安」、「教師自身の試行錯誤」、「従来の学習観・教育方針との衝突」、「参加者の参加態度」、「ハード面の困難」といった5つの下位概念があることが分かった。総じてみると、教育現場において、協同学習の実践に興味・関心を持つ日本語教師が多くいるとはいえ、具体的な実施方法に疑問や不安が依然として存在している。特にこの「日本語言語学概論」という授業を担当する中国語母語話者の教師は、完璧な知識の「権威者」ではなく、常に学習したり、成長したりする必要性は重要である。

　それでは、教師はどうすれば、多数の困惑から学習者と教師両方に期待される教師像に成長できるかについては「反省的実践家」の構想が1つのヒントとして、近年の教育現場では唱えられている。佐藤（2004: 135）は「良い教師の最大条件は、その教師が絶えず自らの実践を反省し、専門家としての学び続けているかどうかにあります」と述べた。本研究を例としてみれば、本実践の担当者である筆者は実践の過程で多くの不安を抱え、特に自分の専門でない領域の授業内容に対して、心理的葛藤も生まれた。しかしながら、毎回の実践を通じて、教師は受講生や同僚仲間との対話から刺激を受け、過去の認識と自分との対話を促し、自己内省を行っている。しかも、こうした自己内省を通じて、教師は1回の実践で協同学習の実践要領をすべて身につけられるわけではないことを痛感し、新たな課題を発見することができ、次への実践、学習とつながっている。「計画立案→実践実行で検証→内省による深化→実践場の拡張、活用」

---

[1] そのうちは大学の日本語教員24名、日本語学校の教員3名、企業の日本語講師5名である。

第6章 「学習共同体」を取り入れた「日本語言語学概論」の実践教室【研究2】

という一連のプロセスを通じて、教師は自らのフィールドにおいて、成長の道のりを進めていくと考えられる。

6.6　研究2のまとめ

　研究2では「日本語言語学概論」の実践教室を対象として、第一に、教師がどのように同僚教師と支え合いながら実践教室をデザインしたか、その過程と結果、そして第二に、学習者と教師がどのように実践教室に参加していったか、その実相の分析を行った。教室内の録音データやタスクシートの文字データによる分析から、「日本語言語学概論」の実践に参加した受講生は通常の受身的な受講姿勢と異なって、自主的に協同学習に参加するようになっていった。それを実現させた鍵は対話のやり取りの分析から分かったように、教師と学習者が対等的な立場に立って、教師が作成した2つの学習課題（共有課題とジャンプ課題）に取組みにあたって、仲間の発言を真面目に聞き、それに反論したり、質問したりして、お互いの声を聴き合う関係を築き、その結果、誰にとっても腑に落ちる、確かな知識が各自において獲得されていったことである。更に、各自の得意領域や過去の学習経験が喚起され、多様な発言内容や考えが次々と出される対話は相乗効果を生み出し、知識の共構築が実現できた。

　一方、教師は職場の同僚と協同で「日本語言語学概論」の実践に参与し、最初から最後まで共に歩んできた。そのプロセスの中で、二人の教師は職場の上下関係を打破し、平等な立場から実践計画を立案し、実践中の気づきや悩みを共有し、問題解決へ至った。また、受講生の些細な感想や行動を取り上げ、そこから内省をしたり、過去の仕事経験を考え直したり、多様なリソースから自分との対話が促された。このプロセスの中で、専門的知識や教師としての反省を新たな学びとすることができ、教師としての成長が達成された。

　総合的に見ると、以下図6-7のように、従来の「日本語言語学概論」の教室では、教師による一方的な講義が圧倒的に多く、教師自身も様々な問題を抱いている。一方、学習者は教師と仲間のサポートを得られず、受身的に授業を受けており、一人で落ち零れている場合も多かった。つまり、お互いのやり取りが少なく、行動面や心理的面も分離状態に置かれているということである。しかしながら、「学習共同体」を取り入れた実践の中で、担当教師はまず同僚仲

間と協同作業で授業内容を検討し、実践計画を確定した。そして、授業中の教師は個々の学習者の尊厳を守り、学習者の教室議論や行動において真摯に聴き合ったり、観察したりすることによって、学習者が安心して活動に参加できるような教室環境を構築し、知識の伝達者から知識の共構築者への転換を図った。このような環境の下での学習者は相手の考えを真面目に聞くことができ、過去の既有知識を生かし、自分の考えを言うこともできた。言い換えれば、学習のインプットとアウトプットを双方において行われている。その他、もう一人の教師仲間は実践教室に臨むことはできないが、担当教師との教研ミーティングを通じて、同僚や学習者のサポーター役を果たすと同時に、自分の学びや成長を認識し、自身の別のフィールドにも活用したいと考えている。このように、三者の相互作用が具現化され、「日本語言語学概論」の教室実践の実態が明らかになった。

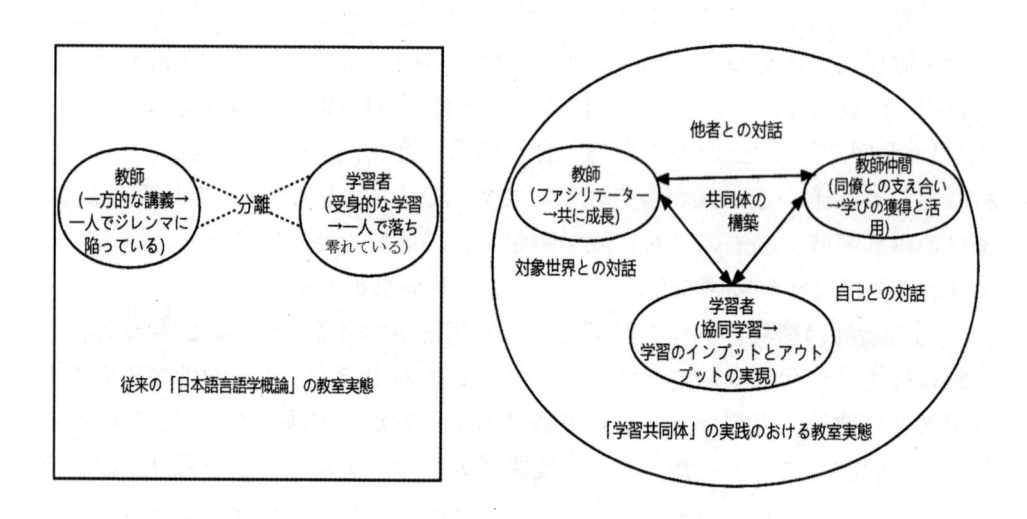

図6-7 「日本語言語学概論」実践前後の教室実態

第7章 受講生は新しい「日本語言語学概論」の授業をどう評価しているか
【研究3】

7.1 はじめに

　第6章「学習共同体」を取り入れた「日本語言語学概論」の実践教室という授業で教師が実践教室を如何にデザインし、また教師の具体的な関わり方と受講生の参加様相はどのようなものかを質的研究のアプローチをした。結果的に、「学習共同体」にいる教師と受講生双方は本授業において、常に一人ではなく、他人との協同を貫いていることが明らかになった。具体的に、教師は実践前、同僚仲間と共に学習内容を推敲した上で、共有課題とジャンプ課題の決定など実践の立案をしたり、授業中受講生のサポートをしたり、メンタル的支えを与えたりして、ファシリテーションを果たしている。実践後も自らで知識の理解深化、実践に対する内省、受講生への再認識、教師仕事の反省を行った。一方、受講生は教室実践の協同学習において、教師と仲間とのやり取りを通じて、自分の理解困難なところを素直に「分からない」と言って、他人の助けを求める。逆に、分った時や自分の考えを共有する中、相手の認めを得たり、フィードバックをもらったりすることによって、自己表現の意欲を助長した。こういう助け合いの積み重ねにつれて、成績下位圏にいる受講生も逆転できるようになって、知識のインプットとアウトプットが双方に進行している。本章ではこの「日本語言語学概論」という新しい授業に対して、受講生は如何に評価しているかを探る。その結果を踏まえ、今回の「学習共同体」に基づいた「日本語言語学概論」授業の全貌を考察し、「日本語言語学概論」という授業のあり方について示唆したい。

7.2　先行研究

　第3章で紹介した通り、これまで中国大学の日本語専攻教育現場では、「日本語言語学概論」授業をめぐって、改善案や実践が次々と展開されてきた（劉、2014；曽・龍2014；陰、2015；徐・馬2017；何・王2017；王、2017；趙2019）が、具体的な授業効果や評価は受講生の期末試験成績、或いは教師本人の観察や感想によるものが一般的であり、評価の結果も受講生の学習動機と試験成績の向上、自主的学習能力の養成に役立っていることが多く取り上げられている。しかし、以上の研究には受講生の視点から分析するものが管見の限り見当たらない。また、期末試験の成績や教師の個人的感想より、授業実践のプロセスを示すデータから出発すると、これからの教育現場における実践への示唆をより明確に与えることができると考える。

　一方、日本の高等教育における「学習共同体」の実践研究の中に、ESLの環境で学習者相互の学びの場を構築させるため、協同学習を導入し、実践を行う研究は花岡（2008）、大場（2013）などがある。実践を通じて、学習者の学習意欲の向上とクラスに活気をもたらす効果は共通されている。そして、JSLの教育現場で、武田（2011）は「受信は学習者自身が教材に向き合う時間であり、また他者からの発信を得る時間である。発信は学習者の中にあるものを言語化し、他者に表出時間である」と述べ、留学生のこういう「受信」と「発信」を追求するため、各国から20名の留学生を対象に、「投書を読んで話そう」、「差異を考える教材―VTR教材『一期一会　キミに聞きたい！』―」、「ピア・リーディング」、「協働で作る詞―谷川俊太郎の実践から―」、「『講義を聞く』―聴く授業を対話型授業に―」という5つの授業実践を行い、最後に学習者に対して「対話」を重視した授業デザインの感想について質問紙アンケート調査を実施した。具体的な結果は「日本語面の変化」における日本語の習得ができたこと、「思考面の変化」における自分自身の精神的成長のこと、と「ピア・リーディングへの評価」における複合的な学びの獲得という3つの面で検証された。

　また、中国の高等教育における「学習共同体」の実践は英語教育の領域で多く展開されている（羅2015；郭2018；張2020など）。他方、中国の大学日本語教育課程に「学習共同体」の理論を実践に取り入れた研究は金（2018）が「基礎日本語」に、樊・汪・成（2018）が「日本語範読」、胡（2015）が文章解析の

授業をそれぞれに論じたものがある。これらの研究は肯定的な実践効果を得たと言っているが、具体的な評価方法を示していないのは課題として残された。

そこで、本章では受講生の視点から、今回「日本語言語学概論」という新しい授業に対する評価を巡って、個々の受け止め方を収集し、分析することによって、中国大学日本語専攻教育における「学習共同体」理論に基づいた教育実践の示唆を得たい。

7.3 研究目的と研究課題

以上を踏まえ、研究3では、受講生の視点から「学習共同体」理論に基づいた「日本語言語学概論」という授業に対する評価を明らかにすることを研究目的として、以下の研究課題を設けた。

研究課題：受講生は「学習共同体」の理論に基づいた「日本語言語学概論」という授業をどのように評価しているか。

7.4 研究方法と分析方法

7.4.1 研究方法

2020年10月から2021年4月まで、実践に参加した45名の受講生に声を掛け、「学習共同体」理論に基づいた「日本語言語学概論」という授業に対する評価について半構造化インタビューを行った。コロナ禍の影響や卒業前のインターンシップの参加といった物理的な制限のために、合計39名の受講生はインタビューに応じた。そのうち、18名の受講生には大学内のカフェーで実施し、残り21名の受講生には携帯電話のビデオ通話機能を利用した。いずれも受講生の許可を得た上で録音をしていた。質問に入る前、挨拶、近況についての話し合いなどのウォーミングアップを準備した。その後のインタビューは寛いだ雰囲気の中で進行し、意味不明なところがある場合はその詳細に追及をした。時間は一人つき30分から1時間20分程度だった。半構造化インタビューの質問項目は以下のようにある。ただし、話の途中で受講生に自由に表現してもらうため、質問の順序を変えたり、質問項目を追加したりもしたこともある。

> 研究3のインタビューの質問項目
> (1) 実践前、「日本語言語学概論」という授業をどのように捉えていますか。
> (2)「日本語言語学概論」実践の流れや具体的なやり方をまだ覚えていますか。
> (3) 実践の中に、何か印象深いシーンがありますか。あるなら、どのようなシーンであるかを具体的に教えてください。
> (4) 自分は「日本語言語学概論」の実践にどのように参加していましたか。(タスクシートの振り返りで書かれた内容を提示しながら、当時の感想を聞く)
> (5) 実践の中に、教師はどのように関わっていましたか。教師の役割は何だと思いますか。
> (6)「日本語言語学概論」の実践を通じて、学んだものはありますか。あるなら、具体的な内容を教えてください。また、改善したいところを教えてください。

7.4.2 分析方法

研究3の分析はKJ法(川喜田1999)を援用し、質的に分析を行った。KJ法は文化人類(民族学)学者川喜田二郎が考案した発想法であり、親和図法とも呼ばれており、「事実をして語らしめよというデータのまとめ方である」(川喜田1999: 9)。一見、混沌とした多くの断片的な情報をまとめ、類似性が高いデータを統合や分類することによって、グループ間の論理的な関連性を見出し、発想や意見の集約化、統合化を行う。アイディアを生み出し、問題解決の糸口を探りだす手法として、教育学や社会学などに幅広く使用されている。本研究は「学習共同体」理論に基づいた「日本語言語学概論」という授業に対する客観的な評価を得るために、個々の受講生にインタビューを行った。そのうえで、それぞれの声を漏れることなく分析することが大事である。しかも、単なる授業の良し悪しを判断するわけではなく、各評価の内容は授業実践の中にどのような位置づけができるか、そして、各データの関係性は一体どのようなものかも考える必要があるため、KJ法の分析が適当だと考えている。

川喜田(1999: 48)ではKJ法のやり方に大きくデータ意味の「紙切れづくり」、類似情報による「グループ編成」、関係性の「図解」、図解を踏み台にするストリーラインの「文章化」という4つのステップがあると述べている。したがって、研究3の分析方法は以下のようになる。

①上述した受講生へのインタビューをすべて文字化した後、内容を熟読して、その中から「日本語言語学概論」という新しい授業に対する評価を抽出す

第 7 章　受講生は新しい「日本語言語学概論」の授業をどう評価しているか【研究 3】

る。そして、まとまった意味ごとに 1 つのカード（紙／付箋）に記入し、簡潔な見出しを作る。

　カードに記載された内容が似たもの同士を集め、1 つのグループを作り、表札（タイトル）をつけていく。また、小グループを小カテゴリーにし、同じやり方で繰り返すことによって、小カテゴリーを中カテゴリー、中カテゴリーを大カテゴリーまでまとめる作業を行う。中に、どのグループにも所属できないようなデータあるとき、無理にまとめず、「単独カード」として保留する。

　②グループ同士の関係性を分かりやすく理解するために、カテゴリーの位置を移動し、影響の順序、並列、対立などの関係を表す矢印や記号を使って、データを全体的に図解化をする。

　③図解化したラベルを参考にし、評価に対する具体的なストリーラインを作って、実践教室の文脈をベースに文章化する。

　より客観的な結果を得るために、以上の作業を行う時、個人で分析することを避け、3 名の日本人教師、4 名の中国人日本語教師と 3 名の日本語専攻大学院生と共に意味確認をしていた。

7.5　結果と考察

7.5.1　研究 3 の結果

　インタビューの音声データをすべて文字化した上で、「学習共同体」に基づいた「日本語言語学概論」の授業評価に関する記述を拾い上げ、合計 521 枚のラベルを作成した。さらに、7.4.2 の分析方法を用いて、ラベルの整理、分類、グループ編成の作業を行い、最終的に 5 段階まで進み、合計 7 つのカテゴリーを編成した。各カテゴリーの関連性をよく示すために、簡略図 7.1 を作成し、①【新鮮な進め方によって、参加しやすい授業】、②【事前準備によって、知識への理解が深化できる授業】、③【教師や仲間との助け合いによって、親近感や責任感が生まれる授業】、④【自己思考、自己内省の授業】、⑤【学習や人間関係に収穫がある授業】、⑥【実践終了後もよい影響や活用を与える授業】、⑦【本授業の課題】のようにまとめた。以下では図 7-1 を踏まえ、ストリーラインを述べる。なお、シンボルマークを【】、単独カードを""、第 1 段階から第 4 段階の表札をそれぞれ＜＞、《》、〔〕、［］で表示し、インタビューの生データを引用した場合は「」で表す。

基于"学习共同体"实践的日语课堂实践研究

```
①【新鮮な進め方によって、参加しやすい授業】75
├─ くじ引きの方法によって、親しい人のみならず、クラス全員と交流することができた22
├─ これまでのグループ学習と違って、グループ間の交流も多い2
├─ 教師と仲間と共に勉強している10
├─ 教師の情熱を感じた3
├─ 初めて経験した授業の進め方6
├─ 授業の進め方は堅苦しくない8
└─ 授業の主導権は受講生自身にあるから、参加度が高い24
```

```
②【事前準備によって、知識への理解が深化できる授業】43
├─ 知識の内容は教科書に限らず、より全面的だった8
├─ 事前課題は他科目の宿題と違って、単なるドリルの練習ではない9
├─ タスクシートによって、授業の目標に向けての事前準備ができる22
└─ タスクシートや発表は文法の運用にもなる4
```

```
③【教師と仲間との助け合いによって、親近感や責任感が生まれる授業】169
├─ 協同学習を通して、仲間への認識が更新されて、理解が深まった60
├─ 教師の仕事を理解するようになって、教師と親しくなった24
├─ 議論で教師と仲間のサポートからヒントをもらえた29
├─ 仲間たちの違った意見を大事にしている6
├─ 教師と仲間との協働学習に心理的なプレッシャーがない36
└─ 授業で全員参加できるような責任感を持っている14
```

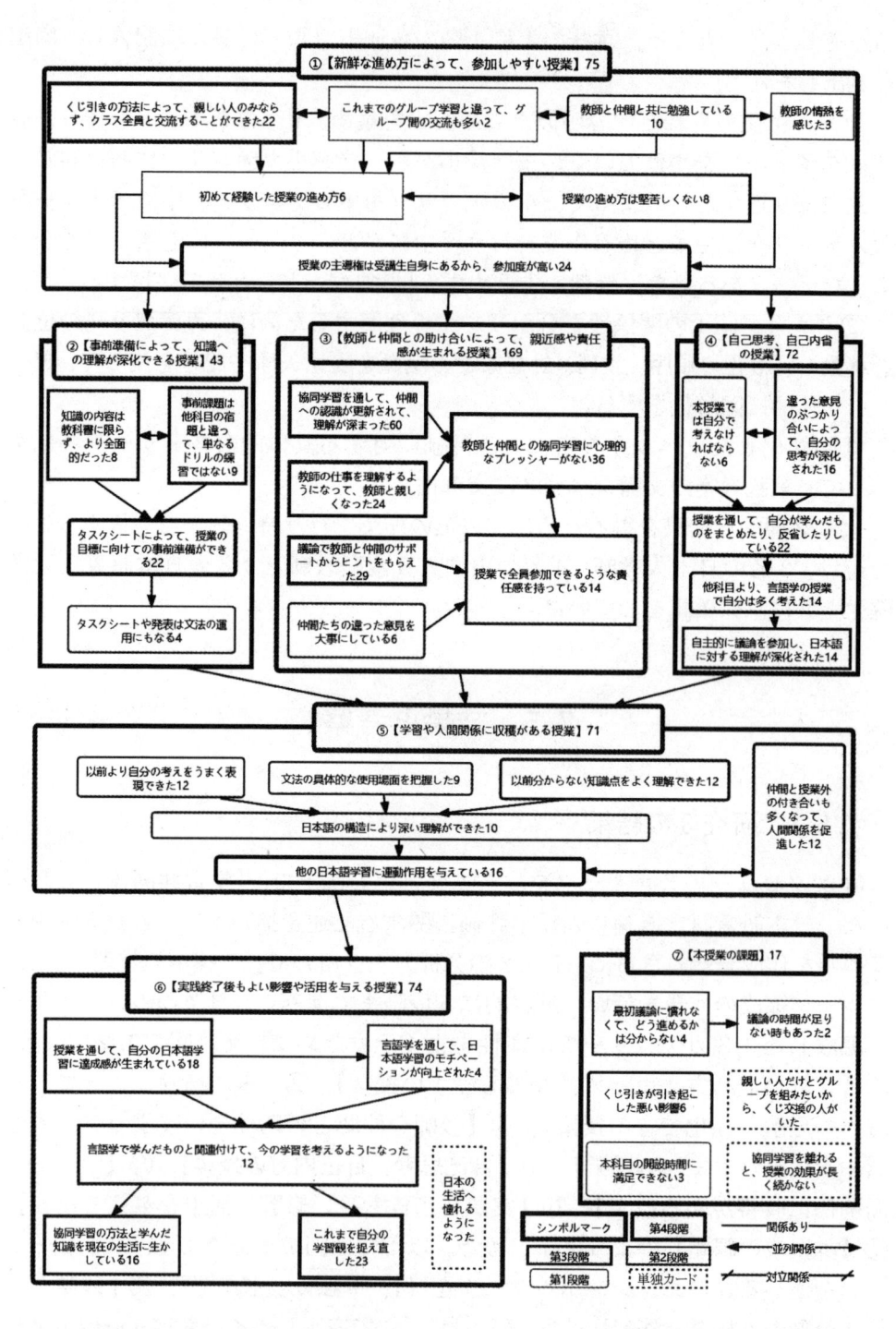

```
④【自己思考、自己内省の授業】72
├─ 本授業では自分で考えなければならない6
├─ 違った意見のぶつかり合いによって、自分の思考が深化された16
├─ 授業を通して、自分が学んだものをまとめたり、反省したりしている22
├─ 他科目より、言語学の授業で自分は多く考えた14
└─ 自主的に議論を参加し、日本語に対する理解が深化された14
```

```
⑤【学習や人間関係に収穫がある授業】71
├─ 以前より自分の考えをうまく表現できた12
├─ 文法の具体的な使用場面を把握した9
├─ 以前分からない知識点をよく理解できた12
├─ 日本語の構造により深い理解ができた10
├─ 他の日本語学習に連動作用を与えている16
└─ 仲間と授業外の付き合いも多くなって、人間関係を促進した12
```

```
⑥【実践終了後もよい影響や活用を与える授業】74
├─ 授業を通して、自分の日本語学習に達成感が生まれている18
├─ 言語学を通して、日本語学習のモチベーションが向上された4
├─ 言語学で学んだものと関連付けて、今の学習を考えるようになった12
├─ 協同学習の方法と学んだ知識を現在の生活に生かしている16
├─ これまで自分の学習観を捉え直した23
└─ 日本の生活へ憧れるようになった
```

```
⑦【本授業の課題】17
├─ 最初議論に慣れなくて、どう進めるかは分からない4
├─ 議論の時間が足りない時もあった2
├─ くじ引きが引き起こした悪い影響6
├─ 親しい人だけとグループを組みたいから、くじ交換の人がいた
├─ 本科目の開設時間に満足できない3
└─ 協同学習を離れると、授業の効果が長く続かない
```

凡例：シンボルマーク／第1段階／第2段階／第3段階／第4段階／単独カード／関係あり→／並列関係／対立関係

図 7-1　受講生の「学習共同体」理論に基づいた「日本語言語学概論」の授業評価（簡略図）

第7章　受講生は新しい「日本語言語学概論」の授業をどう評価しているか【研究3】

　先ず、受講生にとって、「学習共同体」理論に基づいた「日本語言語学概論」という授業を①【新鮮は進め方によって、参加しやすい授業】のように捉えている。本来の『高学年大綱』で書かれた本科目の進め方である「教師の講義を中心に」と異なって、本実践で経験した授業の進め方は学習者と教師との協同学習が中核であった。受講生は教師のデザインした教室において、［くじ引きの方法によって、親しい人のみならず、クラス全員と交流することができた］のみならず、教師も教壇からグループに入ってきて、《教師と仲間と共に勉強いている》ことになった。また、以前の教育段階で協同学習の経験を持った受講生のコメントから＜これまでの協同学習と違って、グループ間の交流も多い＞ということが分かった。受講生は教師と仲間とのやり取りの中で、教師の授業姿勢を自分で確かめ、＜教師の情熱を感じた＞のである。これら新鮮な進め方を他科目の学習経験と比較した上で、＜初めて経験した授業の進め方＞と認識している同時に、［授業の進め方は堅苦しくない］と受け止めている。このような雰囲気のもとで展開された協同学習は受講生の授業の参加意欲を向上させ、［授業の主導権は学生自分にあるから、参加度が高い］と多くの受講生からの自己評価によって明らかになった。

　次に、受講生は自身の授業参加の様相を踏まえ、「日本語言語学概論」という新しい授業を②【事前準備によって、知識への理解が深化できる授業】と③【教師と仲間との助け合いによって、親近感や責任感が生まれる授業】と④【自己思考、自己内省の授業】と評価している。以下で受講生がインタビューで話した授業の参加様相と関連づけながら、②、③と④のストリーラインを述べる。

　今回の授業で取り扱われた内容はただ教科書通りの専門用語の説明ではなく、日本人の日常生活と密接したものも多かった。しかも、同じく日本語の文法を学習しているが、精読授業にない理論的知識も初めて接触できたため、受講生は［言語学の知識内容は教科書に限らず、より全面的だった］という評価をしている。また、従来の宿題の代わりに、言語学は基礎レベルの共有課題、上級レベルのジャンプ課題と受講生自身の振り返りという3つの部分からなったタスクシートを与えられる。それを［共有課題は他科目の宿題と違って、単なるドリルの練習ではない］と思っている。教師から提供された以上2つの要素を通じて、受講生は［タスクシートによって、授業の目標に向けての事前準備ができる］。授業後、自分の感想をタスクシートに書かせることも、グループで発表することも自分が学んだ文法知識との対話を自分の中でさらに進化するチャンスとなって、＜タスクシートや発表は文法の運用になる＞という認識ができている。

143

②の段階で受講生それぞれは事前準備を通じて、授業内容や課題について自身の意見と理解を持って教室に臨んだ後、①の【新鮮な進め方】によって、言語学の授業で教師と仲間との協同学習が展開されて、お互いのやり取りが実現できた上で、本授業を③【教師と仲間との助け合いによって、親近感や責任感が生まれる授業】というふうに考えている。具体的に、［協同学習を通じて、仲間への認識が更新されて、理解が深まった］と同時に、教師との付き合いが積み重ねることに連れて、教師に対する認識も変化を遂げた。以前「教師のことが怖くて、質問聞くのを遠慮した」から［教師の仕事を理解するようになって、教師と親しくなった］へとシフトしてきたのである。つまり、学習者自身、仲間同士、教師三者の間でお互いの認識が更新され、心理的距離が縮まり、［教師と仲間との協同学習に心理的なプレッシャーがない］と認識しているというつである。そして、《仲間たちの違った意見を大事にしている》。なぜなら、協同学習の中で、誰一人を落ち零れることがないように、〔授業で全員参加できるような責任感を持っている〕からである。

　合計7回の実践参加に連れて、受講生は「日本語言語学概論」の実践を④【自己思考、自己内省の授業】と捉えている。その理由はまず、②の事前準備のために、《言語学の授業は自分で考えなければならない》と認識している。また、③の他人との対話のプロセスの中で、〔違った意見のぶつかり合いによって、自分の思考が深化した〕。自己で考えることと他人からの刺激の相互交渉の下で、受講生は〔授業を通じて、自分が学んだものを求めたり、反省したりしている〕のである。また、他の科目と関連して意識的に比較をしている。その結果、受講生は〔他科目より、言語学の授業で自分は多く考えた〕ことによって、〔自主的に議論を参加し、日本語に対する理解が深化された〕ことと受け止めている。

　以上の②授業内容との対話、③他者との対話、④自身の対話を通じて、受講生は学習共同体が構築され、受講生は今回の授業を⑤【学習や人間関係に収穫がある授業】と捉えている。学習面の収穫というのは先ず、②の事前準備と③仲間と教師からのサポートによって、《以前より自分の考えをうまく表現できた》。それから、理論的内容の概念説明や文法の暗記暗唱ではなく、生活に近い使用場面の導入による文法運用の理解が深まり、《文法の具体的な使用場面を把握した》のである。また、〔以前分からない知識点をよく理解できた〕と受講生は言っている。それらの収穫を通して、受講生は《日本語の構造により深い理解ができた》のである。さらに、その《深い理解》の影響で、精読授業、翻訳授業、範読授業や日本語能力試験の準備に大きく役に立っており、［他の日本語学習に連動作用を与えている］と考えている。同時に、③の他者との対

第7章　受講生は新しい「日本語言語学概論」の授業をどう評価しているか【研究3】

話することに連れて、仲間との接触も教室の学習面からプライベートの面まで拡張したことが見られて、本授業をきっかけに、〔仲間と授業外の付き合いも多くなって、人間関係を促進した〕ことが分かった。

　最後に、⑤の学習共同体から得た収穫を踏まえ、持続的な授業効果が見られ、受講生は言語学の授業を⑥【実践終了後もよい影響や活用を与える授業】と捉えている。上述したように、協同学習において、仲間からの信頼感や責任感が生まれてきて、多くの受講生は自分の考えを徐々にうまく表現できるようになったり、他の授業との連動作用によって、はっきりと自分の成績向上と気づいたりして、〔授業を通じて、自分の日本語学習に達成感が生まれている〕。さらに、日本語専攻の大学院に進学したいという目標を芽生えた受講生もいれば、日本人の身近な生活内容から日本語学習の興味を惹かれて、"日本の生活に憧れるようになった"受講生も一人いる。こうして、《言語学を通じて、日本語学習のモチベーションが向上した》。また、実践終了後、試験準備や就職活動の段階で、〔言語学で学んだものと関連付けて、今の学習を考えるようになった〕ことも多く言っている。例えば、〔協同学習の方法と学んだ知識を現在の生活に活かしている〕。なお、協同学習の持続的な効果が実感された後、受講生の多くは〔これまで自分の学習観を捉え直した〕。

　以上のほかに、受講生はそれぞれ授業中の直面した問題と結び付けながら、⑦【本授業の課題】についても自分の考えを素直に打ち明けている。まず、初めて協同学習を経験した受講生が少なくないので、《最初議論に慣れなくて、どのように進めるかは分からな》くて、＜議論の時間が足りない時もあった＞と思った。また、①で述べたように、くじ引きのやり方を好意的に受け止めている受講生が多かったが、〔くじ引きが引き起こす悪い影響〕もあるという自覚を持っている人もいる。それから、最初の時はくじ引きの方法に抵抗感を感じ、"親しい人だけとグループを組みたいから、くじ交換の人がいた"こともある。他方、三年生の日本語学習はすでに基礎段階が終わり、＜本科目の開設時間に満足できない＞人もいれば、"協同学習を離れると、授業の効果が長く続かない"と思った人もいる。

　以下では、図7-1の全体図とストリーラインを参考しながら、各カテゴリーの関連性を踏まえ、図7-2から図7-8までの7つの具体的な図を用いて、受講生の評価を詳細に説明する。なお、各括弧の表す段階や各矢印の表す関係の意味は図7-1と同様である。データの中国語は原文のままであり、日本語訳は筆者が翻訳したものである。また、受講生の語りを引用する場合は「」で表し、名前はすべて仮名とする。

①【新鮮な進め方によって、参加しやすい授業】

このカテゴリーには、2個の大グループ［くじ引きの方法によって、親しい人のみならず、クラス全員と交流することができた］、［授業の主導権は受講生自分にあるから、参加度が高い］と、2個の中グループ《教師と仲間と共に勉強している》、〔授業の進め方は堅苦しくない〕と、3個の小グループ＜これまでのグループ学習と違って、グループ間の交流も多い＞、＜教師の情熱を感じた＞、＜初めて経験した授業の進め方＞から構成される。

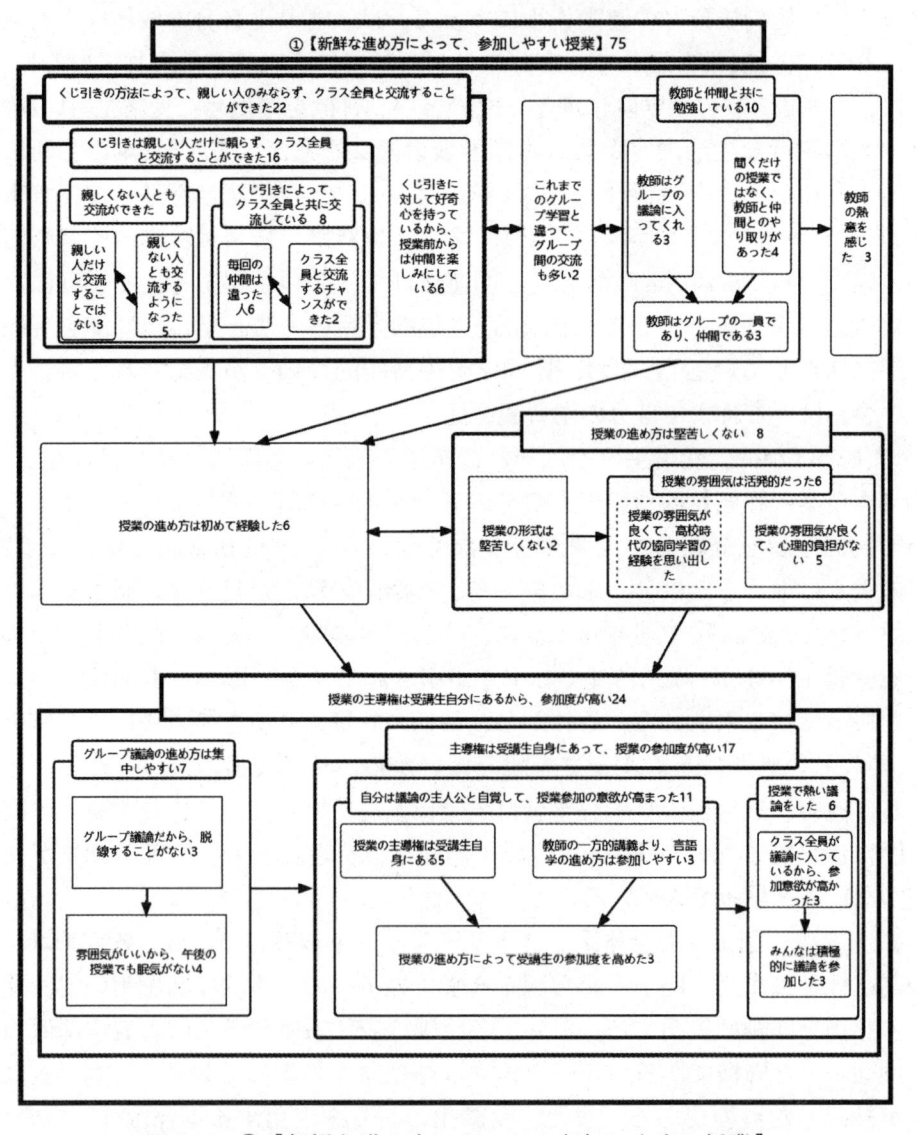

図7-2　①【新鮮な進め方によって、参加しやすい授業】

第7章　受講生は新しい「日本語言語学概論」の授業をどう評価しているか【研究3】

［くじ引きの方法によって、親しい人のみならず、クラス全員と交流することができた］

このグループは1個の中グループ〔くじ引きは親しい人に頼らず、クラス全員と交流することができた〕と1個の小グループ＜くじ引きに対して好奇心を持っているから、授業前からは自分の仲間を楽しみにしている＞からなる。

事例7-1: 大概大学四年就可能就真的和宿舍的交流，就那么一两个人。就像这种抽签，可能同学就不固定的，就能更广泛的和其他同学交流。(学习者玲)
【訳】大学四年間と言っても、同じ寮の友達、ほんの二、三人としか交流ができなかったが、くじ引きの方法で、仲間は固定でなくなって、もっと広い範囲で他のクラスメートと交流することができるようになった。
事例7-2: 一般上大学有点像自己成团儿的一样，一般都是一个宿舍在一块儿，就我们上其他的课就是一个宿舍在一块儿，要么就是几个玩儿的好的在一块儿。但是像这种好处就是大学上下来之后，跟班里的每一个同学都说话了。(学习者文)
【訳】大学での生活はそれぞれのグループができたように、寮の友達と一緒に座って、授業を受けるのは一般的だった。だから、この授業で一番よいところはくじ引きによって、クラスの一人ひとりと話すことができるようになったことだ。
事例7-3: 我觉得这种形式(抽签)其实还不错，比自己去找同伴好，因为每次如果要找同伴，肯定是会选择自己比较熟悉的朋友。(学习者生)
【訳】この方法（くじ引き）は自分で仲間を選ぶより、本当にいいと思った。自分で決めるなら、きっと自分の親しい友達だけと選ぶことにするから。
事例7-4: 我觉得比较好的是你能认识更多的新同学。虽然可能大家已经在一起4年了，但是并不说我所有人都那么熟悉。(学习者星)
【訳】多くのクラスメートをもっと知るようになったのは悪くないと思う。四年間のクラスメートと言っても、必ずしも誰とも親しいわけではないから。
事例7-5: 在外教课上坐一圈儿的都是自己比较熟悉，然后认识的人，玩的比较好的。然后咱要抽签的话，就有不确定性，就可能跟有时候班里没有说过话的同学呆在一个组。(学习者丽)
【訳】日本人教師の（会話）授業でグループ学習を経験したが、知っている人や親しい人だけとのグループだった。くじ引きだと、固定メンバーではなくなって、あまり話したことのない人と同じグループに入る可能性ができた。
事例7-6: 我觉得这种方式有很多惊喜感，因为你不知道你会跟谁在一起进行上课、讨论，会有一种不同的组合方式。(学习者雯)
【訳】くじ引きの方法にサプライズを感じた。誰と一緒に授業を受けたり、議論したりするかは分からないから、毎回は違った組み合わせになる。
事例7-7: 每天我们去的时候抽签是不一样的，每次我们在宿舍说今天不知道跟谁坐一块儿，不知道划到哪一组。(学习者平)
【訳】毎回のくじ引きは違った仲間だから、楽しみがあって、寮で次の仲間を一緒に当てていた。

147

本授業のフィールドにある受講生は45名の中国大学の日本語専攻生である。彼らは大学入学当初から何人かを単位にして、同じ寮で4年間の共同生活を送っている。日々の学習、生活を共に経験しているため、お互いは濃いつながりを持っているが、その反面、寮以外の人との交友関係は極めて限られていると見られる（事例7-1、7-2）。また、協同学習のグループ分けを教師から要求されても、相変わらず寮同士或いは親しい人だけに頼りたがる傾向も事例7-3から分かった。しかし、今回の新しい「日本語言語学概論」では、くじ引きという新鮮な方法によって、上述した親しい人への拘りを打破し、クラス全員と交流するチャンスができたのである。こういうチャンスをきっかけとして、クラスメートの新たな交流の場が構築され、普段親しくない人とも話し合うことができる（事例7-4）。また、日本人教師の会話授業と比較しながら、本授業の進め方を語る受講生もいる。彼らの話によると、会話授業でもグループわけを経験したことがあるが、学習者個人の意志次第だったので、親しい人と組むことがほとんどだった（事例7-5）。固定メンバーへの執着がくじ引きによってなくなり、新鮮な組み合わせを楽しみにしており、毎回の授業前はすでに誰とグループを組むかに好奇心を持っていることも分かった（事例7-6、事例7-7）。

　＜これまでのグループ学習と違って、グループ間の交流の多い＞

事例7-8：特別有意思的一点是咱们这种形式，不像我之前初中做的，我们那时候组与组之间交流其实是很少的。（学习者帅）
【訳】特に面白いところは、中学時代の協同学習と違っていて、その時はグループ間の共有が少なかった。
事例7-9：我感觉也有组与组之间的交流，思想碰撞还是蛮多的。（学习者瑾）
【訳】各グループ間の交流もあって、考え方の共有も多かったと思う。

　学習者帥は中学時代にグループ学習を経験したことがあるために、インタビューの時、自身の学習経験と比べた上で、自分の感想を述べた（事例7-8）。「日本語言語学概論」という授業では各グループの意見をまとめた後、各自でグループの代表を推薦し、教壇でグループの考えを共有する。そうすると、他のグループの意見に質問や感想があったら、直ちに話しかけたり、聞いたりす

第7章　受講生は新しい「日本語言語学概論」の授業をどう評価しているか【研究3】

ることもできるわけである。こうして、グループ間の共有、交流もできるようになって、考え方の共有、ぶつかり合いもできたのである（事例7-9）。

《教師と仲間と共に勉強している》
　このグループは3個の小グループ＜教師はグループの議論に入ってくれる＞、＜聞くだけの授業ではなく、教師と仲間とのやり取りがあった＞、＜教師はグループの一員であり、仲間である＞から構成される。

事例7-10：老师可能走下来之后，愿意走入同学里边儿，就群体里边儿。（学習者丽）
【訳】先生は教壇から降りて、学生の中に、グループの中に入ってくれる。
事例7-11：之前就觉得你还是像上精读课，就老师在上面站着，你是学生，你更多的来说是一个倾听者的身份，你一直接收来自老师的信息。（学習者园）
【訳】前の精読授業で、先生はいつも教壇の上に立っていて、私たちは学生だから、聞くものとして、ずっと教師からの情報を聞いているだけだった。
事例7-12：因为一般都是老师你在讲，我们下面在听。这种感觉第一次就有一种那种互动式的感觉。（学習者潘）
【訳】今までは教師は上で教えていて、私たちは下で聞いているだけだったから、今回は初めてやり取りができたように思う。
事例7-13：我们这个如若解决不了的话，就会去问老师，然后老师这个时候就跟我们一起讨论，就相当于老师也是我们小组的一个。（学習者雪）
【訳】私たちの力で問題が解決できなかったら、先生に聞いたら、うちのグループに入って、一緒に議論してもらった。その時は教師もグループの一員だと思った。

　「日本語言語学概論」という授業の1年前、研究者は受講生たちの精読授業を担当していた。同じ教員であるが、「日本語言語学概論」の進め方は大きく違っている。前の精読は教師主導の授業で、学習者は教師の言うことを聞くだけだった。お互いのやり取りがほぼないように見られる（事例7-11）。今回の「日本語言語学概論」という授業では、教師が教壇から降りて、グループの中に入っている（事例7-10）、特に、学習者の議論がまとまらない時や困難にぶつかった時はサポートをしている（事例7-13）。このような教室で受講生は初めて教師とのやり取りができたとの感想が生まれ（事例7-12）、教師の存在を単なる教壇の上に立っている人ではなくなり、同じ課題に取り組んだグループのメンバーと思うようになった（事例7-13）。

149

<教師の情熱を感じた>

> 事例 7-14：在那个语言学课的时候，我觉得就<u>老师也很激情</u>，就是像是到了自己的主场的感觉（学习者明）。
> 【訳】言語学（授業）での先生は自分のホームグラウンドにいる感じで、<u>もっと情熱を感じた。</u>
> 事例 7-15：还有讲课的就是老师您讲课的语气感觉也更加的轻松（学习者萌）。
> 【訳】先生は授業の時の状態も楽のように感じた。

　先行研究で分かったように、多くの教師は「日本語言語学概論」という授業の担当に抵抗感を感じている。自分自身にも得意でない分野の知識があることや学習者からの反応にも満足できないことが原因として指摘される。しかしながら、受講生の話によると、今回の授業で教師は自分のホームグラウンドにいる感じで、情熱を持って教室で授業をしている（事例 7-14）。また、授業中の状態もリラックスされたように感じられる（事例 7-15）。

<授業の進め方は初めて経験した>

> 事例 7-16：咱是一个大三的课，之前大一大二都没有过，因为这是第一次，觉得也很新鲜。（学习者洁）
> 【訳】この授業は一、二年生で勉強したことがなく、三年生初めて経験したので、新鮮に思う。
> 事例 7-17：我说实话，上了这么多年学，<u>我第一次好像是用这种方式</u>，是抽签分小组，然后大家坐在一起讨论这种感觉。感觉还挺新鲜的。（学习者新玲）
> 【訳】実を言うと、こういうくじ引きでグループわけとか、みんなで議論することも<u>初めて</u>だから、とても新鮮な経験だと思う。
> 事例 7-18：我觉得这个上课方式可能就<u>是颠覆了我这么十多年来以来的上课的这些传统模式。</u>（学习者振）
> 【訳】このような授業の進め方は<u>これまで 10 何年間受けてきた伝統的な授業を覆したように思う。</u>

　前述のカリキュラムで紹介したように、「日本語言語学概論」は各大学において、3 年時の前期、或いは後期に開設されるのが一般的である。同じく基幹科目と位置づけられているが、精読、会話、範読などの授業と同じように、1 年生の時から開設され、持続的に勉強しているわけではない（事例 7-16）。その上、授業の進め方も教師の一方的な講義ではなく、グループわけで協同学習を進めることも非常に新鮮な経験と捉えている（事例 7-17）。更に、従来十

第 7 章　受講生は新しい「日本語言語学概論」の授業をどう評価しているか【研究 3】

何年の学習経験と比べて、「伝統的な授業を覆した」と評価をしている（事例7-18）。

　〔授業の進め方は堅苦しくない〕
　このグループは1個の小グループ＜授業の形式は堅苦しくない＞と1個の中グループ《授業の雰囲気は活発的だった》から構成される。

> 事例7-19：不是那种死板的，老师在一直在给自己讲课的那种。(学习者萌)
> 【訳】先生が自分で教えてばかりいるような堅苦しい授業ではないように思う。
> 事例7-20：这节课我觉得挺好的，就是有一种让我回到了高中时候的感觉，就是大家经常在一起讨论小组讨论什么之类的，我觉得氛围非常好。(学习者凝)
> 【訳】この授業はグループで議論したりして、雰囲気が本当に良かったと思う。自分の高校時代に戻ったような感じもした。
> 事例7-21：没有那么精读课那么拘谨，可能课堂氛围更活跃，然后学起来可能会更轻松更容易接受一些。(学习者慧)
> 【訳】精読のような堅苦しい授業ではない。雰囲気がもっと活発的で、勉強することも楽に受け入れられると思う。
> 事例7-22：应该说我非常喜欢这种教学方式。就是感觉不像是上课一样，就感觉跟朋友之间那种聊聊天儿一样。(学习者妍)
> 【訳】私はこのような授業の進め方はとても気に入った。普通の授業と違って、友達同士で話し合っているような感じだから。

　どれだけ堅苦しい授業と思われるかを言うと、事例7-19から明らかになった。つまり、教師が一方的に知識の教え込むような授業を受講生の視点から「堅苦しい授業」と意味づけられた。しかしながら、「日本語言語学概論」という新しい授業では新鮮な進め方を持って、教室の雰囲気が活発になった。一人の受講生は「雰囲気が良かったから、高校時代に戻ったような感じ」との感想を話して、単独カードとして残った（事例7-20）。また、このような雰囲気で勉強することも受講生にとって負担をかけることではなくなり、楽に受け入れられると考えた（事例7-21）。なぜならば、授業で仲間と議論をすることは「友達同士で話し合っているような感じ」を与えたからである（事例7-22）。

　〔授業の主導権は受講生自分にあるから、参加度が高い〕
　このグループは《グループ議論の進め方は集中しやすい》と〔主導権は受講生にあって、授業の参加度が高い〕という2つの中グループから構成される。

《グループ議論の進め方は集中しやすい》

> 事例7-23：就像我们如果是语言学那门课的话，就是大家一起在那儿讨论东西的话，那可能就不会像那种传统的那些思想抛锚的情况，那应该是不会出现。因为你自己本身是参与其中的。（学习者萌）
> 【訳】言語学の授業では、伝統的な進め方ではなく、注意を逸らすようなことがほとんどなかった。自分自身が議論に参加しているから。
> 事例7-24：整体大家气氛也比较活跃，其实有时候还会在下午上课，所以说不会像之前那样昏昏欲睡的那种感觉。（学习者明明）
> 【訳】授業の全体的な雰囲気は活発している。特に午後の授業だが、これまで他科目のように眠気を催すような感じではなかった。
> 事例7-25：首先最直观的一点就是我觉得首先这个课就是不容易困了，因为它那个时间点正好放在下午。（学习者楠）
> 【訳】一番感じ取ったのは、午後で行われているが、この授業（「日本語言語学概論」）では眠気がないことだ。

　実践に当たる「日本語言語学概論」という授業はフィールドの大学で毎週金曜日の午後1限目から開講される。この時間帯なら、如何に受講生の集中力を向上させるかは教師にとって大事な課題である。教室をうまく運営できないと、受講生の注意を逸らし、眠りやすい授業になってしまう可能性が考えられる（事例7-24）。しかしながら、今回の「日本語言語学概論」という授業はグループ議論の形で進めており、受講生自らの参加が必要となっている（事例7-23）。受身的な受講姿勢を一変し、自分自身で参加する姿勢で授業を受けているため、午後の授業にも関わらず、集中力が高まり、眠気がない授業になっているのである（事例7-25）。

〔主導権は受講生にあって、授業の参加度が高い〕
　このグループは2個の中グループ、《自分は議論の主人公と自覚して、授業参加の意欲が高まった》と《授業で熱い議論をした》から構成される。

> 事例7-26：咱们这样互动的方式就更加促进我去学习，我知道怎么去学。（学习者威）
> 【訳】こういうやり取りがある授業は自主的に勉強することを促進できると思う。自分はどういうふうに勉強すればいいかが分かったような気がするから。
> 事例7-27：就是感觉自主权，以前只能听老师在讲，这次分组讨论之后就觉得我们也有真正参与到这个课堂之中了的感觉。（学习者璠）
> 【訳】とにかく主導権は自分にあると思う。前は先生の言うことを聞いてばかりいたが、グループわけで議論することによって、しっかりと授業参加の実感ができている。

第7章　受講生は新しい「日本語言語学概論」の授業をどう評価しているか【研究3】

> 事例7-28：让学生参与到里面去，而不是教师一个人讲，学生在下面继续疯狂记笔记这种。(学习者悦)
> 【訳】教師は一人で教壇で教えていたり、学生は下でメモ取りに夢中したりするわけではなく、真の授業参加ができている。
> 事例7-29：比如说在您教精读，可能更多的是您在讲，像这个科目的话你也在讲，但是更多的好像是让学生参与进去了。(学习者萌)
> 【訳】精読授業で先生が教えていることが多かった。この授業(「日本語言語学概論」)で先生は教えることもあるが、学生に授業や議論に参加させることのほうが多かった。
> 事例7-30：基本上每个同学的参与度都很高，大家自己能够参与讨论。(学习者寒)
> 【訳】基本的には全員の参加度が高くて、みんなは自主的に議論に参加している。
> 事例7-31：可能只是老师在讲，下边学生也不吭，也不行，也不说话，也不理老师领导觉得课堂整个不像一个课堂，就没有课堂氛围，这样大家热火朝天的讨论，整个课堂的氛围会比较好，更像一个课堂。(学习者文)
> 【訳】教師は上で教えていて、学生は下で何のリアクションもなく、お互いに対話もなければ、授業の雰囲気は全然ないと思う。今回はみんなで熱い議論をして、雰囲気も良いので、いい授業だと思う。

　近年、日本語教育の分野では、教師主導型から学習者中心への転換が提唱されているが、現場では依然として教師の一方的な講義が多く見られる。「日本語言語学概論」という新しい授業は学習者の主体的な参加姿勢を目標としてデザインされた。そのため、先ず教師と学習者両方の対話ができるように、グループ議論の方法にして、お互いのやり取りが保証された。また、学習者も教師のこの意図が理解できて、自主的に議論を参加している（事例7-26）。このような参加型授業において、学習者は以前の受身的な聞く立場から変わって、メモ取りの代わりに、授業参加するようになって、授業の主導権が自身にある実感が湧いてきた（事例7-27、事例7-28）。ただし、主導権は学習者にあるというのは教師の行動が全然必要がないというわけではなく、逆に教師の働きかけや教室運営の工夫が重要になる。事例7-29から、精読授業と本授業における教師の違った関わり方について語った。最後に、グループ議論の形はクラス全員の授業参加度を向上させ（事例7-30）、授業で熱い議論を通して、教室の雰囲気や対話が双方的に行うことが実現させたのである（事例7-31）。

　以上の分析をもって、①【新鮮な進め方によって、参加しやすい授業】の説明をした。

②【事前準備によって、知識の理解が深化できる授業】

　このカテゴリーには2個の中グループ〔知識の内容は教科書に限らず、より全面的だった〕、〔共有課題は他科目の宿題と違って、単なるドリルの練習ではない〕と1個の大グループ［タスクシートによって、授業の目標に向けての事前準備ができる］、と1個の小グループ＜タスクシートや発表は文法の運用になる＞から構成される。

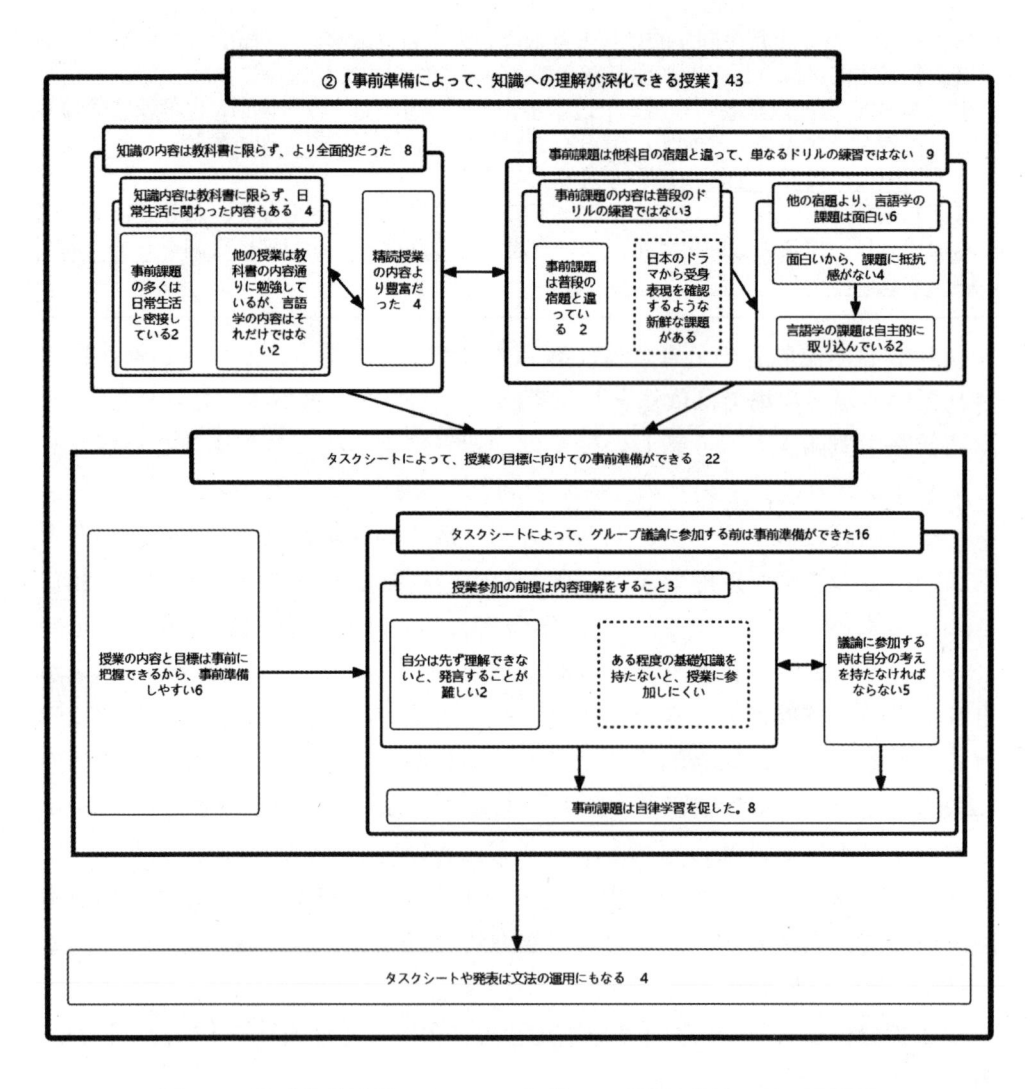

図7-3　②【事前準備によって、知識への理解が深化できる授業】

第7章 受講生は新しい「日本語言語学概論」の授業をどう評価しているか【研究3】

〔知識の内容は教科書に限らず、より全面的だった〕
　このグループは1個の中グループ《知識内容は教科書に限らず、日常生活に関わった内容もある》と1個の小グループ＜精読授業の内容より豊富だった＞からなる。

事例7-32：就感觉很好奇这些（贴近生活的内容），因为感觉平时在课文上，不像平时学那种精读或者泛读，感觉整天都在学课文。（学习者兰）
【訳】こういう内容（生活に関わった内容）に好奇心を持っている。普段の精読や範読授業のように、ただ教科書の本文を読むだけではないから。
事例7-33：我觉得这种（课题）觉得跟我们生活很有贴近感，因为一般咱们精读课都是做课后习题这样的，可能对书本会有些厌烦之类的。（学习者艺）
【訳】こういう課題は生活と密接していると思った。普通の精読授業の練習問題だと、教科書の内容に飽きてしまうかもしれない。
事例7-34：你让每一个组都上去写的时候，到最后其实很多东西是以前我们上（精读）课讲这些被动语态什么的，没有学习到的，所以当时觉得比较全。（学习者雪）
【訳】最後のグループ発表の時、各グループが黒板に自分の考えや質問を書いていく。例えば、同じ受身表現だが、精読で触れない内容もあって、より豊富だったと思う。

　王（2019）は日本語専攻大学生の学習動機減退の要因を研究した結果、授業内容や授業形式に対する不満が両方あることが明らかになった。言い換えれば、授業の中で、何（授業内容）をどのように進める（授業形式）かは学習者の学習動機とつながっており、教師にとって重要な課題である。①では「日本語言語学概論」という新しい授業でどのような形で進めるかについて分析した。この節では多くの受講生は本科目の学習内容について話した。まず、教師のデザインによって、本授業では教科書以外、日常生活と密接している内容も提供している。これは学習者にとって、他科目との区別の一つであり、彼らの好奇心を引き起こした（事例7-32）、ここからも王（2019）の研究結果を裏付けられたと言える。また、タスクシートの課題も他の宿題と違って、生活に近いと思っている。（事例7-33）。しかも、教師だけではなく、仲間同士から内容面の啓発も見られた。なぜなら、協同学習の一環は各グループの共有や黒板発表となるからである。そこで、各グループの違った意見と疑問に思うところを共有することによって、違った視点から知識の理解を実現されたため、精読などの授業より全面的な内容を勉強することができた（事例7-34）。

［共有課題は他科目の宿題と違って、単なるドリルの練習ではない］
このグループは《共有課題は普段のドリルの練習ではない》と《他の宿題より、言語学の課題は面白い》という2個の中グループから構成される。

事例7-35：当时碰到这就是当时语言学的作业的话，会给我一种不一样的感觉。因为是不是我们平时的那种作业，就是让我造句的，然后写翻译就是那种固定下来的。（学习者蕾）
【訳】当時、言語学の課題は違ったイメージを与えた。普段の宿題は文を作るとか、翻訳とか、固定した文法を使って、単語の置き換えだけだから。
事例7-36：假如说老师像你这种说看看一些日剧，既满足自己想看的电视的希望，也是在从中学习了，感觉这个学习效果很不错。（学习者威）
【訳】先生の課題の1つはドラマを見て文法を勉強することでしょう。私たちのドラマを見たいという気持ちに答えられるし、勉強になったし、効果的だと思う。
事例7-37：还有一次咱说被动，一个人看一个日语片段，你把被动句分类摘抄下来，我觉得平时在大学作业，比如精读或者其他作业让你背书或者是抄写什么，很传统的一些教育方式，咱这个语言学的课堂上就感觉就是不会让学习成为一种负担，就是就在这种生活中、娱乐中，然后就把作业给完成了，就觉得也很轻松，而且自己也学到很多知识。（学习者琪）
【訳】受身表現の課題はドラマの中から受身表現の分類であり、それは伝統的な宿題と大きく違っていると思う。例えば精読などの宿題は暗唱や文の写しが多かった。しかし、言語学の課題は勉強の負担にならないし、生活や娯楽の中から知識を把握することはとても楽で、いい勉強になった。
事例7-38：你像精读的话，那可能会忘，可能有时候可能就是不想做，但是像这种的话就会忘（做）的可能性就不大，就会主动去做。（学习者蒙）
【訳】精読授業の宿題なら、忘れる可能性が高い。或いは、やりたくない場合もあるが、この（「日本語言語学概論」）ような課題は忘れる可能性がほとんどなく、自主的にやることだ。

精読授業より日常生活に近い内容も提供しているため、受講生は「日本語言語学概論」の学習内容がより豊富的だと認識しているほか、事前に教師から与えられるタスクシートの課題も他科目の宿題と違っていると受け止めた。従来の宿題は固定した文法を使って、文の完成とか、文章の暗唱、単語の置き換えのようなドリルの練習がほとんどだった（事例7-35）。一人の受講生は受身表現の課題を例にして、ドラマ鑑賞の目的と学習の目標を統合し、一石二鳥のような効果があると思っており、単独カードとして保留した（事例7-36）。こういう課題は受講生にとって、心理的な負担にならないため（事例7-37）、興

第7章　受講生は新しい「日本語言語学概論」の授業をどう評価しているか【研究3】

味・関心を高め、自主的に課題を探求することが可能になるわけである（事例7-38）。

［タスクシートによって、授業の目標に向けての事前準備ができる］
　このグループは1個の小グループ＜授業の内容と目標は事前に把握できるから、事前準備しやすい＞と1個の中グループ〔タスクシートによって、グループ議論に参加する前は事前準備ができた〕から構成される。

　　　＜授業の内容と目標は事前に把握できるから、事前準備しやすい＞

> 事例7-39：你看你课堂上你提前给我发，这我们大概知道这些课堂的走向是吧，然后我会留意，然后下一段时间我心里面就知道下一段时间该干嘛干嘛。这样让我会觉得时间比较紧凑，不会让我走神。（学習者園）
> 【訳】（タスクシートは）事前にもらえるだから、授業の流れは大体分かるのだ。それから、授業中はその流れに沿って、次に何をするかは準備できる。こうして、時間の無駄もないし、集中しやすいのだ。
> 事例7-40：课题您不是提前就布置了嘛，可能大家提前找好一些资料了，但是大家找的资料又不相同，所以找的肯定会有不一样，大家都会交流，然后说出自己的想法。（学習者萌）
> 【訳】課題は事前に与えるじゃないか。だから、みんなは事前に資料を調べることができる。そして、それぞれの資料も違う部分があって、違う視点の交流ができて、自分の考えを共有している。

　前章で紹介したとおり、教師は基礎レベルの共有課題、上級レベルのジャンプ課題と振り返りからなったタスクシートを事前に準備しており、授業前受講生に配布する。そのタスクシートを通じて、授業の内容と流れは事前に把握ことが可能になって、事前準備もしやすいのである（事例7-39）。また、学習者それぞれの準備された資料や観点は必ずしも同じとね限らないため、他人の共有から違ったアイデアを聞くこともできた。その上で、自分の感想を更新し、さらに人に共有することが実現できたのである（事例7-40）。

　［タスクシートによって、グループ議論に参加する前は事前準備ができた］
　このグループは1個の中グループ《授業参加の前提は内容への理解をすること》と2個の小グループ＜議論に参加する時は自分の考えを持たなければならない＞と＜共有課題は自律学習を促した＞から構成される。

> 事例7-41：你还要发言，你还得把这个整明白了，因为发言你不能说啥也不会就起来吧。（学习者慧）
> 【訳】発言するから、先ず自分で理解する必要がある。分からないと、発言ができないからだ。
> 事例7-42：我觉得这种课上课讲的东西有限，而且必须要学生他自己有一定的基础性。（学习者鹏）
> 【訳】この授業で扱った内容は制限がある。なぜなら、学習者はある程度の基礎知識がないと（理解できないからだ）。
> 事例7-43：上您这个课，它不像之前的课老师在下面讲，你在下面听，因为大家都是一块儿讨论的。如果是一个小组坐一块儿，你不说话，你一点儿自己意见都没有，就会显得特别尴尬。（学习者飞）
> 【訳】言語学の授業はこれまでの授業とは違っている。教師は上で教えて、私たちは下で聞いているような授業ではなく、みんなで議論をするのである。同じグループにいて、もし自分の意見や発言がなければ、気まずいと思う。
> 事例7-44：我拿到这个还是被动的课题，你进了这个状态，那我就可能会思考，首先会思考说在哪一步就是哪一种类型的电视剧当中，这个被动语句可能出现的概率会比较大，也就这个也让我们思考的就是在日常生活中哪一种情境下会用到被动。（学习者悦）
> 【訳】私は受身表現の課題をもらうと、すぐ考えることに入ったのだ。まずどのようなタイプのドラマは受身表現が多く出てくるか、また、日常生活のどんな状況で受身表現が使われるかを考えるようになる。

　上で述べたように、学習者はタスクシートによって、授業の内容や目標などを事前に把握できるから、事前準備がしやすいと思っている。次に、具体的に何を準備するかは学習内容や課題に対する自分の理解が不可欠となっていることである。それは授業参加の前提であり、自分の意見を互いに共有するのは授業展開のベースになるからである。つまり、自分の理解ができなければ、グループでの共有が不可能になるというてとである（事例7-41）。逆に自分の理解とある程度の基礎知識がなければ、言語学の授業で学習できる内容が限られると一人の受講生の感想は単独カードとして作った（事例7-42）。同時に、グループ議論に参加する前、自分の意見をちゃんと持たないと、仲間に恥ずかしく、気まずいと思ってしまう（事例7-43）。更に、受身表現の課題を具体的例として、自分の事前準備を紹介した受講生もいる（事例7-44）。総してみれば、これらの事前準備は学習者の自律学習を促し、単なる課題完成から内容理解の促進に深化されたことが分かった。

第7章 受講生は新しい「日本語言語学概論」の授業をどう評価しているか【研究3】

<タスクシートや発表は文法の運用になる>

> 事例7-45：我感覚这个（作业）之前是先让大家去看，看完查完还是比较好的，锻炼大家的思考能力，写作过程中也锻炼大家语法。（学习者明）
> 【訳】言語学の課題は事前に調べたり、考えたりすることが必要があって、よかったと思う。これを通して、私たちの思考力を鍛えるし、（振り返りを）書くことも文法の運用にもなるだから。
> 事例7-46：一条一条看他们说的话，你再判断一下这个句子对不对，再抄下来。我就觉得这好像就是一个学习加运用的一个过程。（学习者新玲）
> 【訳】仲間の発言を一つひとつ聞いた後で、自分は考えて判断をし、メモも取る。すべては学習と運用の過程だと思う。

　受講生は従来の予習、復習は決まっているセットを繰り返している。上で述べたように答えの暗唱が多く、対象（学習内容）との対話がほぼないわけである。それに対して、言語学の授業では多様な形で知識内容の理解を追求するように教師がデザインしたため、受講生自身も課題や振り返りに対する理解を捉えていることが見られる。例えば、共有課題を理解するためには、先ず自分で資料を集め、調べることが必要となり、文法の運用力にもなると捉えている（事例7-45）。それから、仲間との相互作用のもとで、自分の考えを補充したり、判断したり、発表したりすることも内容との対話が更に反省することになって、極めて意味があることと考えられる。

　総じてみれば、受講生たちは②において、「日本語言語学概論」とてう授業のターゲットである対象世界（学習内容）との対話がいろんな形で追求したわけのである。

　③【教師と仲間の助け合いによって、親近感や責任感が生まれる授業】
　このカテゴリーは4個の大グループ［協同学習を通して、仲間への認識が更新されて、理解が深まった］、［教師の仕事を理解するようになって、教師と親しくなった］、［議論で教師と仲間のサポートからヒントをもらえた］、［教師と仲間との協同学習に心理的プレッシャーがない］と2個の中グループ《仲間たちの違った意見を大事にしている》、［授業で全員参加できるような責任感を持っている］から構成される。

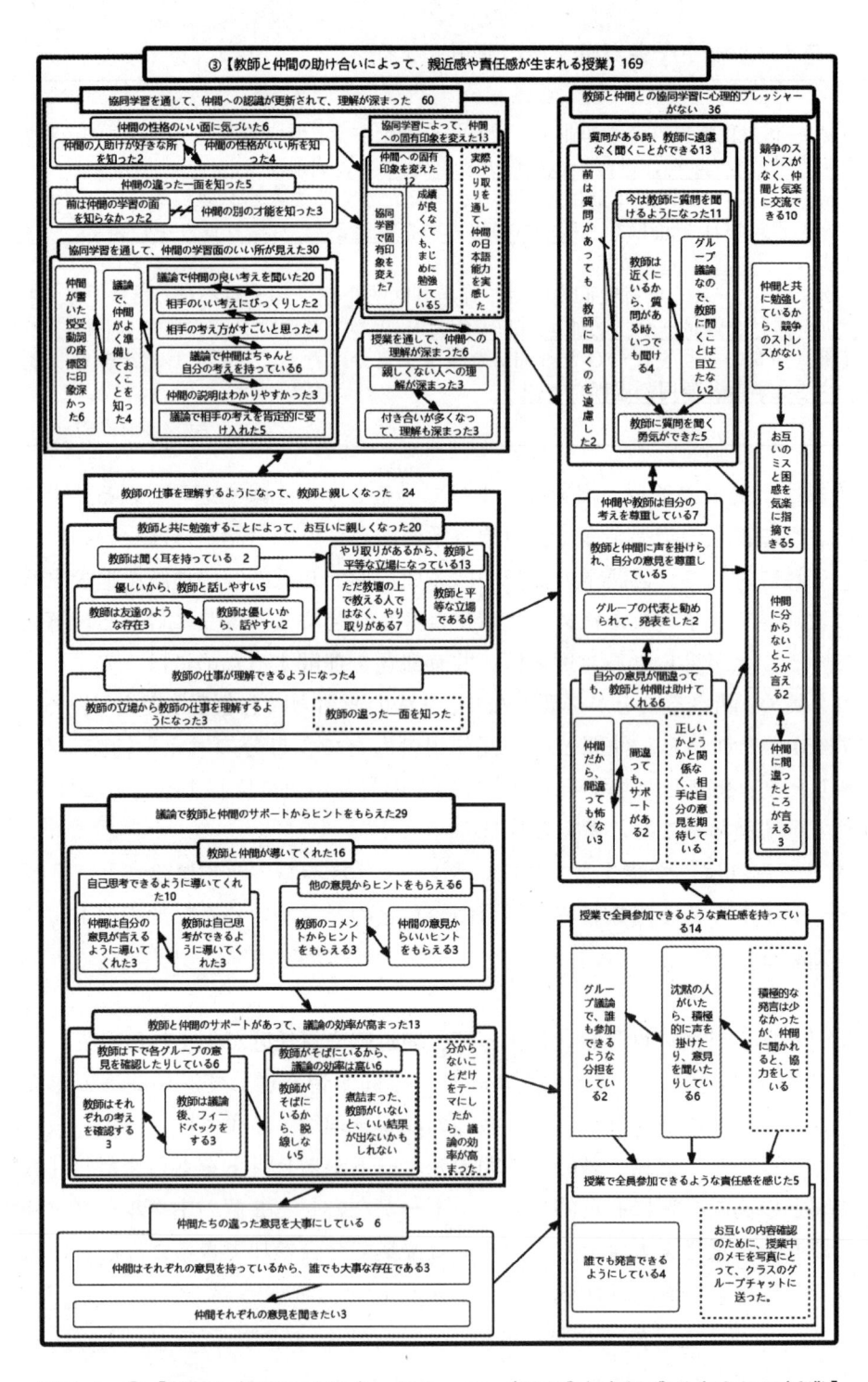

図7-4　③【教師と仲間の助け合いによって、親近感や責任感が生まれる授業】

第 7 章　受講生は新しい「日本語言語学概論」の授業をどう評価しているか【研究 3】

［協同学習を通じて、仲間への認識が更新されて、理解が深まった］
　このグループは 5 個の中グループ《仲間の性格のいい面に気づいた》《仲間の違った一面を知った》、［協同学習を通じて、仲間の学習面のいい所が見えた］、［協同学習によって、仲間への固有印象を変えた］、《授業を通して、仲間への理解が深まった》から構成される。

《仲間の性格のいい面に気づいた》

> 事例 7-47：以前就觉得他学习好的，他也很能帮助，也愿意帮助我们，这个是原来不知道的。（学习者悦）
> 【訳】その人について、以前はただ成績がいいというイメージだったが、今度は人助けが好きな人、グループで私たちを助けてくれることが分かった。
> 事例 7-48：我记得有一个男生就是，叫什么我也忘了，我几乎不怎么认识他，没跟他说过话，之后有一次跟他分到一个组里，跟他讨论几句，感觉就是感觉他性格也不错。（学习者雯）
> 【訳】名前はよく覚えていないが、その時ある男子学生と同じグループにいた。その前は彼とほとんど話したことがないから、お互いに知らなかった。でも、同じグループにいた時、実際の交流を通して、性格がいい人だと認識できた。

　「日本語言語学概論」という授業でくじ引きのグループ議論という【新鮮な進め方】によって、受講生は友達や親しい人への拘りがなくなり、クラス全員と交流するチャンスができたと①の節で説明した。同じグループにいることをきっかけにして、これまで親しくない人への認識も広がった。例えば、事例 7-47 で示したように、以前は仲間へのイメージはただ「成績がいい人」と限られていたが、実際のやり取りを通じて、「人助けが好きな人」と分かった。さらに、名前すら覚えていない仲間と交流を通じて、「性格がいい人」と新しいイメージができた（事例 7-48）。

《仲間の違った一面を知った》

> 事例 7-49：之前的了解只是在于平时有些接触各方面的，比如娱乐啊，游戏啊什么的，但是学习上的了解不多。（学习者妍）
> 【訳】これまでクラスメートへの認識は娯楽、ゲームなどの面に限られていて、学習の面はどんな人なのかは全然分からなかった。

161

> 事例7-50：以前就觉得这个同学可能就比较文艺，是那种文艺少女的。后来她在学习上她采用数学的方式，才知道她好像还是个理科生。（学习者帅）
> 【訳】以前はその子が文芸少女のイメージだけだったが、後の協同学習では数学の方式で課題を解決したから、前は理系生だったとのことを初めて知った。

　受講生たちの交友関係はこれまで同じ寮で生活している友達を中心に展開されていた。しかも、仲間との付き合いも娯楽、ゲームなどの面に限られていた（事例7-49）。大学4年間の学習生活を共に送っているが、学習の面についてはあまり知らないのである。授受動詞の授業で、同じグループの子は数学の発想で関係図を作成したことにびっくりし、好奇心に駆られて、彼女が元々理系出身だったということが初めて分かった受講生もいる（事例7-50）。

　〔協同学習を通じて、仲間の学習面のいい所が見えた〕
　このグループは2個の小グループ＜仲間が書いた授受動詞の座標図に印象深かった＞、＜議論で、仲間がよく準備しておくことを知った＞と1個の中グループ《議論で仲間の良い考えを聞いた》から構成される。

> 事例7-51：当时老师不是说是让上台去大家把这一节课的内容去以一个图示的方式去呈现出来，她当时画了一组那样的一个示意图，对不对？那个印象太深了。（学习者飞）
> 【訳】当時先生は授業の内容を図でまとめさせたじゃない、あの子は数学の座標図を書いたことを今でも覚えている。それは本当に印象深かった。
> 事例7-52：(敬语的时候)当每个人把自己题分享出来的时候，就觉得啊，每个人的心里都很努力，很用功的去学习。（学习者园）
> 【訳】（敬語の時）みんなそれぞれは自分が準備しておいた質問を出して、議論しているうちに、仲間みんなが一生懸命勉強することと感じた。
> 事例7-53：在这个过程中那啥，我会想到我，原来这个知识点还可以让这样想，还可以这种理解，就会这就是有耳目一新的感觉。（学习者洁）
> 【訳】やり取りのうちに、自分はこの知識についてこういうふうに理解できるんだ、とても斬新な視点だと思った。
> 事例7-54：因为我之前感觉她都不吭声，然后我也没跟她怎么说过话。我还觉得她挺害羞的，但是那天我就给她讨论那个授受动词的敬语的时候，就是让讨论一道题的时候，她讲的特别清楚，还清晰，一点都不害羞，还可积极了。（学习者平）
> 【訳】あの子はいつも沈黙しているから、声を掛けたことがほとんどなかった。照れ屋さんだと思ってたが、その日は授受動詞の敬語型を議論していたら、ある問題に対して、分りやすく説明してくれたし、全然恥ずかしくなく、積極的に話してくれた。

　実践の第5回は日本語授受動詞について勉強している。各授受動詞の意味を議論によって再認識した後、1つの関係図にまとめることは教師がデザインしたジャンプ課題である。それぞれのグループは自分の意見がまとまり次

第7章　受講生は新しい「日本語言語学概論」の授業をどう評価しているか【研究3】

第、黒板に展示し、クラス全員に発表をする。その中、1人の女子学生はグループ代表として、自分たちが考えた数学の座標図を共有した（前章図6-6を参考）。それは多くの受講生の興味を引き起こし、彼らの中に印象深かった（事例7-51）。また、第4回の敬語の部分では各自で理解できない問題を準備しておき、グループで共有するのである。つまり、自らの問題提起が教師の意図であり、グループ議論の前提でもある。そこから仲間の学習姿勢が実感できて、「一生懸命準備しているのだ」と心の中で認識した（事例7-52）。そして、お互いの共有の中で、自分と違った視点の理解や考えを聞くことができて、「斬新な視点」も触れるようになった（事例7-53）。更に、普段のイメージは「照れ屋さん」のような仲間もグループ議論の中で、積極的に自分の考えを共有し、知っている部分を分かりやすく説明してくれた（事例7-54）。以上4つの事例は「日本語言語学概論」の実践教室で起きた具体的な一例に過ぎないが、どちらも受講生が協同学習の中に真剣に耳を澄まし、相手の学習姿勢を心から感じた発見である。

〔協同学習によって、仲間への固有印象を変えた〕

このグループは1個の中グループ《仲間への固有印象を変えた》と1個の単独カード"実際のやり取りを通じて、仲間の日本語能力を実感した"からなる。

> 事例7-55：我觉得可能他们（转专业的）就真的对语言学习没有很"感冒"的那种，没有到达那种天赋型选手，但是我觉得他们在认真参与了讨论了。（学習者雪）
> 【訳】彼ら（二年生の時、日本語専攻に変更した人❶たち）は語学の勉強に天才型の人間ではないが、議論の中に入って、真面目に参加していたと感じた。
> 事例7-56：之前有是就会犯那种先入为主的错误，有时候会你也没接触它，就把它想成跟别人嘴里听说他是什么什么样的，那时候聊一下，有时候感觉就不是别人说的那样。（学習者浩）
> 【訳】以前は先入観によって人を判断するような間違いをしていた。噂だけを信じて、接触もない仲間にどんな人かは勝手に想像してしまう。しかし、協同学習の交流を通して、そうではないところもあると分かった。
> 事例7-57：别人老说他日语好，但是因为我没跟他说就是很交流和接触过，我也不知道，因为都是别人说的，但是之后就是跟他上完那节课之后，我就觉得他真的是挺好的。（学習者婷）
> 【訳】人から彼の日本語のレベルが高いと聞いているが、実際の付き合いもないため、よくわからなかったが、その時の授業を通して、彼の良い日本語能力が実感できた。

前章の分析したように、「学習共同体」にいる学習者たちは成績の上下と関

---

❶　当大学の規定によって、学習者は希望がある場合、一定の専攻知識のテストに合格さえすれば、二年生の時、専攻変更が許可される。

係なく、お互いの支え合いによって、成績が優秀ではない学生も知識の輸出者に逆転できることが分かった。それで、クラスの専攻変更生についてこれまでのイメージを変えたのである。具体的に言うと、彼らは二年生の時、別の専攻から自分の意志によって、日本語専攻に変更してきた。つまり、他の学習者と比べて1年間の学習期間が遅れているというつとである。その結果、成績が良くない可能性も高い。逆に他の学習者から見れば、彼らは1年間の学習期間が不足しているため、成績が良くないのも理解できないわけでもない。しかしながら、同じグループにいて、同じ課題に向かっている議論を通じて、彼らの「天才型の学生ではないが、まじめな」参加姿勢によって、認識が更新された（事例7-55）。言い換えれば、成績が良くなくても、学習姿勢の面で仲間のことを認めているのである。また、上の節で分かった通り、学習者の交友関係は限られているだけではなく、接触の面も娯楽、ゲームなどの面に限っていた（事例7-49）。このよな実際の付き合いが少ない環境において、相手への認識、判断は噂によるものが多かった。しかしながら、今回の協同学習を通じて、仲間と近くやり取りができて、自分で判断することができるようになった。そのため、これまで噂による判断も違ったところがあることに気づいた（事例7-56）。一方、クラスの中で「成績がとても良い」と印象付けられた仲間に対して、噂に留まった評価を実際の交流で実感が湧いてくる場合もある（事例7-57）。

《授業を通して、仲間への理解が深まった》

> 事例7-58：以前我在班里没有交集的同学，然后就因为这个就是说话了，就认识了，<u>有新的发现啊</u>。（学习者楠楠）
> 【訳】クラスの中に、全然付き合いがない人がいて、この授業で話し合ったりして、<u>新しい発見もできた。</u>
> 事例7-59：我觉得就我之前可能比较腼腆，就是不太主动，不太喜欢去主动认识结交朋友，<u>也是通过小组讨论才对他们有个印象</u>。（学习者寒）
> 【訳】私は性格的には内気で、積極的に友達を作ることが好きではなかった。<u>グループ議論のおかげで、クラスの皆さんに印象をつけられた。</u>

「日本語言語学概論」という授業を通じて、以前よく知らない人への認識が深まったことは事例7-58から分かった。他方、これまで自身の性格の影響のため、「積極的に友達を作ること」が少ない受講生もグループ議論によって、仲間への「印象をつけられて」、認識が深まったのである。

第7章　受講生は新しい「日本語言語学概論」の授業をどう評価しているか【研究3】

［教師の仕事を理解するようになって、教師と親しくなった］
　このグループは2個の中グループ、［教師と共に勉強することによって、お互いに親しくなった］と《教師の仕事が理解できるようになった》から構成される。

［教師と共にっ勉強することによって、お互いに親しくなった］
　このグループは1個の小グループ＜教師は聞く耳を持っている＞と2個の中グループ《優しいから、教師と話やすい》《やり取りがあるから、教師と平等な立場になっている》からなる。
　＜教師は聞く耳を持っている＞

事例7-60：刚开始肯定不习惯，后来还好，说错就说错了。那说错了，我觉得老师你还是就是比较善于倾听的。(学習者丽)
【訳】最初（教師と一緒に議論するの）は慣れなかったが、後はだんだん慣れるようになって、間違っても大丈夫、先生は聞く耳を持っているから。

　上は授業で仲間同士との対話を通じて、［お互いの認識が更新され、理解も深まった］ことを分析した。同じく「学習共同体」にいる教師との対話はどのようなものかは先ず事例7-60のデータから受講生が教師との協同学習に対する受け止め方が見られる。①で述べたように、ほとんどの受講生は協同学習の経験がなく、教師と一緒に議論したり、学習したりすることも初めてである。それで、本授業の実践最初は教師と共に議論することが慣れなかったが、実践の展開に連れて、この形式に慣れるようになって、自分の意見を言うことも怖くなかった。なぜなら、意見が間違っても、＜教師は聞く耳を持っている＞からである。

　《優しいから、教師と話やすい》

事例7-61：这样我觉得老师的可能把自己的姿态摆的比在讲台上位置更低了一点儿，我觉得更好，更容易去交流一些。(学習者榛)
【訳】いつも教壇の上の教師と比べて、言語学の先生は教壇から降りて、優しいと感じたから、交流しやすいと思う。
事例7-62：这种课相比于其他课来说，老师一直这种走来走去有互动感的感觉，就会让我们觉得老师不一定是老师，也可能是帮助我们的朋友之类的。(学習者凝)
【訳】他の科目より、言語学の先生は下で学生とやり取りをしているため、教師より、助けてくれる友達のような存在だと思っている。

165

朱（2017：162）は日本語教育現場の協働学習をデザインする時、先ず教室にける教師と学習者の関係性を見直す必要があると述べた。教師は教壇の上から降りて、学習者のグループに入っては自ら学習者と共に学習する雰囲気を醸成したいと思っている（事例7-61）。ともに議論することによって、学習者にとって教師が「優しくて、交流しやすい」存在に変わった。そして、やり取りが取れる教室において、教師はただ権威的な存在ではなく、「助けてくれる友達」の存在だと捉え直した（事例7-62）。

《やり取りがあるから、教師と平等な立場になっている》

事例7-63：我觉得也是因为平时老师就站讲台，学生就在下面，讲完课大家都散了，那个地位的阶级性分的很明显。（学习者飞）
【訳】先生はいつも上で教えていて、学習者は下で聞いているだけ。授業が終わったら、もう一緒にいないから、お互いの階級関係がはっきりと感じた。
事例7-64：像语言学的课，我觉得就更多的就是老师跟学生之间有一种互动，大家就可能变得平等。（学习者明明）
【訳】言語学の授業において、教師と学生のやり取りが教室実践の大部分だから、みんなは平等な立場に立っているように思う。

これまでの教室にいる学習者と教師は縦の上下関係にあることが事例7-63から見られる。しかし、①で紹介したように、新しい「日本語言語学概論」の勧め方は教師と学習者の協同学習が中心であり、お互いの議論、交流が必要となっている。そうすると、元々縦の「上下関係」は横の「協力し合う関係」になって、受講生はこういう関係を「平等な立場」のように評価している（事例7-64）。

《教師の仕事が理解できるようになった》

事例7-65：因为有时候很多知识可能大家学了之后把那些东西没有去细分，但是我现在的工作去做老师的时候，学生就会有很多的问题，你就必须要去给学生解答清楚，就有点明白老师当时的感觉了。（学习者熙）
【訳】今まで自分の学んだものをよくまとめたりすることがほとんどない。でも今自分は日本語教師になって、学生によく質問を聞かれて、ちゃんと説明しなければならないと思って、当時先生の仕事を理解できるようになったと思う。

第7章　受講生は新しい「日本語言語学概論」の授業をどう評価しているか【研究3】

> 事例7-66：印象比较深的是当时大家就是把所有的那种敬语的难题给老师找出来，就是全部都写在黑板上了。那个然后那一次，就是那个老师就是你领着我们就是讨论里边的语法题，<u>然后老师是不是错了一道，我觉得错了，也是人之常情。</u>（学习者雯）
> 【訳】印象深かったのはある課題にみんなそれぞれ敬語の課題を出して、黒板に書いて発表することだった。それで、先生は私たちと一緒に中の文法などを議論した時、一問の答えを間違えちゃった。<u>でも、先生も間違いがあるんだ、それはごく普通のことだと思った。</u>
> 事例7-67：就是见识到了老师的另一面。（学习者帅）
> 【訳】とにかく、先生のいつもと違った一面を知った。

　上で述べたように、これまでの教室において、学習者と教師の関係は「縦の階級的関係」のように思われ、お互いの理解と認識が欠如している。教師が授業活動や教室活動の工夫なども学習者にうまく伝わらない場合も多く存在される。インタビューの時点で、受講生の中で中学と高校の日本語教師になった人がいる。その中の1人は本実践を通して、現在自分の仕事と関連づけて、「教師の仕事を理解できるようになった」という（事例7-65）。また、一般的に学習者の視点からみると、教師のことを「知識の伝達者」や「知的権威者」の存在と思われている。しかしながら、実際の教育現場で教師は果たしていつでも「知識の正解代表」でいられるか。特に、本科目の知識内容は幅広く扱われており、担当教師はすべての知識内容の熟達者であるわけではない。そのため、教師のフィードバックに間違いがあったことも「知識の正解代表」という教師像と反しているが、受講生は教師の立場から理解できて、「ごく普通のことだ」と受け止めた（事例7-66）。これら普通の授業で触れない教師の一面を「日本語言語学概論」という授業で理解できているのである（事例7-67）。

　［教師と仲間との協同学習に心理的プレッシャーがない］
　このグループは4個の中グループ〔質問がある時、教師に遠慮なく聞くことができた〕、《仲間や教師は自分の考えを尊重している》《自分の意見が間違っても、教師と仲間は助けてくれる》、〔競争のストレスがなく、仲間と気楽に交流できる〕から構成される。

〔質問がある時、教師に遠慮なく聞くことができた〕
このグループは１個の小グループ＜前は質問があっても、教師に聞くのを遠慮した＞と１個の中グループ《今は教師に質問を聞けるようになった》から構成される。

事例7-68：可能以前老师只能在讲台上，这样你跟我们说话讲课的时候，确实我可能有问题，我也不好说。（学习者婷）
【訳】前先生はただ教壇の上にいたから、授業の中に質問があっても、言いづらい。
事例7-69：因为有时候老师站在前面就那么多人，不好意思上去问，然后可能会等到课下才会去了解。然后如果老师一直转悠的话，刚好转到我这边，我不会的我就会立马去问，当堂课当场解决。（学习者蒙）
【訳】先生はいつも上に立っていて、前の学生もたくさんいるから、質問を聞くのは恥ずかしいと思って、授業が終わるまで我慢していた。でも、言語学の授業は先生がずっと下で回ってくれて、分からない時があったら、近くにいるから、その場で解決できる。
事例7-70：（老师）没有什么距离感，就感觉有什么想要问的就问，有什么想说的就说。（学习者倩）
【訳】（教師と）あまり距離感がなく、言いたいことや聞きたいことがあればいつでも言っていい。

この２つのグループ＜前は質問があっても、教師に聞くのを遠慮した＞と《今は教師に質問を聞けるようになった》は反対関係である。前の学習者はなぜ教師に聞くことを遠慮したかを言うと、事例7-68から授業中、教師と距離があることが分かった。つまり、教師はただ教壇の上で一方的に教えており、学習者はただ下でその説明を聞いているというつとである。途中で質問があっても、教師の説明に入るタイミングがないため、「言いづらい」という。また、事例7-69からもう１個の要因が覗かれる。それは仲間同士がいることである。同じクラスにいる仲間でも、①で言った「親しくない」関係にある人もたくさんいたから、みんなの前で教師に質問を聞くのも遠慮したのである。しかし、言語学の授業で、一方的な講義を変えて、協同学習の導入によって、この２つの不利な条件を打破し、教師は受講生の近くまで来て、＜聞く耳を持って＞質問を受ける。［仲間への理解も深まった］ので、相手との関係が親しくなったわけである。そのため、授業において、質問がある時、即解決できるし（事例7-69）、自分の考えや疑問を口に出すこともできるようになった（事例7-70）。

第 7 章　受講生は新しい「日本語言語学概論」の授業をどう評価しているか【研究 3】

《仲間や教師は自分の考えを尊重している》

> 事例 7-71："你是怎么想的?"然后她突然问我。就觉得感觉有那种自己被重视的那种感觉。对，就是那种感觉，被留意了。(学习者楠)
> 【訳】「それについて、どう思うの?」と突然聞かれた。その瞬間、自分が尊重されるような感じがした。そう、相手にされた感じだった。
> 事例 7-72：我们都各自说了自己的，然后我也发表了我自己的，我们就一起讨论，最后就解决出来问题，最后居然就把我的那道题写到了黑板上。(学习者明明)
> 【訳】みんなは自分の問題を言い出した。私も自分が準備しておいた問題を言って、みんなで議論をする。結局、なんと私の問題は黒板発表の代表として決められた。

事例 7-71 の受講生は静かな性格の持ち主であるため、教室活動の中も無口の方が多かったが、同じグループの仲間たちはこの反応を見逃さず、積極的に本人の意見を「それについて、どう思ったの」と聞いた。それで、楠は自分のことが仲間に「尊重されるような」気持ちになっている。そのほか、第 4 回の実践は敬語全般のまとめであり、受講生各自の理解できないところを問題提起として要求された。それで、事例 7-72 の学習者は自分の準備しておいた問題がグループ発表の代表として選出されたことにびっくりし、相手に自分の意見、感想を認められたのである。

《自分の意見が間違っても、教師と仲間は助けてくれる》

> 事例 7-73：就跟同学之间关系比较近，比较平等，然后你就敢再说一遍。(学习者瑾)
> 【訳】とにかく、仲間と親しくて、お互いは平等の立場なので、言いたいことをもう一度いう勇気がある。
> 事例 7-74：而且可能老师就不在意你说的对是错，可能有你说对了最好，如果说错了，他可能还会再纠正你，给你改正过来。(学习者星)
> 【訳】先生はあなたの意見が正しいかどうかは気にしたいようだ。もちろん、正しいことは一番だが、間違っても大丈夫、直してくれるから。
> 事例 7-75：我就觉得万一我说错了怎么办，我一个后来的，或者我觉得别人都说了，我就没必要再说了。可是等到慢慢的后来参与信赖度越来越高的时候，你就会发现其实老师和大家就是想听到你的想法，不管是跟别人一样或者不一样，对或者不对。(学习者璠)
> 【訳】最初は「もし間違ったりどうしよう」とか、「人の後で言うと、もう発言する必要がない」とか、いろいろ迷っていたが、後はだんだん人への信頼度と参加度が高まった。みんなも私の意見を聞きたいと思っていることが分かった。正しいかどうか、人と同じかどうかとは関係がない。

169

事例7-69で示したように、受講生は質問がある時、教師に聞くことを遠慮した原因は教師がずっと教壇の上にいることと、周りにクラスメートがいることが分かった。つまり、教師が上の立場であることに距離を感じられるのみならず、自分の分からないところを仲間に打ち明けることも怖いということである。しかしながら、本授業で《仲間や教師は自分の考えを尊重している》ため、受講生は自分の意見や考えを言う勇気ができたと上の節で分かった。同時に、自分の意見の正誤について心境が変わったことは事例7-73、事例7-74、事例7-75から見られる。最初グループ活動に参加した時、学習者は自分の意見が間違ったり、他人とぶつかったりすることを心配しているため、言うことを遠慮した（事例7-75）。仲間と教師との信頼関係が構築され、平等な立場であることに気づいた後、そういうことが怖くなくなり、「もう一度いう勇気ができた」（事例7-73）。たとえ正確でなくても、教師が「直してくれる」し（事例7-74）、自分の意見が教師と仲間に望まれているからである（事例7-75）。

〔競争のストレスがなく、仲間と気楽に交流できる〕
このグループは1個の小グループ＜仲間と共に勉強しているから、競争のストレスがない＞と1個の中グループ《お互いのミスと困惑を気楽に指摘できる》からなる。

＜仲間と共に勉強しているから、競争のストレスがない＞

> 事例7-76：感觉上这个理论课的时候，感觉相对来说轻松一点，也不会有什么太大心理压力，因为大家跟同学也都是互相讨论的。（学习者兰）
> 【訳】この理論的授業を受けるとき、比較的には心理的なストレスがなくて、楽だと思った。なぜなら、この授業はみんなで議論をしているからだ。

従来のグループ学習において、課題に対する成否の判断は教師によるものが多く、正解への追求がメンバー間の競争心を引き起こす可能性も考えられる。しかしながら、「日本語言語学概論」という授業は教師と仲間との議論が主な進め方であり、結果への評価より、理解への探求が求められている。そのため、メンバーの間はライバルの存在ではなく、「心理的なストレスがない」という（事例7-76）。

第7章　受講生は新しい「日本語言語学概論」の授業をどう評価しているか【研究3】

《お互いのミスと困惑を気楽に指摘できる》

> 事例7-77：几次之后，反正大家也都慢慢熟了，然后也知道自己答错了，<u>这种情况我觉得错了也没啥，说出来了大家一块讨论，讨论也挺好的。</u>（学習者萌）
> 【訳】何回の実践を共に経験した後、みんなは親しくなった。それで、<u>自分の意見が間違ったと言われても、気にしない。かえって言い出して、みんなが議論するから、悪くないと思った。</u>
> 事例7-78：比方说如果是单一的课堂，<u>你就不好意思去说你不明白的地方，但是通过小组讨话你就可以说。</u>（学習者威）
> 【訳】例えば普通の授業では<u>自分の分からないところを言いづらかったが、グループ議論を通して、言えるようになった。</u>

数回の実践活動を経る中で、受講生は協同学習における発話意欲も徐々に変化することが以上から見られる。例えば、自分の間違った考えを自らいう勇気が出たことや他人に指摘されても「気にしない」。さらに、自分のミスが議論の種になるため、「悪くない」と思った（事例7-77）。また、グループ議論の形のもとで、人に困惑を聞くことも目立たないと思って、「言えるようになった」のである（事例7-78）。

［議論で教師と仲間のサポートからヒントをもらえた］
このグループは2個の中グループ〔教師と仲間が導いてくれた〕と〔教師と仲間のサポートがあって、議論の効率が高まった〕から構成される。

〔教師と仲間が導いてくれた〕
このグループは2個の中グループ＜自己思考できるように導いてくれる＞と＜他の意見からヒントをもらえる＞からなる。

> 事例7-79：这种交流的课，老师就有点像跟在我们后面一样，我们自己去探索哪里。如果可能走弯路或者什么的，<u>老师可能有时候会去给我们指点一下，但是会让我们自己去摸索。</u>（学習者园）
> 【訳】こういうやり取りがある授業の中で、教師は学生自分で探求できるようについてくれる。もし議論が遠回りとかしたら、<u>教師はフォローしてくれるが、重要なのは自分で考えさせる。</u>
> 事例7-80：(小组里) 就像是有一个人是引导着我，然后我慢慢去就<u>在这一步一步引导当中去肯定自己，然后也就说出来了</u>（学習者玲）。
> 【訳】（グループの）誰かが私のことを導いてくれるような感じがした。<u>その導きの中からだんだん自分のことを認めるようになって、（考えを）言えるようになった。</u>

171

> 事例7-81：你像我们，或者表达方式那种，有人画图啥的还是不一样的。就是虽然结果是一样的，但是过程每个人思考方式给你有新的启发。(学习者新玲)
> 【訳】言葉の表現の仕方などはみんなそれぞれ違っている。例えば関係図をかくことも結果が一緒だが、どのようにかけばいいかを考える過程から新しいヒントを与えている。
> 事例7-82：您在转圈的过程中也是会转各个小组，有时间在那听也会听，觉得可能有时间正好您说的那句话可能就正好是自己没有想到的，突然就觉得开窍那种感觉。(学习者鹏)
> 【訳】先生は下で回っている時、各グループの考えを確認したりするでしょう。隣でちょうど自分が思いつかないことを聞いて、ピンときたと思った。

　前章の協同学習における教師に関わり方について分析したように、教師は学習者のグループ議論の中で権威的な指導者ではなく、ファシリテーションを果たしていることが分かった。事例7-79 はファシリテーターとしての教師像を裏付けられる。受講生は教師の働きかけによって、「自分で思考、探求」しているのである。同様、グループの仲間も同じような役割を果たしていることが事例7-80 から分かった。特に無口な受講生にとって、仲間の「導きからだんだん自分のことを認める」ようになって、自己表現の実現ができた。こうして受講生は教師の働きかけや仲間同士の導きを通じて、自分で課題を探求し、授業を参加している。一方、「通常、グループ学習として展開される協同学習は、そこに参加する子どもたちの多様性によって、多元的で重層的な「発達の最近接領域を構成する」と佐藤（2004：73）は述べた。つまり、学習者個々の違った理解と発想によって、学び合うことが実現できると考えている。事例7-81 の受講生は本授業の協同学習から「結果より、考える過程の方がヒント」がもらえると実感した。また、仲間同士からだけでなく、教師の発言からも自ら到達できない内容を触れることによって「ピンときた」と思う受講生もいる（事例7-82）。

　〔教師と仲間のサポートがあって、議論の効率が高まった〕
　このグループは2個の中グループ《教師は下で各グループの意見を確認したりしている》、《教師がそばにいるから、議論の効率が高い》と1個の単独カード"分からないことだけをテーマにしたから、議論の効率が高まった"から構成される。

第 7 章　受講生は新しい「日本語言語学概論」の授業をどう評価しているか【研究 3】

> 事例 7-83：通过老师就是转，就是在观察别人，就是在讨论的过程中的氛围，老师可以通过这种形式去听到你的思维。（学习者榛）
> 【訳】教師が教室を回っているのは私たちの議論を観察していると思う。観察を通して、先生は私たちの考えを聞くことができる。
> 事例 7-84：因为其实我们也参与了中间的讨论的过程，对于这个知识体系有自己的一点了解，但不深。这个时候您的作用就在于什么？给我们做一个总结，把我们的思路，我们知道知识点给串起来，给连到一块儿了。（学习者雯）
> 【訳】私たちは議論に参加することによって、知識内容について、ある程度の理解ができたが、そんなに深くないと思う。こういう時教師が入ってくれて、私たちの考えをまとめたり、つなげたりしてくれる。
> 事例 7-85：如果老师不在的话，就说，哎这个课题留给你们自己讨论，我感觉那个时间很可能被别人给浪费掉了，就可能会说一些乱七八糟的或者说一个话题扯到另一个话题，然后可能就效率就不高。（学习者玲）
> 【訳】もし先生がいないと、ただ私たちで議論をすると、多分時間の無駄があるかもしれない。話が脱線してしまったり、テーマが変わったりする可能性もあるから、議論の効率が高くない。
> 事例 7-86：这种模式就是说提高学课堂效率，因为小组成员与成员之间讨论，讨论过之后，懂得问题老师其实就不用再多说了，只用点出那些可能学生在那一块不是太懂的地方，可能需要点一下就可以了，就说提高了学习课堂的效率。（学习者妍）
> 【訳】こういう進め方は議論の効率が高まると思う。仲間同士が先ず議論したあと、分からないところだけを教師に発信すればいい。そうすると、分っている部分は教師の説明が要らない。分からない部分だけをフォローすればいいから、議論の効率が高まる。

　事例 7-83 と 7-84 は受講生が自分の視点からみた教師の役割についての評価である。教師主導型の授業で教師の活動は教えることを中心に展開されているのに対して、「学習共同体」の対話型授業において、教師の活動はむしろ「聴く」ことを中心に展開されていると佐藤（2004：17）は述べた。本授業における教師の「聴く」行動に対して、受講生は教師の教室観察と捉えている。前節の事例 7-82 で示した受講生が教師の発言を聞くことと逆方向で、教師が受講生の議論や考えを聞くための行動だと理解している（事例 7-83）。総じてみれば、対話が双方的に進行していると見られる。しかも、教師の「聴く」こと以外、受講生の意見を統合することも評価された。これらのフィードバックの意味は受講生自らの力で「深くない」成果を高めるところにあると受講生は考えている（事例 7-84）。また、教師が教室を回ることを別の観点から受け止める受講生もいる（事例 7-85）。それは論題の脱線がしないことと考えている。グループ学習の中で、学習者自身の力で難航した場合、満足できるような結果が出ないわけである。それに伴う挫折感や無力感も考えられる。こういう時、他

173

人の働きかけがなければ、沈黙、テーマの脱線、雑談などが生じるかもしれない。ただし、教師は受講生の反応、表現を授業観察によって敏感に気づき、サポートを与える場合、議論の進行を保障し、教室活動の効率も高まるという。それから、一人の受講生の感想は単独カートとして保留した。議論の内容を「分かっている」部分と「分からない」部分に分けて考えている（事例7-86）。グループ議論を通じて、仲間の「分かっている」部分と「分からない」部分を把握した後、教師のフィードバックを求める。それで、時間の節約ができるため、授業の効率が高まるのである。

《仲間たちの違った意見を大事にしている》
このグループは２個の小グループ＜仲間はそれぞれの意見を持っているから、誰でも大事な存在である＞と＜仲間それぞれの意見を聞きたい＞からなる。

> 事例7-87：每个人的想法都不一样的，这种感觉就是：每个人都是每个人自己的主人公。（学习者慧）
> 【訳】みんなの考えは人それぞれなので、「誰も自分の主人公である」という感じがした。
> 事例7-88：像这种错误的时候应该也有兴趣（听），因为有时候自己不能发现自己错了。（学习者帅）
> 【訳】間違った時（仲間の指摘）も聞きたい。自分は自分の間違いに気づくことができないからだ。

事例7-87は受講生が本授業の協同学習の中で他人の意見や感想を聞いて、それぞれ違ったものと気づき、更に「誰も自分の主人公である」と認識した。つまり、考え方の多様性から人間性の多様性へと認識が広まったのである。また、上の節から受講生は《お互いのミスと困惑を気楽に指摘できる》と分かった。ここで、受講生は自分の間違いに気づきにくいと考えるため、仲間の指摘を心から受け入れ、「聞きたい」のである（事例7-88）。

〔授業で全員参加できるような責任感を持っている〕
このグループは２個の小グループ＜グループ議論で、誰も参加できるような分担をしている＞、＜沈黙の人がいたら、積極的に声を掛けたり、意見を聞いたりしている＞と１個の単独カート"積極的な発言は少なかったが、仲間に聞かれると、協力をしている"と１個の中グループ《授業で全員参加できるような責任感を感じた》から構成される。

第7章　受講生は新しい「日本語言語学概論」の授業をどう評価しているか【研究3】

＜グループ議論で、誰も参加できるような分担をしている＞

> 事例7-89：讲到词性或者什么，我们得自己去补充的时候，小组里面就会分，<u>觉得各司其职挺好的</u>。（学习者明）
> 【訳】語彙の品詞性とかの問題を議論する時、自分たちの力が必要だ。そんな時、グループの中に誰が何をするかについて分担をする。<u>みんなそれぞれの責任感を持っていて、よかったと思う。</u>

具体的な教室活動において、メンバー全員は責任感を持って、それぞれのやることを分担していることは事例7-89から分かった。

＜沈黙の人がいたら、積極的に声を掛けたり、意見を聞いたりしている＞

> 事例7-90：虽然有时候他不爱说话，就像上次我们跟〇〇在一起的时候，刚开始他拒绝，<u>他拒绝的时候就我们说说没事儿，不就是一块儿讨论？你想负责什么？你想干什么，你是最后总结还是你整理资料？</u>（学习者明明）
> 【訳】時に無口な人も会った。例えば、前回は〇〇と一緒にグループを組んだ時、彼は最初に抵抗感があった。ほかのみんなは<u>「大丈夫、みんなで議論することだから、何を分担したいの？最後のまとめと資料の整理、どっちがやりたいの？」と彼に教えた。</u>
> 事例7-91：我稍微看了一下组员，发现除我之外都是女生，她们看起来也不像是会主动搭话的人。<u>我说要不我就缓和一下，说一句也没什么，就cue她下，然后大家都发言一下，就还挺好的。</u>（学习者飞）
> 【訳】ちょっとグループのメンバーを見たら、私以外、みんなは女の子だった。積極的に声をかけそうな人に見えないから、私が声を掛けた。<u>そういう責任感を持って、自分からみんなに意見を聞いたりして、別に難しいことではないと思った。結局、みんなも自分の意見を出して、よかったと思う。</u>

　古屋（2018：75）は「学び合い」の様子を見るポイントの1つは、全員が「学び合い」に参加しているかどうかのことだと指摘している。グループのメンバー4人はすべて親しい関係にある人とは限らない。また、個々の違った個性を持っていることや協同学習の経験が限られたことのため、議論は最初から順調に進むわけでなく、抵抗感を示した受講生もいる（事例7-90）。しかし、同じグループにいた他のメンバーは仲間の抵抗感に気づき、「大丈夫」と慰め、相手も議論に参加できるような努力をしていた。積極的な声かけや分担内容の相談などをしたのである。一方、事例7-91は一人の男子学習者がグループのメンバーに対する配慮が見られる。しかも、責任感を持って、声を出したら、「難しいことではない」、「みんなも自分の意見を出して、よかった」と良い結果を得られた。

175

"積極的な発言は少なかったが、仲間に聞かれると、協力をしている"

> 事例7-92：我会就是我不会主动，但是别人说出来问题我会，我是属于那种会配合的人。（学習者熙）
> 【訳】私は積極的に発言するより、人に聞かれると、協力するタイプだと思う。

事例7-92は単独カードとして保留した。学習者熙は自分のことを「積極的に発言する人」ではないと自己評価をしたが、「人に聞かれると、協力するタイプ」との説明も追加した。ここから見れば、熙のような性格の持ち主にとって、人との交流を完全に拒否することでなく、他人の働きかけが必要となる。

《授業で全員参加できるような責任感を感じた》

> 事例7-93：最开始可能有点儿不是很感到，<u>后来也觉得有责任的感觉</u>，其实也挺好的。（学習者婷）
> 【訳】最初はよく気づかなかったが、後は考えてみれば、（授業参加にも）<u>責任感を持っていることに気づいて</u>、よかったと思う。
> 事例7-94：（把黑板上大家的发表）拍完了之后，<u>有的时候上课就有的人没有拍</u>，有时候他们会拍下来之后发到群里。（学習者萌）
> 【訳】授業でみんなは黒板発表の内容を携帯で写真に撮った後、<u>撮るのを間に合わない人もいるかと心配して</u>、自分の写真をグループチャットに共有している。

以上の事例7-90と事例7-91から分かったように、受講生は協同学習の中で、仲間への関心、配慮を注いでいることが分かった。それらの行動は受講生の視点からみれば、全員の「参加できるような責任感」と受け止めている（事例7-93）。その「責任感」に駆られて、受講生は「当時の黒板発表の内容の写真をクラスのグループチャットに共有している」のである（事例7-94）。

以上の分析をまとめると、受講生たちは①の段階で、事前準備を通じて、対象世界（学習内容）との対話が実現され、課題に対する自分の意見や感想を持って、教室に臨む。その上で、②の段階において、他者（仲間同士と教師）との対話を通じて、お互いの認識を更新し、親しくなった。同時に、違った意見や感想の相互作用のもとで、学習上のヒントをもらい、全員の意見を聞きたいと思っている。さらに、口数が少ない仲間への関心、配慮を配り、「一人も落とさず」、全員参加できるような責任感を感じている。

以下では④【自己思考、自己内省の授業】を分析する。

④【自己思考、自己内省の授業】

このカテゴリーは1個の大グループ［授業を通じて、自分が学んだものをま

第7章 受講生は新しい「日本語言語学概論」の授業をどう評価しているか【研究3】

とめたり、反省したりしている〕と4個の中グループ《言語学の授業は自分で考えなければならない》、〔違った意見のぶつかり合いによって、自分の思考が深化した〕、〔他科目より、言語学の授業で自分は多く考えた〕、〔自主的に議論を参加し、日本語に対する理解が深化した〕から構成される。

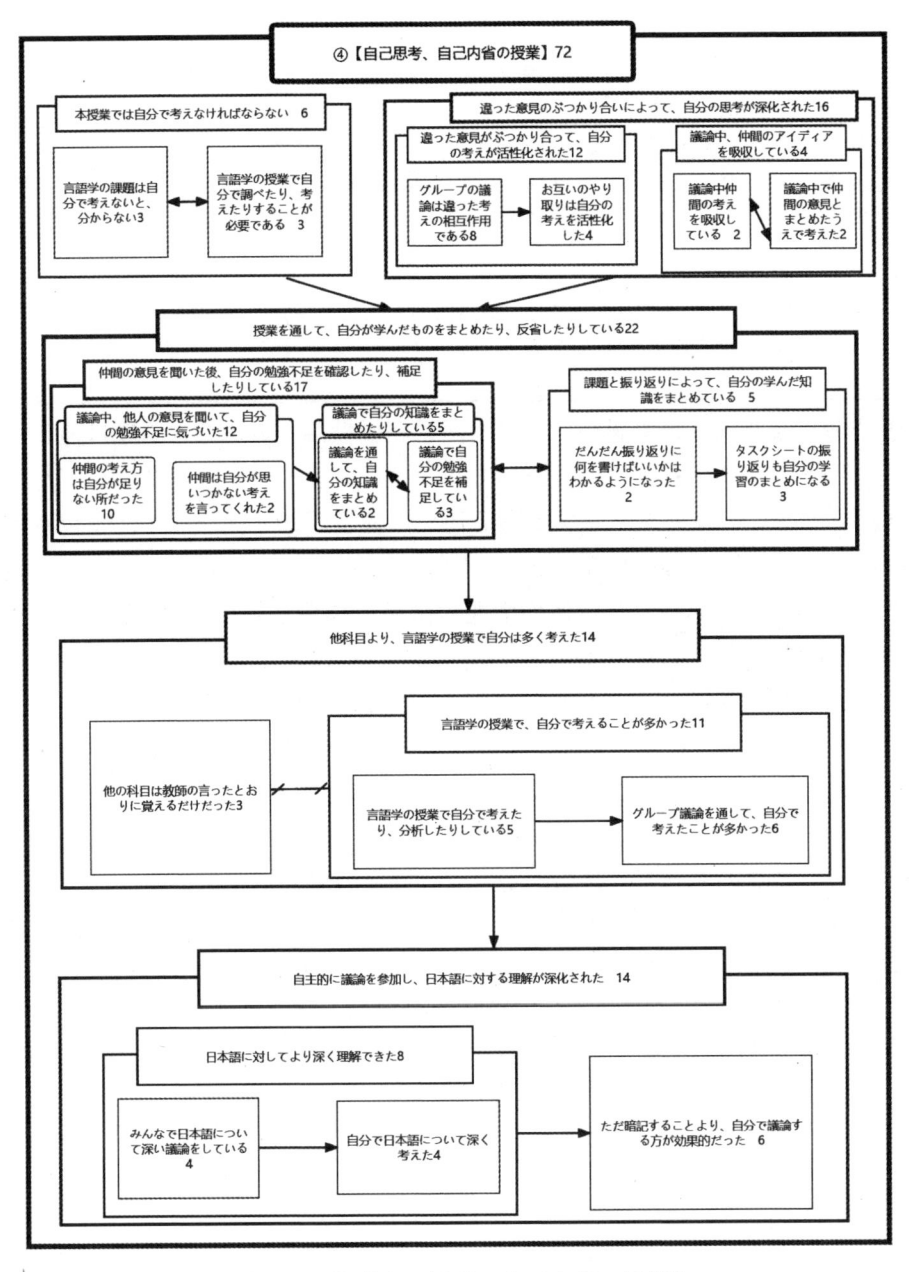

図7-5 ④【自己思考、自己内省の授業】

《言語学の授業は自分で考えなければならない》
　このグループは2個の小グループ＜言語学の課題は自分で考えないと、分からない＞と＜言語学の授業で自分で調べたり、考えたりすることが必要である＞からなる。

> 事例7-95：（作业）我们得深入其中的一点点去看，不能说就那种随便去应付，但是如果是（精读之类的）课本后面的题，可以直接去做，我想可能我们直接用手机就百度就应付了。（学习者慧）
> 【訳】言語学の課題は中に入って、真面目に考えなければならない。言呉魔化すような宿題ではない。（精読のような）ほかの宿題は教科書の練習問題が多く、分らない時は携帯で答えを検索すればいいと思う。
> 事例7-96：语言学的课堂上，就可能是你需要自己去想很多东西，就是你想那种偷个懒，不想东西，也很难的那种。（学习者悦）
> 【訳】言語学の授業で、自分の考えが必要な時が多かった。というのは、サボりたくても、勉強したくなくても無理だ。

　②で分析した通り、受講生は「日本語言語学概論」の〔共有課題は他科目の宿題と違って、単なるドリルの練習ではない〕と思っている。基礎レベルの共有課題も上級レベルのジャンプ課題も従来の練習問題と異なって、学習者の正解の暗唱より、思考力が必要となっている。そのため、受講生も実践中、教師のこういう意図が認識され、他の宿題の携帯で検索し、「言呉魔化す」ような行動をやめることにした（事例7-95）。また、本授業で「自分の考えが必要な時が多」いと考えている（事例7-96）。その理由は前述で言及したグループ議論の進め方と〔教科書に限らず、より全面的〕な学習内容による参加意欲の向上が考えられる。

〔違った意見のぶつかり合いによって、自分の思考が深化した〕
　このグループは2個の中グループ《違った意見がぶつかり合って、自分の考えが活性化された》と《議論中、仲間のアイディアを吸収している》からなる。

> 事例7-97：给我最深的感觉，反正就是大家每个人的想法都不一样，如果集中到一起的话可能就有一种集思广益的感觉。（学习者雯）
> 【訳】最も深く感じたのは、みんなの考えが違っているから、集まると有益な意見を広く吸収することができる。

第7章　受講生は新しい「日本語言語学概論」の授業をどう評価しているか【研究3】

> 事例7-98：这个语言学我感觉就是促进你，就是促进你去分析一个知识，它是一种思维模式，而不是简单的简简单单就是今天这个学了一个语法，你把它记一个单词记着就行。（学习者少文）
> 【訳】私は言語学の授業を通して、知識内容を分析するような思考力を育てていると思う。単なる文法や単語を覚えればいいということではない。
> 事例7-99：我感觉还是就是多方面的吸收，就吸收别人的一些想法。（学习者鹏）
> 【訳】多方面からの知識や他人の考えを吸収することが多いと思う。
> 事例7-100：我可能因为我自己性格的原因，我可能那种在小组中一般来说比较喜欢听大家说，从大家自不同的想法中总结听取自己觉得有帮助的观点，最后总结的时候什么的时候，会综合他们的想法，还有我的想法，最后来一个总结。（学习者洁）
> 【訳】自分の性格の影響で、グループの中に発言するより、みんなの意見を聞くほうが好きだ。それぞれの考えから有益な意見をちゃんと聞いて、最後に自分なりのまとめもするからだ。彼らの意見をまとめた上で、自分の意見を追加するのだ。

　従来の教師主導型の授業では、学習者が黙々と教師の教えた内容をメモに取ったり、暗記したりするような光景が多く見られる。教師と受講生、受講生と受講生間の対話がほとんどないため、お互いの感想や意見を聞くことができないわけである。「日本語言語学概論」という新しい授業はそれと相対的に、「3つの対話」を中心に展開している。グループ活動の議論を通じて、相手への認識が更新され、親しくなったということは③のところで言及しているが、それは人間関係を促し、「社会性」から見た結果と言ってよい。事例7-97～事例7-100は受講生が知識獲得の面における評価であり、それぞれ違った意見のぶつかり合いを通じて、有益な意見を広く吸収しながら（事例7-97）、思考力を育てている。それは通常の知識を暗記するようなパターンとは大きく違っていると考えている（事例7-98）。このような授業の中で、発言することが好きではない受講生にとっても、「吸収すること」ができて（事例7-99）、他人の視点から自分の考えを更新し、最終的に仲間に共有することが実現できたのである（事例7-100）。

　［授業を通じて、自分が学んだものをまとめたり、反省したりしている］
　このグループは2個の中グループ〔仲間の意見を聞いた後、自分の勉強不足を確認したり、補足したりしている〕、《課題と振り返りによって、自分の学んだ知識をまとめている》から構成される。

〔仲間の意見を聞いた後、自分の勉強不足を確認したり、補足したりしている〕

> 事例7-101：同时我也能听到其他那个组员的他们的一些意见看法，然后我也能从他们那边学到一些很多东西，有的时候比如我想象不到的，他们都能够给说出来。（学习者凝）
> 【訳】同時に他の仲間から考えを聞くことができて、そこから学んだものが多かった。例えば、仲間は自分が及ばない内容をよく考えて、そして表現もできるのだ。
> 事例7-102：你会发现这个想法我以前怎么没有这样去想？他为什么要这样去想？我觉得挺好的，咱们课程中我也学到了这些。（学习者成）
> 【訳】なぜ私ができないのか。そして、なぜ仲間はこういうふうに考えているのか、これらのことに自分が気づいて、よかったと思う。
> 事例7-103：大家通过讨论会把自己的知道的、不知道的可能都会串一下，也能够学到一些东西，也可以把自己之前知道但是可能不太了解的东西给巩固，加固一下。（学习者明）
> 【訳】みんなは議論の中で、自分が知っている部分と知らない部分を整理して、勉強になった。それから、一度勉強したことがある知識も議論を通して、深くまで考えることができる。
> 事例7-104：我就觉得这个人可能就是把我的分不清的想法，就是分不清那个知识点给说出来了，然后我觉得通过别人来告诉我，就是比我自己去背清楚多了。（学习者榛）
> 【訳】私が知らない部分を仲間の口から言い出してくれた。それはただ答えを暗唱することより、他人の視点から考え直すほうが理解しやすいと思う。

授業中、他人との対話の相互交渉で、受講生は無意識のうちに、自分の考えを比較するようになって、既習知識の整理、補充をしている。例えば、自分が把握できないところを仲間がうまく説明できることから、自分の勉強不足に気づき（事例7-101）、「なぜ自分ができないのか」と反省した（事例7-102）。また、第1章で紹介した通り、「日本語言語学概論」の内容は音声、語彙、文法など多岐にわたっており、他の科目で扱った部分もある。そのため、前の「一度勉強したことがある知識」も議論を通じて、「深くまで考える」ことができた（事例7-103）。最終的に、「答えを暗唱することより、他人の視点から考え直すほうが理解しやすい」と思っている（事例7-104）。

《課題と振り返りによって、自分の学んだ知識をまとめている》

> 事例7-105：语言学这个作业他会有一种，就是在课前发他也能起到作用，在课后它又让你自己回忆一下，查漏补缺的作用这种感觉。（学习者艺）
> 【訳】言語学の課題というのは、授業前も役に立っていて、授業後も自己反省をさせて、分からない部分を補充させるような役割を果たしていると思う。

第 7 章　受講生は新しい「日本語言語学概論」の授業をどう評価しているか【研究 3】

> 事例 7-106：我感觉我最开始就不知道怎么去写，就感觉可能也有想法，但是不知道怎么写上去，后来慢慢的到最后的时间，就相当于你这节课上完了，你必须要有一个反思。（学习者平）
> 【訳】最初は（振り返り）をどう書けばいいかは分からなかった。少し感想があったかもしれないが、具体的な文章でできなかった。後はだんだん「授業が終わったから、それなりの反省が必要だ」と分かるようになった。

　事例 7-105 の受講生は本授業の課題を「授業前も役に立っていて、授業後も自己反省をさせる」というふうに思った。具体的に見れば、「授業前の役割」は②のカテゴリーで分析したように、課題によって、授業内容と目標を把握することができるし、資料の収集、内容への理解などの事前準備もできるため、受講者と対象世界（学習内容）との対話を促進したのである。ここで授業後の役割を「自己反省をさせて、分からない部分を補充させる」ことと受け止めている。更に、自己内省は事例 7-101、7-102、7-103、7-104 のように、授業中の相互対話で行っているに止まらず、授業後のタスクシートの振り返りを通じて再度進行しているのである（事例 7-106）。

〔他科目より、言語学の授業で自分は多く考えた〕
　このグループは 1 個の小グループ＜他の科目は教師の言ったとおりに覚えるだけだった＞と 1 個の中グループ《言語学の授業で、自分で考えることが多かった》から構成される。両者の間は反対関係である。

> 事例 7-107：其他的那几个老师都是老师那边讲，我们在底下听那种。不用费脑，上课就这样过去，就不用动脑，不用思考，然后您说什么我们记什么，就这样就行了。（学习者威）
> 【訳】他の授業は教師が上で教えていて、私たちは下で聞いているだけだ。頭を使うことなく、授業はそのまま終わる。教師の言ったことを覚えるだけでいいと思った。
> 事例 7-108：我想要了解，然后我试着去，就是去琢磨老师讲的跟我想的一样还有不一样哦，有这么一个分析自我的过程。（学习者僅）
> 【訳】私は理解しようと思って、頑張っている。「教師の言ったことはなぜ自分の考えと違ってるか」と考えていて、こういうのは自己で分析するようなプロセスだと思う。
> 事例 7-109：不管是在自己想要发表，在准备发表的过程中，还是在准备给你反馈，在你反馈（给别人）的时候，都会去认真的去思考该怎么写、怎么说。（学习者楠）
> 【訳】自分の意見を発表する時や発表の準備をする時、或いは仲間の考えについてコメントをする時や相手のコメントをもらった時、如何に表現するか、如何に（振り返りに）書くことかを真面目に考えている。

181

＜他の科目は教師の言ったとおりに覚えるだけだった＞と《言語学の授業で、自分で考えることが多かった》の両者の間は反対関係である。＜他の科目は教師の言ったとおりに覚えるだけだった＞は事例7-107で示したように、頭を使わず、「教師の言ったことを覚えるだけでいい」。この事例から学習者の受身的な授業姿勢が浮き彫りになった。それと反対的に、「日本語言語学概論」という授業では受講生が自主的に考えている。「理解しようと思う」学習意欲から芽生え、「頑張っている」という行動まで進展するような「自分で分析するプロセス」の思考力が育成できていることが窺える（事例7-108）。また、こういう思考力は相手との対話（相手とのコメントのやり取り）と自己との対話（「自分の発表、共有」）の多様な場合で鍛えられていると事例7-109から分かった。

　〔自主的に議論を参加し、日本語に対する理解が深化した〕
　このグループは1個の中グループ《日本語に対してより深く理解できた》と1個の小グループ＜ただ暗記することより、自分で議論するほうが効果的だった＞から構成される。

事例7-110：大家都在讨论，也是对那些对于那些平时日语不好的同学，或者学习比较好的同学，大家互相讨论也能有更深的思考。（学习者颖）
【訳】授業でみんな一緒に議論を通して、日本語が良い学生にも、よくない学生にも、深くまで考えさせられた。
事例7-111：之前因为都比较懒省事，（做题）也没有一个选项一个选项，就是特别认真想过为啥可能这个选项一看就不对，就直接就过去了，或者就语感就感觉好像不选那个。但我印象就是特别细，大家就一个一个选项去讲，我跟着也在思考，自己去想别的选项为啥不对。
（学习者振）
【訳】今までは面倒くさいと思って、（選択問題をする時）、選択肢を一つ一つ確認したり、考えたりすることもなかった。ただ勘でやっていたが、授業でみんなの議論は選択肢を全部話し合っていたから、私も仲間のあとについて、間違った選択肢はなぜダメなのかを考えていた。
事例7-112：比老师在上面干巴巴的讲，我们底下听，要有效的多，通过小组大家自己讨论。（学习者青文）
【訳】教師一人の固い講義を聞くことより、グループ議論を通して、効果的だと思う。

　上の節では「日本語言語学概論」という授業において、〔他の科目より多

く考えた〕ことが分かった。その結果、〔日本語に対する理解が深化した〕ことは事例7-110、7-111、7-112から見られる。事例7-111を具体的な例としてみると、大学3年生である受講生の多くは国際日本語能力試験や大学院入学試験などの準備に力を入れている。選択問題を練習する時、従来のやり方は1つの正答を追求して、他の選択肢を「確認したり、考えたりすることがなかった」。或いは「勘でやっていた」場合もある。しかし、グループ議論で、仲間と共に選択肢をすべて見ており、自分も仲間からの影響を受けて、「なぜダメなのか」を考えるようになっている。こういう＜日本語に対する深い議論をしている＞うちに、グループ間の相互干渉の影響で、成績の優劣に限らず、全員は「深くまで考えさせられた」（事例7-110）。自分の思考力を前より多く機能しているため、＜効果的＞な学習理解に到達すると考えている（事例7-112）。

　以上の分析をまとめてみると、受講生は「日本語言語学概論」という新しい授業において、自己思考、自己内省を行っており、日本語学習に対する思考力を育成することが明らかになった。それらを実現させた要因は大きく授業自体が提供された学習内容と授業形式による自己参加の必要性や授業中、人との相互干渉による自己反省であることが考えられる。また、自己思考、自己内省が行われる時点は授業前の事前準備、授業中の議論と授業後の反省という三段階であることが事例から窺われる。

⑤【学習や人間関係に収穫がある授業】
　このカテゴリーは1個大グループ［他の日本語学習に連動作用を与えている］と5個の中グループ《以前より自分の考えをうまく表現できた》《文法の具体的な使用場面を把握した》、〔以前分からない知識点がよく理解できた〕、《日本語の構造により深い理解ができた》、〔仲間と授業外の付き合いも多くなって、人間関係を促進した〕から構成される。

　受講生は以上の②、③と④の3つの対話を通じて、⑤の「学習や人間関係に収穫がある授業」を得られた。以下では、その「収穫」の中身を具体的に見てみる。

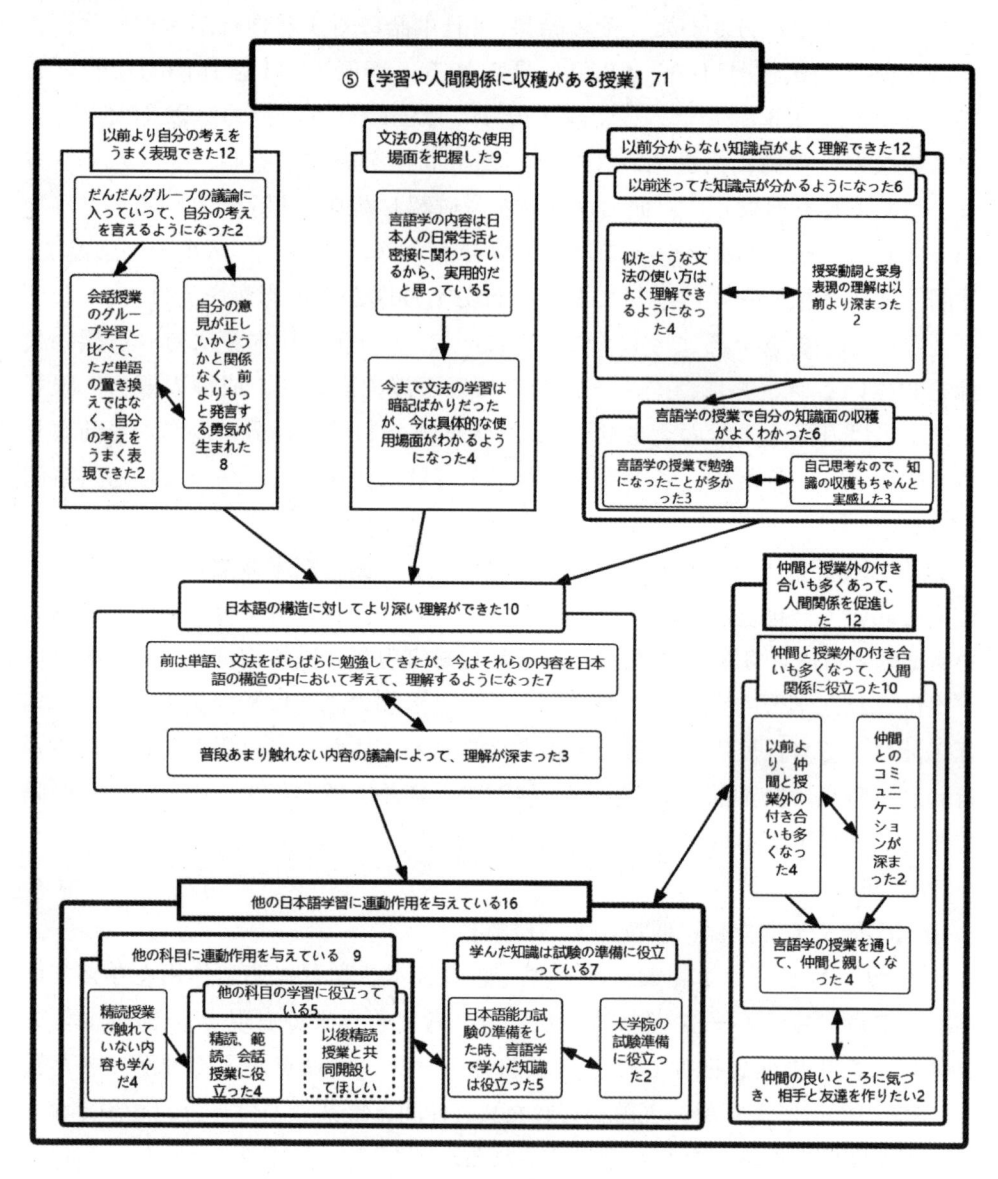

基于"学习共同体"实践的日语课堂实践研究

```
⑤【学習や人間関係に収穫がある授業】71
├─ 以前より自分の考えをうまく表現できた 12
│   ├─ だんだんグループの議論に入っていって、自分の考えを言えるようになった 2
│   ├─ 会話授業のグループ学習と比べて、ただ単語の置き換えではなく、自分の考えをうまく表現できた 2
│   └─ 自分の意見が正しいかどうかと関係なく、前よりもっと発言する勇気が生まれた 8
├─ 文法の具体的な使用場面を把握した 9
│   ├─ 言語学の内容は日本人の日常生活と密接に関わっているから、実用的だと思っている 5
│   └─ 今まで文法の学習は暗記ばかりだったが、今は具体的な使用場面がわかるようになった 4
├─ 以前分からない知識点がよく理解できた 12
│   ├─ 以前迷ってた知識点が分かるようになった 6
│   │   ├─ 似たような文法の使い方はよく理解できるようになった 4
│   │   └─ 授受動詞と受身表現の理解は以前より深まった 2
│   └─ 言語学の授業で自分の知識面の収穫がよくわかった 6
│       ├─ 言語学の授業で勉強になったことが多かった 3
│       └─ 自己思考なので、知識の収穫もちゃんと実感した 3
├─ 日本語の構造に対してより深い理解ができた 10
│   ├─ 前は単語、文法をばらばらに勉強してきたが、今はそれらの内容を日本語の構造の中において考えて、理解するようになった 7
│   └─ 普段あまり触れない内容の議論によって、理解が深まった 3
├─ 他の日本語学習に連動作用を与えている 16
│   ├─ 他の科目に連動作用を与えている 9
│   │   ├─ 精読授業で触れていない内容も学んだ 4
│   │   ├─ 精読、範読、会話授業に役立った 4
│   │   └─ 以後精読授業と共同開設してほしい
│   └─ 学んだ知識は試験の準備に役立っている 7
│       ├─ 日本語能力試験の準備をした時、言語学で学んだ知識は役立った 5
│       └─ 大学院の試験準備に役立った 2
└─ 仲間と授業外の付き合いも多くあって、人間関係を促進した 12
    ├─ 仲間と授業外の付き合いも多くなって、人間関係に役立った 10
    │   ├─ 以前より、仲間と授業外の付き合いも多くなった 4
    │   ├─ 仲間とのコミュニケーションが深まった 2
    │   └─ 言語学の授業を通して、仲間と親しくなった 4
    └─ 仲間の良いところに気づき、相手と友達を作りたい 2
```

図 7-6 ⑤【学習や人間関係に収穫がある授業】

《以前より自分の考えをうまく表現できた》

このグループは 3 個の小グループ＜だんだんグループ議論に入っていって、自分の考えを言えるようになった＞、＜会話授業のグループ学習と比べて、ただ単語の置き換えではなく、自分の考えをうまく表現できた＞、＜自分の意見

第7章　受講生は新しい「日本語言語学概論」の授業をどう評価しているか【研究3】

が正しいかどうかと関係なく、前よりもっと発言する勇気が生まれていた＞からなる。

> 事例7-113：从最开始不是很敢参与，到后来慢慢地也能说一些自己的想法，虽然也没有去上台去代表小组去展示过小组的那种成果，但感觉在这个过程中肯定是比最开始那种好了很多的。(学習者榛)
> 【訳】最初は議論に参加することが怖かったが、後はだんだん自分の考えを言えるようになった。グループの代表として発表することまで行かなかったが、この過程において大分よくなったと思う。
> 事例7-114：当时外教的那种形式的话就是简单的话题，然后都是用日语讨论的话，感觉没有当时用这个语言学，用中文表达着自己的想法，更加的表达的更加清晰。(学習者蒙)
> 【訳】当時日本人教師の会話授業は簡単なテーマについて日本語で議論をさせたが、言語学は中国語で考えを議論するので、詳しく表現できると思う。
> 事例7-115：后来我再不管分到哪个小组，我都挺爱说的，也不知道我说的对不对，反正我就是想说，然后就比较乐意表达我自己的观点。(学習者平)
> 【訳】後になって、どのグループに入っても、自分の考えを共有するのが好きだ。正しいかどうかは分からないが、言うのが好きで、自分の意見感想を表現したい。

　事例7-113の学習者榛は第6章の事例分析で紹介したように、前年度から留年した受講生である。クラスの仲間と同じコミュニティにおける共同生活の経験が一年足りなかった。そのため、クラスメートとの付き合いが比較的に薄く、存在感も低かったのである。「最初は議論に参加することが怖かった」ことも考えられる。しかしながら、授業実践の進行につれて、仲間同士の相槌、肯定などを獲得し、知識のアウトプットもできたため、榛は「だんだん自分の考えを言えるようになった」。一方、《以前より自分の考えをうまく表現できた》理由の1つとして、「中国語で考えを議論するので、詳しく表現できる」と受講生は取り上げた（事例7-114）。彼らは自分の経験した日本人教師の会話授業と比較しながら、母語の活用を肯定的に評価をした。最後に、自分の意見感想を表現することが好きになり、「正しいかどうかは分からないが、言うのが好きで、自分の意見感想を表現したい」という（事例7-115）。

《文法の具体的な使用場面を把握した》
　このグループは2個の小グループ＜言語学の内容は日本人の日常生活と密接に関わっているから、実用的だと思っている＞と＜今まで文法の学習は暗記ばかりだったが、今は具体的にどんな場面で使われているかはわかるようになった＞からなる。

> 事例7-116：我就想起来语言学课上，当时也举了结婚的例子，想想确实，<u>突然间发现原来日本人生活当中是这样用的，就觉得还挺有用的感觉</u>。（学习者洁）
> 【訳】当時言語学の内容を思い出して、結婚の例もあったような記憶がある。<u>振り返ってみれば、確かに日本人の生活でこういうふうに使われていて、実用的だと思う。</u>
> 事例7-117：我就觉得，因为一直到现在其实在那之前我都是死记硬背的，所以特别容易忘。<u>真正就是语言学又学了之后，我觉得自己可能理解了，就知道怎么用了。</u>（学习者星）
> 【訳】今まで（文法の学習）は暗記してばかりいたから、覚えにくいと思う。<u>言語学で勉強して、自分が理解できたから、どう使えばいいかは分かった。</u>

中国の日本語専攻生は学校が提供する機会を持たない場合、普段日本人と接触する機会が非常に少ないと葛（2017：98）は指摘した。本実践のフィールド大学には近年日本語学科募集人数の減少による、日本人教師のリソースも限られている（日本人教師が一人のみ）。つまり、受講生は日本人リソースが限られた状況の中で日本語を勉強しているということである。日本人との接触する機会が恵まれていない彼らは普段の文法学習を暗記の方法で覚えている場合が多かったため、「覚えにくい」と思った（事例7-117）。しかし、実践で取り上げられた結婚などの内容を例について、＜言語学の内容は日本人の日常生活と密接に関わっているから、実用的だと思っている＞（事例7-116）。前の暗記暗唱型と比べれば、文法の実用性が実感できたため、「どう使えばいいか」という真の理解が実現できたのである。

〔以前分からない知識点がよく理解できた〕
　このグループは2個の中グループ《以前迷ってた知識点が分かるようになった》と《言語学の授業で自分の知識面の収穫がよくわかった》から構成される。

《以前迷ってた知識点が分かるようになった》

> 事例7-118：比如我大一刚开始学"行く"和"来る"的时候，当时我学这个时候我就特别的迷惑，区分怎么分？从近到远的，从远到近，我觉得这个就是很乱。<u>当时就一个同学忘了是谁，他跟我说你就这样记，他说你就记一个是来，一个是去，它就是很好对应。</u>（学习者萌）
> 【訳】例えば、大学一年生の時、初めて「行く」と「来る」を勉強した。その時はどう区別すればいいかは全然わからなく、「遠くなる」か、或いは「近くなる」かはめちゃくちゃ迷っていた。<u>言語学の授業で、仲間は、誰だか覚えていないが、彼は中国語の「来」と「去」に対照して覚えやすいと教えてくれた。</u>

第7章　受講生は新しい「日本語言語学概論」の授業をどう評価しているか【研究3】

> 事例7-119：那个授受关系，还有被动关系，那个语态啥的就很懵的那种感觉，<u>然后上完课以后就举例子（去理解），然后就感觉：哦，我好像知道了。</u>（学习者园）
> 【訳】授受関係、受身表現とボイスはぼーっとしていたが、<u>授業のあとでも例文を通して理解しようと思って、それで分かったような気がする。</u>

　事例7-118と事例7-119は具体的な例を受講生が取り上げ、自分の知識面の収穫について言っている。例えば、「行く」と「来る」の区別が分からない受講生は仲間のアドバイスで中国語の「来」と「去」と対照的に理解することにした。また、授受動詞と受身表現のような理解困難の文法について、授業中の議論をし、授業後も「例文を通じて理解しよう」という努力を払って、最終的に「分かったような気がする」と言う（事例7-119）。

《言語学の授業で自分の知識面の収穫がよく分かった》

> 事例7-120：精读的时候，以前老师带我们的时候就让我们造句。那时候造句啥就是会啥单词编一编，那种在书上直接去找，作业就像您说让我们找那种作业，<u>其实那样其实我觉得学到的还是挺多的。因为找到的句子你可以清晰地看到。</u>（学习者振）
> 【訳】精読授業で、先生も文を作ることをさせたが、その時は学んだ単語を使ったり、教科書の例文を探したりしていた。しかし、言語学の課題はいい勉強になったと思う。<u>同じ文を作ることだが、自分で探して、そして自分の収穫がしっかりと見えたから。</u>
> 事例7-121：这门课虽然很深奥，<u>但学到最后真的是学到了些东西</u>，现在回顾起来。（学习者少文）
> 【訳】この授業は奥深いと思っているが、<u>後で振り返ってみれば、本当に知識の収穫があったと感じた。</u>

　事例7-118、7-119のような似た文法を把握することを通じて、受講生は知識面の収穫があったという。同時に、他の授業との比較もここで取り上げられた。精読授業の宿題と言語学授業の課題に「文を作ること」が両方あったが、精読授業のやり方は教科書を依存し、言葉の組み合わせをしただけだった。それに対して、「日本語言語学概論」という授業では自分の力を生かし、自分の収穫が実感できた（事例7-120）。これらの収穫は授業後の振り返りにおいて、「本当に知識の収穫があった」と考えている（事例7-121）。

《日本語の構造により深い理解ができた》
　このグループは2個の小グループ＜前は単語、文法をばらばらに勉強してきたが、今はそれらの内容を日本語の構造の中で考えて、理解するようになった

187

＞と＜普段あまり触れない内容の議論によって、理解が深まった＞からなる。

> 事例7-122：平常学的精读、语法那些东西更像一个砖，或者说是像水泥那种东西，咱们语言学更像那种钢筋。我给你搭起了一个框架，你知道框架里面到底是个啥内容。（学习者琪）
> 【訳】普段の精読、文法はレンガやセメントだと例えると、言語学の授業は鉄筋のように思う。鉄筋を使って、枠組みを作ってくれた。そして、私たちはその枠組みの中に何があるかは分かるようになった。
> 事例7-123：有一些我们之前只是知道他只是一个语法，就比如说我从这个人得到的东西，或者那个人从我这得到什么东西，但是学了这个东西之后，就感觉他是有一个日本人一个思想，感觉能了解到一点日语的深层次的东西。（学习者婷）
> 【訳】例えば「その人からものをもらう」とか、「その人にものをあげる」とかの表現について、前はただの文法だと思っていた。しかし、言語学の授業を通して、その裏に日本人の意識が潜んでいると分かって、日本語の深いところまで理解できたと思う。

　研究1の意識調査において、学習者は初めて「概論」の科目を接触したため、本授業の知識内容はどのようなものかは分からないという。実際の受講を経験した後、受講生は本科目の内容を精読授業の既習知識と関連づけて考え、文法と単語を「レンガ」と「セメント」に、言語学の構造を「鉄筋」に喩え、お互いの関係を自分の視点から感想を述べた（事例7-122）。一人の受講生はもののやり取りを表現する授受動詞の勉強を通じて、言語の後ろに潜んでいる日本人の思想意識に気づき、「日本語の深い所まで理解できた」（事例7-123）という。

　〔他の日本語学習に連動作用を与えている〕
　このグループは2個の中グループ〔他の科目と連動作用を与えている〕と《学んだ知識は試験の準備に役立っている》から構成される。

　〔他の科目と連動作用を与えている〕
　このグループは1個の小グループ＜精読授業で触れていない内容も学んだ＞と1個の中グループ《他の科目の学習に役立っている》からなる。

> 事例7-124：被动、使役被动，还有使役这几个。再后来的，不管是精读、阅读、泛读方面都用到的比较多的。（学习者妍）
> 【訳】受身、使役受身、使役、これらの知識は後の精読、範読などの授業にも多く使われている。

第 7 章　受講生は新しい「日本語言語学概論」の授業をどう評価しているか【研究 3】

> 事例 7-125：还有一些知识点，那些感觉之前就没有接触过，可能你如果不去系统的去学这个科目的话，我感觉可能不会关注，也没有去了解过。（学習者丽）
> 【訳】これまで触れていない知識があるから、言語学で系統的に勉強しないと、関心もないし、知ろうともしないでしょう。
> 事例 7-126：<u>就觉得精读变简单了点，</u>而且跟那个精读结合起来会更好。（学習者飞）
> 【訳】<u>精読授業を勉強する時、簡単になったと思うから、この授業はこれから精読授業と共同開設してほしい。</u>

　前述のように、「日本語言語学概論」は内容科目であり、音声、語彙、文法という分断的内容を統合している性格を持っている。そのため、1、2年生で勉強した知識内容が本授業の中に再学習する場でもある。しかも、事例 7-34 で示したように、精読授業で一度学んだ内容を本授業の協同学習によって、〔理解が深化した〕と実感し、「精読、範読などの授業に多く使われている」のである（事例 7-124）。精読授業の勉強も「簡単になった」という（事例 7-126）。さらに、こういう連動作用を認識した後、「言語学で系統的に勉強しないと、関心もないし、知ろうともしないでしょう」と思っており（事例 7-125）、今後「精読授業と共同開設してほしい」と内心で希望している（事例 7-126）。

　　《学んだ知識は試験の準備に役立っている》

> 事例 7-127：感觉学完这个语言课之后，你再去刷这个题，就会发现好多之前遇到那种障碍，就是可生硬那种障碍，<u>你再做的话就回头再做的话就会发现这就很容易了。</u>（学習者璠）
> 【訳】前に、日本語能力試験の問題をやる時、理解できないところがあって、困っていた。しかし、言語学の授業を勉強した後、<u>そういう問題をもう一度練習する時、易しくなったと思う。</u>
> 事例 7-128：<u>说考研题的时候就就是见的比较多。</u>我记得我有做过哪哪一年的真题的时候，就看到有咱们讨论过的题。（学習者少文）
> 【訳】<u>大学院進学試験の過去の問題集に（言語学の内容）が多く出た。</u>過去の試験問題に議論した問題があることを覚えている。

　本授業の受講生は大学 3 年に立っており、国際日本語能力試験と大学院入学試験に選択した人が多かった。そして、事例 7-111 で見たように、「日本語言語学概論」という授業で仲間と選択問題の選択肢をすべて議論しあったうえで、自分の考えを修正したり、反省したりすることも促した。それによって、「言語学の授業を勉強した後、そういう問題をもう一度練習する時、易しくなった」という（事例 7-127）。また、中国大学の日本語専攻大学院生へ進学するには、

189

「日本語語学」は必須科目として受験することになっている。そのため、本科目で勉強した知識は過去の問題集に再会した受講生もいて、「言語学の授業を勉強した後、そういう問題をもう一度練習する時、易しくなった」という（事例7-128）。つまり、〔他の科目と連動作用を与えている〕ほか、《学んだ知識は試験の準備に役立っている》のである。

〔仲間と授業外の付き合いも多くあって、人間関係を促進した〕
このグループは1個の中グループ《仲間と授業外の付き合いも多くなって、人間関係に役立った》と1個小グループ＜仲間の良い所に気づき、相手と友達を作りたい＞からなる。

《仲間と授業外の付き合いも多くなって、人間関係に役立った》
このグループは3個の小グループ＜以前より、仲間と授業外の付き合いも多くなった＞、＜仲間とのコミュニケーションが深まった＞、＜言語学の授業を通じて、仲間と親しくなった＞からなる。

> 事例7-129：你看我平常我之前虽然我们宿舍有几个我们宿舍都是在一层楼的，但是很少交流,但是之后见面都会打招呼，时不时的串个门上面讨论一下问题。（学习者文成）
> 【訳】私たちの寮は同じフロアにあるが、交流することが少なかった。でも、言語学の授業を通して、普段あったらちゃんと挨拶できるし、時には彼らのところに行って、問題の議論をしている。
> 事例7-130：然后大家就一块儿完成这个任务的时候，就会增加一种亲密的感觉，就感觉好像也交到了朋友。（学习者玲）
> 【訳】みんなで課題を解決する時、友達ができたような親近感を感じている。
> 事例7-131：和同学之间的交流也是也是特别开心,人际关系会有一定的帮助。（学习者鹏）
> 【訳】仲間同士での交流は楽しかったし、人間関係にも役立っていると思う。

上では受講生の学習面の収穫について考察してきた。同時に、人間関係にも収穫があることは受講生の評価から分かった。受講生らの交友関係はこれまで寮生活を中心に発展してきた。寮友以外のクラスメートとの交際は事例7-49で言ったように、「娯楽、ゲーム」の面に限られていた。更に、「同じフロアにあるが、交流することが少なかった」。しかし、「日本語言語学概論」授業の協同学習を通して、③の段階で【信頼感】と【責任感】を培っているため、お互いの交際の面も授業中から授業外にまで拡張した。例えば、「普段あったらちゃ

第7章　受講生は新しい「日本語言語学概論」の授業をどう評価しているか【研究3】

んと挨拶できるし、時には彼らのところに行って、問題の議論をしている」と受講生は言っている（事例7-129）。更に、協同学習を通じて、課題解決の達成感を感じたため、「友達ができたような親近感を感じている」（事例7-130）。その結果、「人間関係に役立っている」と考えている（事例7-131）。

＜仲間の良い所に気づき、相手と友達を作りたい＞

> 事例7-132：能进行沟通，然后就会从中发现这个人可能他的性格我比较喜欢，然后我想跟他成为朋友，然后下课之后就会不像之前一样就自己宿舍跟自己宿舍玩儿。（学習者文成）
> 【訳】相手とうまくコミュニケーションが取れて、その中からこの人の性格が気に入って、友達を作りたいと思った。そうすれば、授業外の付き合いも今まで通り、寮の仲間だけではない。

③で示したように、受講生は協同学習における他人との対話を通じて、［仲間への認識が更新されて、理解が深まった］ことが分かった。その認識は学習の面以外、性格などの人間性も含まれる。したがって、相手の「性格が気に入って、友達を作りたい」という（事例7-132）。つまり、本授業の受講をきっかけとして、意気投合に至り、交友関係を促進したということである。

本節の分析をまとめてみれば、受講生は初めて経験した「日本語言語学概論」という授業において、②学習内容との対話、③仲間と教師との対話、④自己との対話といった3つの対話を通じて、学習共同体が構築されていることが見られる。その上で、学習の面に収穫があり、日本語の構造まで深い理解ができ、他の日本語学習にも連動作用を与えている。同時に、交友関係の面も広まり、交流時間も授業後に継続され、人間関係を促進するような収穫もある。

⑥【実践終了後もよい影響や活用を与える授業】

このカテゴリーは1個の大グループ［これまで自分の学習観を捉え直した］と4個の中グループ〔授業を通じて、自分の日本語学習に達成感が生まれている〕、《言語学を通じて、日本語学習のモチベーションが向上した》、〔言語学で学んだものと関連付けて、今の学習を考えるようになった〕、〔協同学習の方法と学んだ知識を現在の生活に活かしている〕、と1個の単独カード"日本の生活へ憧れるようになった"から構成される。

〔授業を通じて、自分の日本語学習に達成感が生まれている〕
　このグループは1個の小グループ＜自分の日本語レベルは大学日本語専攻生のレベルと思っている＞と1個の中グループ《授業を通じて、自信をつけて、達成感を感じた》からなる。

　＜自分の日本語は大学の日本語専攻生のレベルと思っている＞

> 事例7-133：学这个上了这个课之后就分得更清楚一点儿，最起码作为一个日语专业学生来说，不只是把语法用汉语翻译出来就知道它是什么，要不就真的像是小学生在那儿学汉语的感觉。（学习者颖）
> 【訳】この授業を通して、少なくとも日本語専攻生として、（文法の）区別が前よりはっきりと分かった。前は小学生時代の中国語の勉強のように、ただ文法を中国語に翻訳するだけだった。

　上の分析で、従来の日本語学習はドリルの練習が多く要求されたことが分かった。語形の活用変形、語彙の置き換え、日本語から中国語の翻訳問題がどの科目の練習問題によく見られる。これらの練習問題を熟練しても、受講生の視点からみれば、「小学生時代の中国語の勉強」と同じレベルだと言っている。言い換えれば、大学生の知的レベルに相応できない授業形式や授業内容に満足できないのである。それに対して、「日本語言語学概論」という授業を通じて、自らの理解が実現されたことによって、「大学の日本語専攻生のレベル」だと認識できた。

　《授業を通じて、自分に対して自信をつけて、達成感を感じた》

> 事例7-134：我不能说百分之百，我百分之八九十都是在主动学习，我感觉有在认真对待这个课。（学习者楠）
> 【訳】100パーセントではないが、80・90パーセントは自主的に力を入れて、真面目に勉強していると思う。
> 事例7-135：我自己能发现问题的话，我觉得自己还是很厉害的，起码自己会去找到问题。（学习者兰）
> 【訳】自分で問題が発見できるのなら、自分のことがすごいと思う。問題提起ができるから。
> 事例7-136：当学生自己在小组经过讨论、经过研究之后，获得了答案，获取了研究出一些东西之后，我觉得这样如果最终你获得东西正确的话，这样也可以提高学生的一个自信心和成就感，这个也是一个好事儿。（学习者芸）
> 【訳】学生自分がグループ議論を通して、自分たちの力で研究して、答えが出る。さらに、その答えが正確な場合、学生の自信や達成感が生まれて、いいことだと思う。

第 7 章　受講生は新しい「日本語言語学概論」の授業をどう評価しているか【研究 3】

　事例 7-134 の受講生は当時自分の受講姿勢を振り返った時、受身的な授業姿勢と異なっており、「自主的に力をい入れている」と評価し、肯定的に受け止めたことが明らかになった。具体的な例は「自己の問題提起ができる」ことが取り上げられた（事例 7-135）。このようにして、自身で問題提起をした上で、グループの力で議論することを通じて、答えを出すという一連のプロセスの中に、受講生は「自信や達成感が生まれて」いるという（事例 7-136）。

《言語学を通して、日本語学習のモチベーションが向上した》
　このグループは 2 個の小グループ＜自分の日本語学習により多くの目標を立てた＞と＜言語学を通じて、日本語学習に興味を持つようになった＞からなる。

事例 7-137：就是心里偷偷地想我上去还挺好，我要是能站上去（代表小组发言）就也挺好的。（学习者振）
【訳】その時、心の中でこっそりと「私が代表として、グループの意見を発表できたらいいな」と思った。
事例 7-138：然后就学完这个，我当时就是想着要考研，觉得语言学有点儿积极影响。（学习者蒙）
【訳】言語学を受講した後、大学院に進学したいと思った。それは言語学の良い影響だと思っている。

　研究 1 の学習者側に対する意識調査の結果から見れば、現行の「日本語言語学概論」という授業で多くの人が学習に学習者と教師のサポートが得られなく、一人で落ち零れており、学習意欲が低下していることが分かった。しかしながら、「学習共同体」の教室実践において、受講生は 3 つの対話を通じて、⑤の段階で「日本語学習の面に収穫」があり、〔日本語学習に達成感が生まれている〕。その収穫と達成感の影響で、受講生は＜自分の日本語学習により多くの目標を立てた＞。例えば、元々性格が沈黙な受講生でも「代表として、グループの意見」を発表したいと思っている（事例 7-137）。或いは、言語学の受講をきっかけに、＜日本語学習に興味を持つようになっ＞て、「日本語専攻の大学院に進学したい」という受講生もいる（事例 7-138）。つまり、以上の事例を見ると、受講生は「日本語言語学概論」という授業を通じて、《日本語学習のモチベーションが向上したという二とである。

〔言語学で学んだものと関連付けて、今の学習を考えるようになった〕
　このグループは2個の小グループ＜今でも当時の教科書やノートを読んでいる＞、＜他の学習をする時、言語学の知識を思い出した＞と1個の中グループ《今の生活で当時の知識を意識的に回想している》と1個の単独カード"会社に入った当初は新しいグループに入った時のことを思い出した"から構成される。

　《今の生活で当時の知識を意識的に回想している》

> 事例7-139：现在工作中不是有会跟外教他们也会沟通嘛，就会用到一些什么敬语，那就会下意识的去想一些咱们课上讲过的敬语的点。(学习者蕾)
> 【訳】今の仕事で日本人教師とやり取りをする時、言語学で学んだ敬語とかの知識を意識しながら、交流している。
> 事例7-140：以前学习题也做了，也没什么意思，但是现在就是我去追剧的时候，你知道我还要看一下被动。(学习者琪)
> 【訳】前は練習問題を完成しても、面白くないと思ったが、今は日本のドラマを見る時も受身表現を確認している。

　事例7-139の学習者蕾は現在、日本語のオンライン教育を実施している会社で仕事をしている。普段、日本人教師とのやり取りが多いという。メールや日常会話のやり取りの中で、本授業で「学んだ敬語とかの知識を意識しながら、交流している」。同時に、事例7-140の受講生は今の日本ドラマを鑑賞する時も、当時受身の部分の共有課題を回想して、受身表現を確認しているという。以上2つの事例により、当時の学習内容と受講生現在の学習、生活との接点が見つかり、持続的な影響が見えてさたと言える。

　＜今でも当時の教科書やノートを読んでいる＞

> 事例7-141：其实我现在毕业之后我比较常翻的就是那一本书，其他很少翻过，那本书是翻的比较多的。(学习者明)
> 【訳】実は卒業後も言語学の教科書をよく読んでいる。他の教科書を見るのは少なかったが、その本(言語学の教科書)がよく読んでいるのだ。

　3年次で受講された「日本語言語学概論」という授業の教科書を卒業後も読んでいると事例7-141は言っている。協同学習によって、多元的な収穫を実感し、自律学習を促進していると考えられる。

第7章　受講生は新しい「日本語言語学概論」の授業をどう評価しているか【研究3】

＜他の学習をする時、言語学の知識を思い出した＞

事例7-142：今年寒假在家的时候，因为我自己无聊，然后就想学一下韩语。然后就听了听了几节课那个，他就讲那个他又提到了黏着语。然后我就觉得然后就觉得他和这个语言学上就是当初语言学上也讲过这个词。(学习者青文)
【訳】今年の冬休みは家にいて、ちょっとつまらないから、韓国語を勉強しようと思った。ネットで授業を受けたら、「膠着語」と先生が言っていた。それで、言語学の授業を思い出して、当時「膠着語」の知識も勉強したから。
事例7-143：像其实我实习了之后，我觉得自己的学习动力不足，我又报了一个考级的班，像平常上考级的课的就是听听培训班老师讲，就有时候也是能跟语言学的知识联系在一起。(学习者雪)
【訳】実はインターンシップに参加した後、自分の力不足を感じた。それで、1つの日本語能力試験指導の塾に入った。普段先生が教えてくおた知識を言語学の内容とつなげて勉強している。

　卒業後の受講生は自分の仕事、興味に合わせて、多様な学習を継続している。その中、夏休みを利用して、韓国語の勉強を始めた受講生は本授業で学んだ「膠着語」の概念を思い出して、韓国語の構造の理解に役立っているという（事例7-142）学生がいれば、塾の学習も「言語学の内容とつなげて勉強している」受講生もいる（事例7-143）。

"会社に入った当初は新しいグループに入った時のことを思い出した"

事例7-144：就像现在可能因为你有时候会比如说入职到新的公司，这边你也可能会需要重新适应一个新的环境，跟当时上课挺像的，大家重新认识、交流这种。(学习者楠楠)
【訳】今も新しい会社に入ったばかりの時は当時新しいグループ入った時の気持ちは一緒かもしれない。新しい環境に慣れるまで違った仲間と知り合って、交流することが必要だから。

　受講生は⑤の段階において、学習と人間関係の両方に収穫があるため、本授業の影響が学習の面に限らず、他面も継続されることが事例7-144から分かった。「日本語言語学概論」は①【新鮮の進め方】によって、受講生が毎回の授業で違った仲間と共に勉強している。その中に、自分と親しくない仲間もいることと同様に、新しい職場に入った時知らない同僚と仕事することはお互いの切磋琢磨が必要となり、受講生は同じような心境だったという。

〔協同学習の方法と学んだ知識を現在の生活に活かしている〕
このグループは2個の中グループ《当時協同学習の方法を今の生活に活用している》と《学んだ知識を今の仕事に活用にしている》から構成される。

《当時協同学習の方法を今の生活に活用している》

> 事例7-145：像我们当时不是还讲授受动词、敬语那些体系里面，我今天也讲到了，我也让学生上面去演讲，讨论自己画的表，我感觉也挺好的。(学习者玲)
> 【訳】当時は授受動詞と敬語などを勉強したじゃない。ちょうど今日私もその部分を教えた。そして、学生に教壇の上で発表させて、自分のかいた関係図などを議論させた。よかったと思う。
> 事例7-146：以前就是追剧，看个意思乐呵呵。但是现在其实带着目的去追剧的。(学习者文成)
> 【訳】前はに日本のドラマを見るのは娯楽のためだったが、今は学習の目的を持っている。

大学卒業後、高等学校の日本語教師の資格を取り、日本語教師として働いている受講生がいる。当時自分が受けた「日本語言語学概論」の進め方であるグループ議論、教室発表、関係図の作成などを現在自分の教室に活用していると言った（事例7-145）。また、本授業の共有課題を通じて、日本のドラマを鑑賞する目的は以前の娯楽から現在の日本語学習へ変化した様子を見せた受講生もいる（事例7-146）。

《学んだ知識を今の仕事に活用にしている》

> 事例7-147：我就觉得我上过那几堂课之后，整个我对授受的板块这方面，以及现在我教书的时候，我也觉得授受这块我比较得心应手一点，我比较熟一点。(学习者慧)
> 【訳】私はその部分の授業を通して、授受動詞全体に詳しくなったと思う。今自分の仕事でも授受動詞の方がうまく説明できるような自信を持っている。
> 事例7-148：我前两天跟同事在讨论的，是讨论那个敬语体系，它中间有一层，中间问礼貌语和谦让语的区别，那我当时就给他们说那个受众对象不一样。我记得语言学上有讲过这一块。(学习者熙)
> 【訳】この前、同僚たちと敬語の体系について議論をした。中の一人が丁重語と謙譲語の区別について聞いたら、私はすぐ両者の尊敬する対象が違っていることを教えた。言語学の授業でこの部分を勉強して、記憶があるから。

事例7-147と事例7-148の受講生二人は前述のように、卒業後中国の高校で日本語教育に携わっている。日本語教師としての仕事において、当時学んだ授

第7章　受講生は新しい「日本語言語学概論」の授業をどう評価しているか【研究3】

受動詞の部分に自信を持って教えているという。つまり、本授業で把握した知識を＜今の教師仕事に活用している＞ということである（事例7-147）。また、同僚との仕事で、「丁重語と謙譲語の区別」について把握できたため、＜当時学んだ知識を今の仕事場で共有している＞受講生もいる（事例7-148）。

〔これまで自分の学習観❶を捉え直した〕
　このグループは2個の中グループ《一人学習の限界を感じて、人とのコミュニケーションの大切さがわかった》、〔言語学の授業は役に立っている授業と認識している〕と1個の小グループ＜言語表現はただ一つの正解ではないことを再認識した＞から構成される。

《一人学習の限界を感じて、人とのコミュニケーションの大切さが分かった》

> 事例7-149：我感覚大家还是要互相学习的，大家还是要交流一下。如果只是自己一个人闷头苦干的话，学习效果就应该不会那么高。（学習者平）
> 【訳】私はやはりみんなで交流して、学び合うべきだと思っている。一人でひそかに勉強するのなら、学習の効果がそんなに良くないと思うから。
> 事例7-150：我觉得自己外放了一点儿，乐于去和其他同学交流，请教问题。（学習者榛）
> 【訳】自分の性格が明るくなっていって、他人と交流したり、学習の問題を相談したりすることが好きになった。

　「日本語言語学概論」という新しい授業の進め方は従来の教師主導型の対極面に位置づけられる協同学習であり、教師と学習者の学び合いが中心となっている。合計7回の協同学習を経験した後、学習者は＜一人学習の効率が高くないと分かっ＞て、「交流して、学び合うべきだと思っている」（事例7-149）。また、事例7-150の学習者榛は留年したことのために、これまで学習の面にも、人間関係の面にも他人と交流することを拒否していたが、本授業の協同学習によって、＜仲間と交流することを楽しみにしてきた＞し、交流の面も「学習問題の相談」に拡張されたという。この事例は単独カードとして保留した。
　＜言語表現はただ一つの正解ではないことを再認識した＞

---
❶　学習者のビリーフス或いは言語学習についての確信なども呼ばれている。坂井（1999：164）は言語学習ビリーフスは学習者が言語学習に対して意識的・無意識的に抱いている態度や意識であると述べている。

> 事例7-151：你不同的场合不同的人，你可能去需要用到你不同的说法。就感觉这对我的印象很深刻，就是打破了那种之前说只有一种说法那种固有的这个印象。（学习者雯）
> 【訳】違った場面で違う人に対して、表現の仕方も違ってくると分かった。これは非常に印象深くて、今まで「正解はただ一つ」という固有印象を変えた。

葛（2014：63）は中国の四つの大学で日本語教師へ言語教育観に関する調査によれば、中国の大学日本語専攻教育現場において、「正しい日本語」感が存在されていることが分かった。つまり、教師は「正しい日本語」で授業を行い、学習者に「正しい日本語」を伝授すべきだと認識している。その教育観の影響のもとで、教師は「学習者が模範解答を求め、反復練習、暗記暗唱も多用する」と述べた。しかも、事例7-111からも、学習者はその影響のため、普段の練習では正解のただ一つの選択肢を追求する傾向も見られる。しかしながら、言語学習は数学公式のように、ただ一つの正解を追求するには習得できるとは限らない。協同学習を通じて、《文法の具体的な使用場面を把握した》ことや《日本語の構造により深い理解ができた》ことの具体的な収穫を感じた受講生は＜言語表現はただ一つの正解ではないことを再認識した＞のである（事例7-151）。

〔言語学の授業は役に立っている授業と認識している〕

このグループは1個の中グループ《悪い先入観が変わって、本授業は役に立っている授業と認識している》と1個の小グループ＜役に立っているから、本授業を持続的に勉強したい＞からなる。

《悪い先入観が変わって、本授業は役に立っている授業と認識している》

> 事例7-152：当时其实一开始接触是有一定的抵触，但是后来慢慢的就会想这个课程的过程，因为你可以去发表自己的想法，然后去发现新的知识。（学习者璠）
> 【訳】実は最初からある程度の抵抗感があった。しかし、授業の過程でだんだん考えるようになって、自分の考えも発表できて、新しい発見ができた。
> 事例7-153：我没有想到咱会以分组讨论这个形式来进行这门课，就是上了这门课之后，我就觉得语法真的是一种很有意思的东西，语言学真的是就是没有以前觉得那么枯燥了。（学习者萌）

第7章　受講生は新しい「日本語言語学概論」の授業をどう評価しているか【研究3】

续表

> 【訳】まさかグループ議論の形式で授業を進めることは思わなかった。この授業を聞いた後、文法って本当に面白いと思って、言語学はそんなにつまらないと思った。
> 事例154：我觉得这种课堂内容时间有点短。如果说能长期（上课）的话，我觉得应该挺好的。（学习者鹏）
> 【訳】授業の開講時間が短いと思った。長期的にやり続ければ、もっといい授業になると思う。

　研究1の学習者側に対する調査で分かったように、学習者は本科目を「理解が困難な授業」（第4因子）と捉えている。その原因は多方面に存在しており、学習者は抵抗感を抱えながら教室で一人学習に浸かっている場合が多かった。事例7-152、7-153から見れば、本授業の受講生も受講前「抵抗感」や「つまらない」気分があった。しかしながら、本授業を通じて、以前の固有印象が変わって、新たな「発見ができる」と「面白い」授業と捉え直した。更に、《持続的に勉強したい》と志望している（事例7-154）。

"日本の生活へ憧れるようになった"

> 事例7-155：这个课老师举了很多像日本那种生活里的小例子，觉得什么就是让我对去日本的生活就是有一点向往。（学习者慧）
> 【訳】この授業で教師は日本人の日常生活に近い例文をたくさん取り上げた。それで、私は日本の生活に少し憧れるようになった。

　事例7-155は単独カードである。②で分析したように、本授業は〔教科書に限らず、より全面的〕な知識内容を提供している。そのため、受講者は《文法の具体的な使用場面を把握した》のみならず、日本人の日常生活に興味を持つようになり、「日本の生活を憧れるようになった」のである。なお、インタビューの時点で、受講生慧はフィールド大学と日本側のインターンシップの連携プログラムに参加し、日本で仕事をしている。
　以上の分析を通じて、受講生は「日本語言語学概論」という新しい授業で、多層的な面に収穫があったことに止まらず、その収穫は更に種となり、受講生の内心に蒔かれて、持続的な影響を与えている。具体的な影響は日本語学習における達成感の育成、他科目との連動作用を認識した上でのモチベーションの向上、現在の学習と生活への活用、従来の学習観の修正、日本生活の憧憬などの面に見られる。

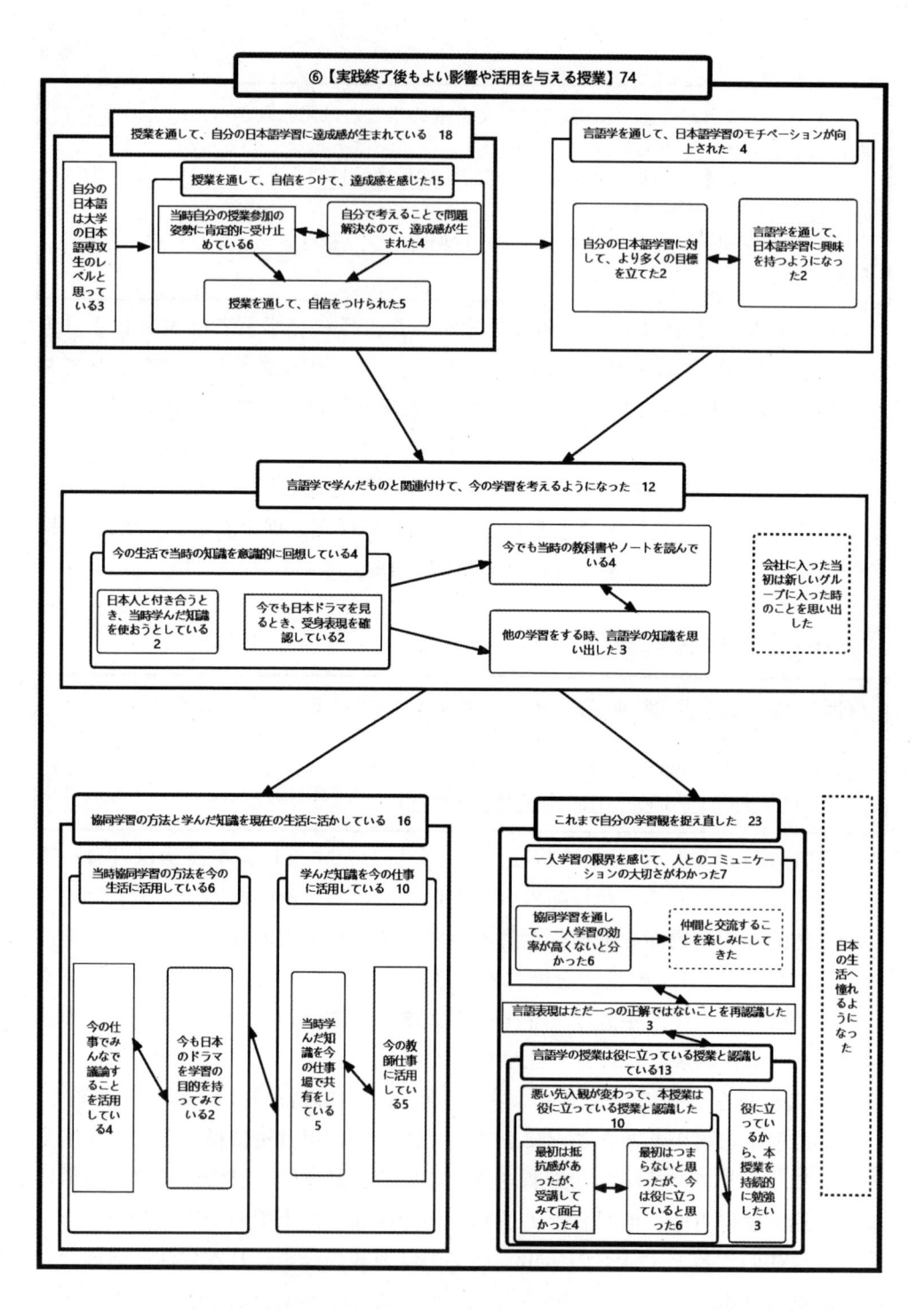

図7-7 ⑥【実践終了後もよい影響や活用を与える授業】

第 7 章　受講生は新しい「日本語言語学概論」の授業をどう評価しているか【研究 3】

⑦【本授業の課題】
　このカテゴリーは 2 個の小グループ＜議論の時間が足りない時もあった＞、＜本科目の開設時間に満足できない＞と 2 個の中グループ《最初議論に慣れなくて、どのように進めるかは分からない》、〔くじ引きが引き起こした悪い影響〕と 2 個の単独カード"親しい人だけとグループを組みたいから、くじ交換の人がいた""協同学習を離れると、授業の効果が長く続かない"から構成される。

[図：⑦【本授業の課題】17
・最初議論に慣れなくて、どう進めるかは分からない 4
　・最初は議論することに慣れなかった 2
　・グループの中に、親しくない人がいるから、最初はどのように進めるかは分からなかった 2
・議論の時間が足りない時もあった 2
・くじ引きが引き起こした悪い影響 6
　・成績がよくない人にとって、自信を無くす可能性もある 5
　　・成績が良くない人にとって、自信を無くす可能性も考えられる 3
　　・くじ引きは成績が悪い人にとって、悪い影響を与えるかもしれない 2
　・全ての人とグループを組むことができないから、残念だと思った
・親しい人だけとグループを組みたいから、くじ交換の人がいた
・協同学習を離れると、授業の効果が長く続かない
・本科目の開設時間に満足できない 3]

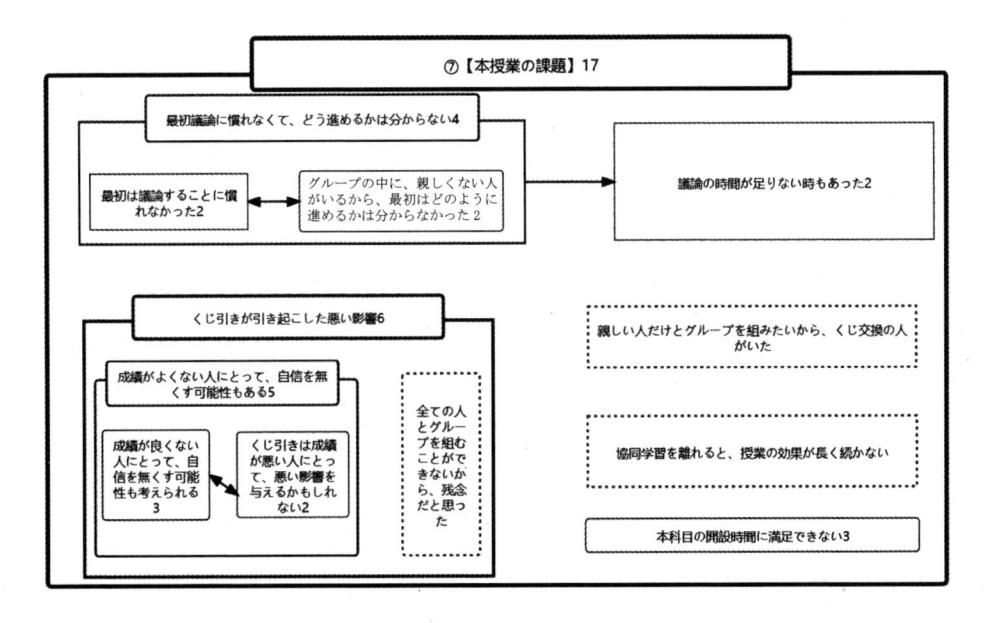

図 7-8　⑦【本授業の課題】

《最初議論に慣れなくて、どのように進めるかは分からない》

事例 7-156：最开始我有点不太习惯，因为平时像其他科目讨论不都是那种。（学習者少文）
【訳】最初の時は慣れなかった。普段他の科目は議論で進めるわけではないから。
事例 7-157：因为我这边情况稍微特殊一点，我跟这个班的同学不是从大一一起上来的，我是中间有一个留级的过程。其实跟大家就不算很熟，所以刚开始有的地方不是放得很开。（学習者榛）
【訳】実は私の方がちょっと特別な事情があった。留年してきたから、クラスのみんなと最初から一緒ではなかった。だから、みんなと親しくなくて、最初は素直になれないところもあった。

以上2つの事例は本授業に「学習共同体」の実践を導入した最初に、順調に進められなかった要因を学習者の視点から述べた。1つは「他の科目は議論で進めるわけではない」ことである。つまり、受講生はこれまでの学習過程において、協同学習の経験がないため、進め方に慣れないということである（事例7-156）。他の1つはグループの仲間に「親しくない」人がいることである。同じクラスの構成員でありながら、全ての仲間と親しい関係にあるわけではないため、お互いの信頼関係が構築されないうち、自己開示もできないことが分かった（事例7-157）。

＜議論の時間が足りない時もあった＞

事例7-158：讨论讨论着就下课了，有时我觉得还是时间不太够。（学習者飞）
【訳】議論しているうちに、授業が終わってしまった。時には時間が足りないと思った。
事例7-159：后来我也想了，如果有更多时间去给我打磨、反思，我觉得应该能有更好的效果。（学習者明明）
【訳】後で振り返ってみれば、もしより多くの時間があって、よく考えたり、反省したりことができたら、授業の効果もよくないと思う。

　受講生の視点からみれば、本授業に＜議論の時間が足りない時もあった＞（事例7-158）。しかも、受講生は議論の時間不足に自覚を持って、「より多くの時間があっ」たら、「授業の効果」が良くなると考えている（事例7-159）。一方、なぜ＜足りない＞かについては上の《最初議論に慣れなくて、どう進めるかは分からない》ことと関連性があると考えられる。それから、穆・劉（2015：135）は中国の大学教師は協働学習に「活動デザインに関する不安」を抱えていることと述べた。その中、グループの人数、時間の配分などが挙げられる。言い換えれば、学習者の同じように、現場の教師にも協同学習をデザインする時、様々な不安を抱えながら、試行錯誤をしている。

〔くじ引きが引き起こした悪い影響〕
　このグループは1個の中グループ《成績が良くない人にとって、自信を無くす可能性もある》と1個の単独カード"すべての人とグループを組むことができないから、残念だと思った"から構成される。

第 7 章　受講生は新しい「日本語言語学概論」の授業をどう評価しているか【研究 3】

《成績が良くない人にとって、自信を無くす可能性もある》

> 事例 7-160：有时候可能对我这种学渣类的，就可能是在及格线上飘着，就感觉他们都会学习好好，他们在说什么我不知道的那种感觉。（学習者芸）
> 【訳】私みたいな「学渣①」の成績はいつも合格ラインにぎりぎりだから、仲間みんなは優秀であり、彼らの言ったことが分からない時もあった。
> 事例 7-161：其实我觉得可能小组配置配备一些学习好的，一些相对来说不好的，大家在一个小组如果说是有人带领，这样子会比较好一些。（学習者蕾）
> 【訳】グループのメンバー設置は成績が良い人が必要だと思う。なぜなら、成績が良くない人にとって、リードしてくれる人がいた方が安心できると思う。

　本授業で、教師はグループの学習者のバラエティーを確保するには、くじ引きの方法でメンバーが決まっている。しかも、①の分析から見れば、大部分の受講生はこのようなくじ引きの方法に対して、「新鮮な進め方」と捉え、③の段階では仲間への「親近感と信頼感」が生まれる要因の 1 つと考えていることが分かった。ただし、全ての受講生はこの方法を好意的に受け止めるわけでなく、自分の視点から、〔悪い影響〕や心配を述べた。具体的に事例 7-160 の受講生は自分の成績が良くないため、他人の「言ったことが分からない時もあった」という。つまり、活動最初の時、お互いの意思疎通が十分にできないと、成績が優秀な人を前にして、＜成績がよくない人＞は＜自信を無くす可能性も考えられる＞。同じく、事例 7-161 の受講生も成績が良くない人の立場に立って、自分なりの意見を話した。それはグループの中に、成績が良い人が「リード」役を果たせば、成績が悪い人は「安心できる」と考えている。逆に考えると、グループの成員配置はうまくいかない場合、＜悪い影響を与えるかもしれない＞。まとめてみれば、教師は協同学習をデザインする時、構成員の配置や成績下位の学習者に配慮と心配りが必要となっている。

"すべての人とグループを組むことができないから、残念だと思った"

> 事例 7-162：但是还是有的人最终都没有分到一起，有点儿遗憾。（学習者帥）
> 【訳】結局、同じグループに入れない人がいて、少し残念だと思う。

　「日本語言語学概論」という新しい授業は合計 7 回の実践を行っていた。毎回はくじ引きの方法でグループを形成しているが、人数や実践回数の限界があるため、最終的にはすべてのクラスメートとグループを組むことが不可能である。それに対して、事例 7-162 の受講生は「残念」に思った。本授業の協同学習を通

---

❶　成績が良くない人が自分のことを自嘲した言い方。

じて、普段と違った仲間との交流の機会が増えている。そして、やり取りの中に、相手の多層的発見ができたため、③で分析した通りに＜仲間それぞれの意見を聞きたい＞。結局、このような願望は本授業で満足できなかったのである。

"親しい人だけとグループを組みたいから、くじ交換の人がいた"

> 事例7-163：可能同学们就刚开始老师不注意的时候，<u>倾向于和自己熟悉的人在一个小组</u>，以至于抽签的时候他们就类似于考试，也不能说是考试作弊，<u>就有人偷偷看一下再抽</u>。（学习者萌）
> 【訳】最初先生の視線が届かないところにくじをこっそりと変えた人もいた。<u>親しい友達と一緒にいたいから</u>、試験のカンニングとは言えないが、<u>ちらっと（くじを）開けてみて、（友達が出るまで）選んでいた</u>。

　第6章で述べたように、教師は第1回の実践後、収集したタスクシートから、「こっそりとくじを変えた人がいた」ことが分かった。そして同僚仲間と相談した上で、解決策を決めたが、なぜこんな現象が起きたかについては教師にとって考えなければならないと思っている。本事例と事例7-90が示した通り、実践最初に協同学習に抵抗感を見せた受講生がいるが、授業展開に連れて、このような抵抗感から解放し、協同学習に受け入れるようになる変容の姿も見られる。

　〔くじ引きが引き起こした悪い影響〕のグループを全体的に考えれば、本授業におけるくじ引きの方法は、賛否両論の評価を得た。クラス全員とより多くの接触機会を保障したいという教師の初心から出発した工夫は受講生の大部分は好意的に受け止めている。一方、《成績が良くない人にとって、自信を無くす可能性もある》という心配を抱える受講生もいれば、"すべての人とグループを組むことができない"ことに遺憾を感じた受講生もいる。そして、最初の段階で協同学習に慣れないため、親しい友達への依頼感から脱出しにくい受講生もいることが分かった。しかしながら、これらは「学習共同体」の実践教室でぶつかる必然的な問題点であり、担当教師にとって再考しなければならない課題だと考えている。

"協同学習を離れると、授業の効果が長く続かない"

> 事例7-164：当时讨论的时候就挺豁然开朗的，下边自己一个人去独立解决问题的时候，有时候觉得又理不清了。（学习者蕾）
> 【訳】議論の時は（みなさんの意見を聞いて）よく分かったと思ったが、授業が終わった後、一人学習の時、一人で問題を解決する時はまた分かりにくいところがあった。

第 7 章　受講生は新しい「日本語言語学概論」の授業をどう評価しているか【研究 3】

　事例 7-164 の受講生は協同学習の時に、教師と仲間のサポートを踏まえ、学習内容に対する理解ができたが、一人学習の時は力に限界を感じて、「わかりにくいところ」が依然と存在した場合もあるという。この事例は単独カードにも関わらず、これから現場の教師にとって、如何に工夫すれば、学習の効果がより持続的に維持できるかも喫緊の課題だと考えている。

　　＜本科目の開設時間に満足できない＞

> 事例 7-165：我觉得从一开始就可能就得多注重一下这一块儿学习，这个课程应该可以开的早一点儿。（学習者鵬）
> 【訳】私は最初から言語学の内容を大事にして勉強したほうがいいと思う。もっと早い段階で開設すべきだと思った。
> 事例 7-166：其实我觉得大三上学期可能我自己觉得可能有点晚了，其实我觉得更早开会比较好一点。（学習者慧）
> 【訳】実は大学 3 年生の前期に開設するのはちょっと遅れていると思う。もっと早い段階で開設すれば効果がいいと思う。

　受講生は 1 学期の実践授業を通じて、「つまらない」、「役に立たない授業」という先入観が変わって、連動作用や多面的収穫が認識できた。そのため、事例 7-165、7-166 の受講生は本科目の重要性を論じながら、「早い段階で開設すべき」と考えている。しかしながら、中国大学の日本語専攻教育において、科目設置と開設時間、授業評価などの決定は『教育大網』に基づくものが一般的である。そのため、このような課題を解決するには、教師間の交流、連携、研修の場の構築が必要だと考えている。

　以上の課題は受講生の多様な視点から本授業の実践で直面した問題点である。しかも、受講生はこのような自覚を持って、自分なりの心配、考慮と意見などを話している。それ自体も意味があって、これから「学習共同体」の理論に基づく授業をデザインする時、どうやっていいかは教員にとって予め考える土台にできるし、教育現場に対する示唆もできると考えられる。

7.5.2　研究 3 の考察

　研究 3 の結果から見ると、受講生は「学習共同体」理論に基づいた「日本語言語学概論」という授業を肯定的な評価を与えている。なぜこのような肯定的な評価が得られたかについて、以下では研究 1 の結果と対照しながら、「学習共同体」の理論に基づき、考察する。

(1) 教師と仲間のサポートが必要な授業⇔学習共同体が構築された授業

　研究1は受講生の視点から現行の「日本語言語学概論」という授業の捉え方を明らかにするため、量的研究を行った結果、4つの因子が得られた。「教師と仲間によるサポート」は第1因子として命名した。換言すれば、受講生の視点からみると、本科目を勉強する時、教師と仲間のサポートが必要となっている。しかしながら、『高学年大綱』の規定でも、現行の教育現場においても、「教師の講義を中心に」展開されていることが確認されている。このような現実の中で、受講生は教師と他のクラスメートに要望、依頼があっても、満足できかねると考えられる。

　それに対して、「日本語言語学概論」という新しい授業は「学習共同体」の理論を取り入れ、「教師と仲間と共に勉強している」ことを目標の1つとしてデザインした。授業の中心は「教師の講義」から「教師と仲間との協同学習」に転換されている。実践の最初は受講生や教師双方が協同学習の経験が乏しいことと学習者の性格、成績、人間関係のバラエティーに富んだことの影響で、意思疎通ができにくい場合があり、教室運営上の直面する問題もあったわけである。しかしながら、実践展開に連れて、学習者の参加様子も変容されていることが見られる。お互いのやり取りを通じて、学習者はこれまでの一人学習から解放し、自分の困惑、感想、疑問、要望などを教師と仲間へ言えるようになった。個性が違う構成員はコミュニケーションを通じて、知識面の交流が双方的に進行されている。その上、教師のことを「教壇の上の知識権威者」でなく、「グループの一員のような友達」として認識し、「平等な立場に立っている」ように思っている。総じて考えれば、お互いの助け合いによって、構成員の学習共同体が構築され、互恵的な学習が実現できたのである。

(2) 興味や関心が不可欠な授業⇔新鮮な進め方と全面的な内容を提供している授業

　研究1で得られた受講生側の捉え方の第2因子は「授業に対する興味・関心」である。分析で言った通りに、興味・関心と学習動機の間に関係があることは容易に考えられる。インタビューを受けた学習者の話によると、本授業の興味や関心は大きく授業形式と授業内容の2つの面にあることが分かった。具体的に言うと、教師の一方的な講義による教室において、学習者の学習姿勢は受身的になってしまう。その上、本科目の知識内容は多岐にわたって、多分野を統

合されたものであるため、学習者の興味や関心も内容によって、自ら取捨選択をする傾向が見られる。例えば、音声学の内容に興味を持つ学習者は音声学の部分に自主的に力を入れる。逆に、文法の内容に関心を持たない人は文法の部分に入ると、興味や関心も低迷している。そのため、学習者の興味や関心を引き起こすには、授業の進め方と内容上の工夫が不可欠である。

　今回の「日本語言語学概論」という授業は先ず「新鮮な進め方」で進行している。くじ引きのグループわけ、グループ議論や教室発表は受講生にとって新鮮感を感じられて、従来の「聞くだけの授業」と大きく違っており、「主導権は自分のところにある」と思い、授業参加の意欲を向上させて、「午後の授業でも眠気がない」と評価をしている。また、本授業では「教科書に限らず、より全面的な内容」を提供している。理論的な概念説明の代わりに、「日常生活に近い内容」も多く触れている。王（2019：187）は「学習者が授業内容と自己関与が感じられることは教室での動機づけが生まれる前提になる」と述べている。つまり、本授業で提供された内容はただ教科書の固い専門用語と概念ではなく、学習者の身辺に近い内容を通じて、「文法の具体的な使用場面」が把握でき、「他授業と比べて、自分で多く考えた」結果と関係している。更に、「学習共同体」理論に基づき、これらの内容を基礎レベルの共有課題と上級レベルのジャンプ課題によって、事前準備の糸口となっている。学習者はそれを自分の生活および学習との意味付けができて、興味や関心を持って探求している。

　（3）教師の努力と熱意が認められない授業⇔お互いの理解促進による信頼感が生まれる授業

　第3因子は「教師の努力と熱意」である。従来の「日本語言語学概論」という授業は音声から文法までの広範囲を扱っているため、教師にとっても負担が大きい。1学期の時間ですべての知識内容を学生に伝授するには、暗記暗唱を要求することも多くある。逆に、受講生の視点からみれば、「教師は教科書通りに読み上げるだけ」、「PPTの内容は教科書と一緒」、「質問がある時、教師に聞いてもうまく説明できない場合もある」などの理由で、「教師の努力と熱意が認められない授業」だと考えている。

　上原（2008：85）の調査結果によれば、中国の大学生は「良い先生」の教師像の中に、専門分野の知識、最新情報に精通すると共に、仕事に情熱的で責任感がある人望・風格に富むことが期待されると分かった。それは教師にとって極めて厳しい要求だと考えられるが、現実の中で、本授業における教師はす

べての領域の知識を熟練した「完璧な上達者」であるわけがない。しかしながら、「日本言語学概論」という新しい授業は前述の③の他者との対話を通じて、教師との交流が実現した。以前は「教師のことが怖かった」が、今は「遠慮なく質問を聞くようになった」。しかも、グループの一員としての教師は「聞く耳を持っている」と感じている。お互いの理解促進によって、「教師の仕事を理解するようになった」し、「他の授業より、教師の情熱を感じた」や「教師の違った一面を知った」と言っている。特に、教師のフィードバックにミスがあることに対して、「ごく普通のこと」と捉えて、教師のことを受け入れるようになったと見られる。言い換えれば、上原（同上）の述べた理想的な教師像に満足できないが、受講生は教師のことを「完璧な上達者」と捉えなく、ミスがあっても「普通な」人間として認めるようになって、お互いの信頼感が生まれていると言える。

　（4）理解が困難な授業⇔多層的収穫があって、持続的な影響を与える授業

　第4因子「理解困難な内容」について、受講生の感想は「概念ばかりで、〇〇学、〇〇学とか、今まで聞いたこともない」、「理論的なところが多いから、理解に苦しむ時がある」、「先生が各章の説明が終わった後、（中略）構造が分かるようにしてほしい」、「日本語で説明するから、全然分からない」などが取り上げられている。学習者の声から見れば、初めて経験した「日本言語学概論」は極めて難解な授業と捉え、そして、教師への注文や希望も伝わってきた。

　7.5.1の分析で分かったように、「日本言語学概論」という新しい授業において、受講生は学習内容との対話による理解の深化、教師と仲間との対話による互恵的な学びの実現、自己との対話による自己思考と自己内省を繰り返している。3つの対話を通じて、教室の学習共同体が構築され、学習と人間関係の面に収穫を得た。具体的に、「日本語の構造により深くまで理解できた」、「以前分からない知識点を把握できるようになった」、「中国語で議論するから、自分の考えをうまく表現できた」、「人間関係を促進した」などが説明できる。さらに、これらの収穫は他の科目に連動作用が与え、受講生の日本語学習のモチベーションを向上させた。同時に、協同学習の方法と学んだ知識を現在の生活まで持続的に活用していることが明らかになった。

　佐藤（2012：33）は学びが成立する要素を「眞正の学び（教科の本質に即

第 7 章　受講生は新しい「日本語言語学概論」の授業をどう評価しているか【研究 3】

した学び）」、「学び合う関係（聴き合う関係）」、「ジャンプのある学び（創造的・挑戦的学び）」の 3 つのように指摘している。研究 3 の受講生たちの評価から見れば、本授業における以上 3 つの要素をほぼ含まれているが、最初から順調に実現することではなく、試行錯誤を経験した後、肯定的な評価を得ている。例えば、教師は授業で如何に工夫すれば「学び合う関係」を構築できるか、本科目に対する具体的な授業研究がないため、授業進行中の教師も色々な問題と課題に遭遇した。そこで同僚仲間との協同が必要となり、また教室をよく観察し、省察しなければならない。逆に、本研究の授業の具現化することによって、今後の授業研究を行う人にとって、質的アプローチを提供することができると言える。

7.6　研究 3 のまとめ

　研究 3 は受講生の視点から「日本語言語学概論」という新しい授業を如何に評価するかを明確にすることが研究目的である。そのため、当時の受講生全員に声を掛け、最終的に 45 名の中の 39 名の受講生がインタビューの要請を受けた。彼らに本授業の評価について半構造化インタビューを行った。その上、収集されたデータをＫＪ法で分析した結果、521 枚のラベルを作り、合計 7 つのカテゴリーを 5 段階まで生成した。
　全体的な結果から見れば、受講生は「学習共同体」の理論を取り入れた「日本語言語学概論」という新しい授業に肯定的な評価を与えている。具体的に、【新鮮な進め方】を提供したため、教師は教壇から降りて、受講生と共に課題の議論をし、受講生の授業参加意欲が向上している。そのもとで、学習内容との対話によって【内容上の理解深化が可能】になり、他人との対話によって、【お互いの信頼感と責任感】が生まれている。同時に、自己との対話によって、【自己思考、自己内省】を多層的に進行している。このようにして、本授業の学習共同体は 3 つの対話によって構築されて、受講生は【知識と人間関係の収穫】を獲得した。更に、これらの収穫は持続的な影響を与え、受講生の【現在の学習や生活まで】活用されていることが分かった。
　他方、受講生は自分たちが本授業で直面した問題に自覚を持って、自分なりの感想や意見を述べた。例えば、実践最初から慣れるまで教師と学習者両方の

試行錯誤が必要であったり、本科目の連動作用を再認識したうえで、開設のあり方に再考や検討すべきであったり、くじ引きの方法にも悪い影響を生じる可能性があるため、教師はメンバー配置に工夫と考慮が必要などのことが取り上げられる。以上を【本授業の課題】として、教師や教室設計に再考の場を提供し、示唆もできると考える。具体的なまとめと示唆は次章で述べる。

第8章　結論

　本章では、先ず本研究の結果をまとめる。次に、その結果を踏まえ、中国の大学における内容科目の授業展開への示唆と提言及び本研究の意義を述べる。最後に、本研究の限界及び今後の課題を提示する。

8.1　本研究のまとめ

　本研究は中国の大学の日本語教育現場における「日本語言語学概論」という授業をフィールドにおいて、「学習共同体」の理論を授業実践に導入し、内容科目である本授業のより良いあり方を検証した。
　「学習共同体」は佐藤学（1998;2010など）が主張する「一人を残らず学びの主権者に」なるという教育ヴィジョンであり、「対象世界（学習内容）との対話、他者との対話、自己との対話」という3つの対話が重視され、学習者と教師が共に成長できる授業を追求している。この「学習共同体」を「日本語言語学概論」という授業に導入する際にして、具体的な示唆を得るため、以下の3つの研究を行った。
　【研究1】
　先ず、従来の「日本語言語学概論」という授業に対しては現場で「学生が学びにくい、教師が教えにくい」という不満の声が多く聞かれている。その背後にどのような問題があるのか、更に、そもそも、学習者と教師それぞれは本科目の授業をどのように捉えているのか。これらの疑問を踏まえ、本授業の現状を詳細に把握するため、研究1では、本授業の受講経験を持つ学習者と担当経験を持つ教師両方にアンケート調査を行い、それぞれ175人と121人から収集されたデータを因子分析（SPSS Ver.20）の方法によって分析した。結果として、

学習者の方は合計17の項目から「教師と仲間によるサポート」、「授業に対する興味・関心」、「教師の努力と熱意」、「理解困難な内容」という4個の因子を得て、教師の方は合計14の項目から「学生とのインターアクションを促す工夫」、「授業実施上の困難性」、「教師の満足感」、「本科目の重要性」という4個の因子を得た。そこから当事者双方が本授業に対する捉え方として一致しているところがあれば、齟齬もあることが分かった。各因子ごとの考察や因子間の相関結果から、学習者と教師両方は「日本語言語学概論」の授業内容に理解困難な部分があり、サポートが欲しいということで一致していることが分かった。また、この理解困難な授業を乗り越えるためには、授業に対する興味や関心を喚起することが極めて重要であることが共通的認識である。一方、教師は学生が参加できるような授業とするために、マルチ教室の活用や複数の教材の使用などを工夫しているが、そうした教師の工夫と情熱を学習者は認めていない。逆に、学習者の本授業に対する興味・関心と教師の本授業に対する満足感は相互影響関係の下にあることが分かった。したがって、このような状況を改善するには、お互いにサポートしあう場の提供が大事なことであり、その上で、学習者の興味関心を引き起こす課題作りも必要であることが分かった。

【研究2】

研究2では、日本語言語学概論が教授対象とする知識項目の中から、今回の実践授業では「敬語」、「授受動詞」、「受身表現」と「自他動詞」を取り上げた。3つの対話により、受講生がこの知識項目について、自分たちの既有知識を持ち寄り、互いの意見を出し合いながら分析し、最終的に自分たちの納得の得られる、腑に落ちる知識として新たに構築できるかを調べた。主なデータは受講生と教師による活動中の教室談話である。補助的に、担当教師と同僚教師によるこの実践授業の進め方を議論した教研会議の記録を使った。談話分析を援用して分析した結果は、肯定的なものであった。つまり、受講生は3つの対話に十全に参加し、新たな知識の構築に成功していた。これまでの受け身的な受講スタイル（教師の講義を聞いて理解できず不明なものは丸暗記する）から能動的な受講スタイル（一人ひとりが持っている既有知識を持ち寄り、議論を通して自分たちが納得できる知識として新たに知識を構築する）への転換が可能であることが証明された。

【研究3】

研究3では、実践授業終了後しばらく経って、卒業した受講生に呼びかけて

インタビューを行い、彼らがこの実践授業をどのように経験したか、また、卒業後の現在、どのようにその経験を捉えているか、彼らの語りを収集した。39名の受講生の語りをデータとしてKJ法を使って分析した結果、学習面でも人間関係構築の面でも収穫のある授業として捉えていることが分かった。つまり、学習者同士の対話を深めることで専門的知識の理解が進むこと、そして対話に参加することで互いの間の信頼関係が構築されたとともにそれは教室の外にも拡張し、まさに学びの共同体ができることが受講生の語りから分かった。

　以上まとめると、「学習共同体」理論に基づく日本語言語学概論という授業が、現在広く行われている講義中心の授業に代わる有効な選択肢になり得ることが実証されたと言える。つまり、「学習共同体」の理論は内容科目である「日本語言語学概論」の授業に有効であり、中国の大学の日本語教育現場に示唆できることを検証した。同時に、これからの「学習共同体」の実践に向けて、課題も残されており、詳細を次節で述べる。

8.2　本研究で見えた「日本語言語学概論」のあり方及び教育現場への提言

　(1)「スキル科目の暗記暗唱」の授業から「内容科目のアクティブ・ラーニング」の授業への転換

　本研究は「日本語言語学概論」という内容科目の特性に着目し、実証的なアプローチをしてきた。上記のように、本科目は「精読」、「聴解」、「会話」などの授業と同様に中国の大学の日本語教育における「専攻基幹科目」であるが、性質的には根本的に異なっており、言語能力の養成を目指すスキル科目ではない。日本語の音声、音韻、語彙、文法などの知識内容を整理し、日本語言語学の構造を構築することが本授業の目標である。したがって、違うゴールに到達するには、教師の教授法もそれぞれの科目の特徴に適応しながら、工夫しなければならない。

　日本語教育の領域を考えると、従来のスキル科目は学習者の日本語運用力を身につけさせるため、ドリルの練習や暗記暗唱が中心である。一方、内容科目の「日本語言語学概論」のような授業は、高度な日本語言語学の知識を持つ教師が基礎を持たない学生に対して知識を一方的に教えるものとして捉えられて

きた。したがって、スキル科目と同じように教師による講義がメインとなり、言語学の専門用語などの概念説明の暗記暗唱を学習者に要求している。しかも、教師の講義中心の授業が受講生に専門知識の丸暗記を強制することになっていることが研究1の結果から分かった。このような現状は近年教育現場で提唱されている「主体的・能動的・深い学び」のアクティブ・ラーニングと乖離しており、本授業の対象である大学生の発達段階に適応することもできないし、大学教育の質を損なってしまう。本研究では「学習共同体」の理論に基づいた実践を通じて、学習者の多層的な対話を促し、彼らの自主的な学習様相や高度な知識内容を納得できる新しい知識への構築が検証できた。更に、実践教室を離れた後も、持続的な効果があると判明した。つまり、今後の大学教育における内容科目の教室で、教師はスキル科目のような暗記暗唱を放棄し、内容科目の特徴を自覚した上で、学習者のアクティブ・ラーニングを目指すべきである。

　(2)「多様なリソース」の提供から「主体的・対話的・深い学びができる」ような課題作りへの転換

　研究1の結果から分かるように、現行の「日本語言語学概論」という授業に対して、受講生だけでなく、担当教師も疑問を感じていることを確認した。更に、教師は学生が参加できるような授業にするために、マルチ教室の活用や音声、画像の資料など多様なリソースを受講生に提供しているが、受講生は教師から提供された手がかりが活用できずに、教師の工夫や情熱が認められない授業と学習者は捉えている。換言すれば、単なる豊富なリソースを学習者に提供していても、自分たちのアクティブな学習がなければ、知識内容への理解や納得につながらないと考えられる。

　上の①で述べたように、内容科目である「日本語言語学概論」の改善には、学習者のアクティブ・ラーニングを導くことが極めて大事であり、「主体的・対話的・深い学び」が展開できるような課題作りも重要であることが分かった。トムソン木下（2011: 19）は教師は教科書の内容を学習者過去の体験、教室外から得た情報と関連付ければ、教科書は「固定観念を植え付ける元凶から、自分の考えを発展させるきっかけに変貌する」と述べている。つまり、教科書の内容に拘泥せず、適切な課題作りをして、学習者の既有知識に関連づけさせるなら、学習者のアクティブな学びや自己思考することに転換できると言える。本研究は有効な選択肢として、「学習共同体」理論に基づいた実践を検証した。本来、「学習共同体」の学びは教科書レベルの共有課題と難易度を上げるジャ

ンプ課題によって組織している。本研究によれば、教師が如何に課題作りをするかはマニュアルがなく、各教科や各教育段階の特徴に合わせて、教師の「同僚性」を発揮することがポイントであると分かった。

　(3)「個人の学び」から「教師と学習者の共同体」の構築としての学びへの転換

　従来の「日本語言語学概論」という授業において、教師と学習者、学習者間の交流が欠如している。教師は教壇の上に立って、一方的な講義を進めている。学習者は下で座っていて、ただ教師の説明を聞いたり、黙々と黒板或いはPPTの内容をメモ取ったりしており、受身的な授業姿勢を示している。質問応答以外に、教師と学習者のコミュニケーションがほとんどないと言える。また、学習者間も暗黙の了解が形成され、自分の親しい友達、或いは寮単位で交友関係ができている。それ以外の仲間に対する認識は非常に限られていると分かった。特に、この「日本語言語学概論」という授業は理論的な知識が多くあり、音声、文字、語彙、文法、語用など多分野の内容が統合されるため、理解困難な授業と捉えて、本科目の学習の興味や関心が薄いのである。こういう状況の中で、学習者は本授業で困難に遭遇しても、教師や仲間にサポートを求める声を出すことは極めて難しいことが現実である。

　一方、教師は本授業においても苦悩を抱えており、ジレンマに陥っている。なぜなら、非母語話者教師として、本授業の内容に自分の不得手な部分があるにも関わらず、相談する人やよい授業のモデルがなかなか見つからないからである。また、上記のように、学習者の受身的な受講姿勢を見て、教師自身に対する悪影響を与えてしまう。

　本研究の実証的結果から考えれば、「日本語言語学概論」の学習者と教師の困難を乗り越えるには、教室での「学習共同体」の構築が有効な方法だと分かった。研究1で示したように、学習者は本授業で一番期待しているのは「教師と仲間のサポート」である同時に、教師も他人の力が欲しいのである。しかも、教師と学習者の間は相互影響の関係にあることが明らかになった。よって、お互いの「不平等な立場」や交流の壁を取り払うことは本授業の改善にとても重要な要素である。本実践の教室において、学習者と教師、学習者間は学習共同体の中でお互いの発話を真摯に聴き合い、相手の意見や感想を大事にしている。それを通じて、互恵的な学びを遂げている。さらに、相手への理解を更新することによって、信頼感と責任感ができて、人間関係を促進している。教師も同

僚仲間との協同で本授業の設計、運営を進めることで、一人で苦しんでいる状況から解放できるのである。二人は定期的な教研会議を通じて、対話の内容も授業内容から生活や仕事までに拡張している。教師共同体の構築は中国の大学の競争が厳しい仕事環境に置かれている教師たちにとって有意義な示唆と考えている。

　以上の考察をまとめてみれば、本研究は「学習共同体」に基づいた教室実践を通じて、「日本語言語学概論」のより良いあり方を次のように提言する。先ず、担当教師は本授業が内容科目である特性を重要視し、スキル科目と同様に講義中心な進め方では通用できないことを意識しなければならない。次に、授業における「学習共同体」を構築することが重要であり、学習者と教師の間、学習者同士の間のコミュニケーションや聴き合う場作りが必要となっている。教師は本授業において、「知識の熟達者」ではなく、同僚仲間と学習者の相互作用を通じて、共に成長する仲間として認識しなければならない。最後に、教師は授業デザインの時、学習者のアクティブな学びを実現することを目標として、課題作りをするべきである。単なるマルチ教室の導入のような授業形式の改善より、知識内容の深い対話を通じて探求し、3つの対話を促すことが重要である。こうして初めて、「日本語言語学」の教学内容を真に理解ができ、他の科目への連動作用を起動することができる。

8.3　本研究の意義

（1）大学教育段階の内容科目における「学習共同体」の有効性の検証

　「学習共同体」の理論はこれまで小中学校と高校の教育段階をはじめとして、実践が行われており、異なる科目及び教育段階においてその有効性を検証した。しかしながら、学習者の発達段階によって、違う教育段階の実践効果及び直面する課題も一様とは言えない。水野（2010）の「小学校よりも中高校の方が、学級全体の意見交換や討論がなり立ちにくい傾向が強い」という指摘から、大学段階における「学習共同体」の学び合いが更に成立しにくいと判断した。特に、高度な知識を持つ大学教師とその知識を持たない大学生との間、或いは、専門知識の全くない大学生同士の間でどのような対話ができるのか、更に、その対話を通じて、如何に自分たちの適合した形で知識の再構築ができる

のか、疑問視されてきた。この疑問に対して、本研究の結果で示したように、中国の大学の日本語教育課程における「学習共同体」の教室実践は受講生から肯定的な評価を得ている。つまり、「学習共同体」の理論は大学教育段階において有効であることが分かった。

しかも、本研究に参加した受講生と教師両方は日本語非母語話者である点に注目したい。日本語の語彙や文法知識の体系的学習を目標とする「日本語言語学概論」においては、非母語話者である受講生が対話のために参照できる既有知識には自ずから限界がある。教師も非母語話者として、日本語学の知識全般を把握できるわけでなく、課題作りの時点で「正答」がどのようなものかについて不明な場合もある。それにもかかわらず、彼らが展開した議論は深く広がりのあるものであった。受講生たちが精読の授業で学んだ文法だけでなく、生活の中で接触した日本語母語話者の発話のサンプルなども参照していた。そして、重要な点は、文法の説明として、単なる理解を超えて納得を追求し、達成したのである。教師も受講生の議論から専門性の学びができ、これまで自身の教育観を更新したことである。

　(2) アクティブ・ラーニングにおける他者との対話の必要性の検証

アクティブ・ラーニングが重視する「主体的」学びを個々の学習者において達成させるとしたら、一人でやる学習より、他者との対話を入れた学習の方が効果的であることが本研究を通じて検証された。換言すれば、「日本語言語学概論」という授業の場合、他者との「学び合い」の場が構築できなければ、アクティブ・ラーニングは成立しないと言っても過言ではない。その理由は以下2つである。

1つは内容科目としての本科目の特性である。上の(1)も述べたように、「日本語言語学概論」は、これまで学習者が低学年で学んだ細切れの知識項目を統合し、総合的かつ全体的な体系として構築することを目指す科目であるため、学習者個人が持つ知識だけに依拠するのでは限界がある。特に、興味・関心が持てない知識項目に対しては、最初から理解しようという学習の動機が低い。しかし、研究3のインタビューのデータから分かるように、本実践の受講生は仲間同士及び教師との対話を通じて、本科目への興味や関心を喚起したり、本科目の重要性に気づいたり、知識の足りない部分を補ったりして、肯定的な評価を得ている。

もう1つは本研究のフィールドの中国大学教育段階にある。前述のように、

中国の大学は専攻別で、形式上の学級のようなものが存在しているものの、学生の交友関係は寮単位で形成されるのが一般的である。「4年間の大学生活が終る段階になっても、真面目に話し合える仲間はいない」という受講生の声から分かるように、学級としてのまとまりはなく、深い対話ができる仲間は少数である。言語生態学（岡崎: 2009）では、言語活動は人間活動と一体化したものとみなされ、言語は人の生活の質に直結するとされている。つまり、従来の「日本語言語学概論」の受講生は教師の講義を一方的に受けるだけで、授業中、対話する仲間もチャンスもなかったということである。言語の力は発動されることなく、受講生の人間関係構築と学びの探求の両面において、先に述べたような問題状況を呈していた。それに対して、「学習共同体」の理論に基づいてデザインされた本授業実践では他者との対話の場がふんだんに用意され、そこでは言語の力が有効に機能した。その結果、受講生の間に学び合う仲間という関係が構築され、共に学習課題に挑戦する授業へと作り変えられた。

（3）大学の内容科目における実践モデルの提示

上述のように、「日本語言語学概論」は「精読」、「聴解」、「会話」のような日本語言語能力の養成を目指すスキル科目ではなく、日本語言語学の知識を体系的に理解することを目標とする内容科目である。本研究を通じて、スキル科目と内容科目の違いに着目することなく、同じように「教師の一方的な講義」及び「暗記暗唱」で進める授業が現場には残っていることが分かった。それでは、「日本語の基礎知識、例えば、音声学、音韻論、文字、語彙、文法、文体などについて受講生に系統的に理解させ、既習の日本語の基礎知識を理論的に分類、整理し、総括させる」という本授業の目標を達成することは難しく、学習者の「主体的・能動的」なアクティブ・ラーニングも実現できない。

このような問題を乗り越えるものとして「学習共同体」の理論が1つの有力な選択肢であることを本研究は示した。「学習共同体」は従来のグループ学習と異なり、ヴィゴツキーの発達最近接領域の理論と、デューイの民主主義の対話的コミュニケーションの理論を基礎として、「一人を残らず学びの主権者に」なる教育のビジョン（佐藤1999など）である。学習者の相互交渉と多層的な対話を通じて、各自が持っている既有知識を整理、構築し、自分たちに適応している形での定着が可能となる。したがって、内容科目である本授業の特性に相応しており、また「他の日本語学習と卒業後の学習にまで活用している」と

いう受講生の評価からわかるように、他の科目への波及効果・連動作用も期待される。

更に、このモデルは日本語教育という枠を超え、大学教育段階における他の内容科目に対しても適用可能だと考える。

（4）厳しい競争関係におかれた中国大学教師間の「同僚性」の構築の可能性の提示

従来、授業研究の着目点は教師の専門性に集中しており、他方面における教師の直面する問題を無視する傾向がある。楚（2020）、趙（2021）の研究によれば、中国大学教師の成長は専門性の向上に限定されることなく、多方面にわたって検討されるべきであることが指摘されている。特に、近年中国の各大学間の評価や競争の影響を受け、教師たちは職務称号の評定と科学研究のノルマ達成などの厳しい競争環境に取り込まれている。このような状況下において、職場の同僚を競争の相手としてみなす風潮が生まれ、その結果、大学が相互交流、相互成長の公的な場としての機能を弱めてきている。

それに対して、本研究は「学習共同体」の理論に基づき、「日本語言語学概論」の授業実践を共に担う同僚教師を得て、小さい教師コミュニティが形成できることを示した。教研室の主任としての亜とは職場の上下関係にあるが、合計7回の教研会議を通して、二人の議論は授業実践の内容に限定せず、研究の方法や職場の悩みなどへ拡張していった。小さな「共同体」でありながら、二人の「同僚性」が構築されていることが分かった。今後の中国の大学の教師成長に示唆できると考える。

8.4　本研究の限界と今後の課題

以下では本研究の限界と今後の課題をまとめる。

（1）カバーした内容の限界→知識項目の厳選と課題作りにおけるさらなる精緻化

研究3の結果から見れば、受講生は新しい「日本語言語学概論」の授業に肯定的な評価を与えている。ただ、今回はカリキュラムで要求されるすべての内容を実践するような時間的な余裕が少なかった。したがって、実践の内容は学

習者の意志によって選ばれた「敬語」、「授受関係」、「受身表現」と「自他動詞」に限って、「日本語言語学概論」がカバーする知識項目の極一部しか対象として扱えなかった。

林（2014：269）が指摘したように、全ての教学内容と科目が協同学習に向いているわけではない。例えば：唯一の正答を持つ課題、単一的方法を使う課題、個人的な力で完成できるような内容は協同学習に向いていない❶。教師による講義中心の授業を本格的に転換するには、項目の厳選と課題作成についての具体的な追求が喫緊の課題である。

(2) 教師仲間と学校共同体の連携の限界→教師共同体の拡大

「学習共同体」の理論の中心的目的の1つは、一人残らず教師が専門家として成長できることである（佐藤 2012）。それを保障するには、「教室の学びの事実から学び合う授業協議会を実現する必要がある」と佐藤（2012：40）は指摘している。実際、日本における「学習共同体」のパイロットスクールではいずれも教師の公開研究会が行われている。そこで各授業で起きた事実に即して、同僚の授業を見学、考察、省察することによって、教師間の共同体が構築され、専門家としての教師の成長が期待されている。

本研究では筆者と一人の同僚仲間が「日本語言語学概論」の授業実践に向けて、小さな教師共同体を構築して、それがお互いの仕事や生活の支えになっていることを検証した。また、研究2のリフレクションから分かるように、筆者は「もっと多くの教師仲間が共同体に入ってほしい」と念願している。しかしながら、現状では、大学間は勿論大学レベルの行動に展開することも未だできていない。その原因はさまざまにある。例えば、日本の小中学校と比べて、中国の大学の教師の人数は大きな違いがあって、何倍、十倍も多い規模であるため、如何に公開研究会を組織すればいいかは難しい課題である。また、教師間の競争意識から協同意識への脱皮もさらなる実践と試練が必要だと考える。

(3) 単一科目の実践の限界→科目間の連携と実践の展開

今回の研究3の分析では、受講生は本授業を通じて、「他の日本語学習にもモチベーションが向上した」ため、「他の科目と連動しながら、開設してほしい」との評価を得た。また、研究1の結果から、担当教師は本授業が他の授業への

---

❶ ここは筆者訳である。中国語の原文は「不是所有的教学内容和教学环节均适合协作学习。比如，一些答案相对唯一、方法相对统一、个人就可以完成的内容，就不适合协作学习」である。

連動作用があるため、「学生にとって有意義な授業」と捉えていることが分かった。つまり、日本語専攻のカリキュラムに設置された「日本言語学概論」は、内容科目として、日本語学の専門知識を体系的に学ぶだけでなく、スキル科目として開講されている精読、会話、聴解などのスキルの学習にも役立つことが期待されている。したがって、これからは本科目と他の科目と連携して、実践を展開することが期待でき、残された課題である。

（4）実践評価の質的分析の限界→プリ―処遇効果の可視化

研究3では「学習共同体」に依拠してデザインした「日本言語学概論」という授業に対する受講生の評価を質的に探った。受講生の生の声を一つも漏らすことなく拾って、学習授業像の構造を明らかにした。しかしながら、現場の教師にとっては、成績の上昇など目に見える結果があれば、説得力を増し、実践モデルとして受け入れてもらえるであろう。したがって、成績の変化や自己評価或いは教師評価の変化などプリ―処遇効果を可視化する方法を探ることが今後の課題である。

（5）コロナ禍からの思考：遠隔授業における「学習共同体」の構築

新型コロナウイルスが世界中を襲っている現在、遠隔授業が通常になっている。こういう背景の下で、将来、遠隔授業における教室において「学習共同体」を如何に構築するかは課題となる。無論、対話の構築において、物理的な場（対面など）が重要になる。従来の共有の場としての教室を持たないインターネットの世界では、教師は如何に全員が対話に参加できるような場作りをするかは重要な課題である。一方、インターネットの発展が確実に進んでいる現代社会では、これまでの地域など物理的壁を突破し、より広く、より遠くにいる人々とあいだでも交流することができるようになった。これは時空を超えて対話を組織できる点で、対面の場を超えるプラス面である。そのため、「学習共同体」の構築も遠隔授業を利用し、さらなる拡大の可能性も見出でるであろう。したがって、激変する現代社会で、「学習共同体」を捉え直すことが必要である。

以上の問題意識を持って、これからの研究課題としたい。

参考文献

[1] 秋田喜代美．『授業研究と談話分析』，放送大学教育振興会，2007 年．

[2] 秋田喜代美・佐藤学『新しい時代の教職入門』，有斐閣アルマ，2015 年．

[3] 庵功雄．『新しい日本語学入門　言葉のしくみを考える』スリーエーネットワーク，2001 年．

[4] 池田玲子．「アジア系学習者のピア・レスポンスでの学び」お茶の水女子大学日本言語文化学研究会『共生時代を生きる日本語教育―言語学博士上野田鶴子先生古記念論集―』編集委員会編，凡人社，2005 年，203-224 頁．

[5] 池田玲子．舘岡洋子．『ピア・ラーニング入門創造的な学びのデザインのために』ひつじ書房，2007 年．

[6] 石黒広昭．『社会文化的アプローチの実際：学習活動の理解と変革のエスノグラフィー（シリーズ社会文化的アプローチ）』，京都：北大路書房，2004 年．

[7] 板井美佐．「日本語学習についての中国人学習者の BELIEFS- 香港都市大学のアンケート調査から分かったこと―」『日本語教育論集』(14)，筑波大学留学生センター，1999 年，163-179 頁．

[8] 市嶋典子．『日本語教育における評価と「実践研究」　対話的アセスメント：価値の衝突と共有のプロセス（日本語教育学の新潮流 8)』，ココ出版，2014 年．

[9] 伊藤敦美．「教育とコミュニケーション―J. デューイ実験学校におけるグループ編成を中心にして」『人文社会科学研究所年報』4，敬和学園大学編，2006 年，47-57 頁．

[10] 伊藤奈津美・石川早苗・ドイル綾子・藤田百子・柴田幸子．「ピア・レスポンスにおける教師の役割―教師の成否判断と学習者の自己上達感から

の考察一」『早稲田日本語教育実践研究』5, 2017 年, 57-73 頁.

[11] 尹得霞.「社会文化的視点から捉える日本語学習方略に関する研究」, 東北大学博士論文, 2014 年.

[12] 及川平治.『分団式動的教育法』, 弘学館, 1912 年.

[13] 上原麻子.「中国人学生の授業観・教育観―国内学生と留日学生を対象に」『高等教育研究叢書』94, 広島大学高等教育研究開発センター, 2008 年.

[14] 大場浩正.「英語プロセス・ライティングに協同学習を取り入れた効果:英語学習意欲に焦点を当てて」『JACET 全国大会要綱』52, 大学英語教育学会, 2013 年, 45-46 頁.

[15] 岡崎敏雄・岡崎眸.『日本語教育におけるコミュニカティブ・アプローチ』東京: 凡人社, 1990 年.

[16] 王婷婷.「中国の大学における日本語専攻学習者の動機づけの研究―内容重視の言語教育としての持続可能性日本語教育に基づく翻訳授業を通して―」城西国際大学博士学位論文（未公刊）, 2019 年.

[17] 岡崎敏雄.『言語生態学と言語教育―人間の存在を支えるものとしての言語』東京: 凡人社, 2009 年.

[18] 小沢有作・楠原彰・柿沼秀雄・伊藤周訳. パウロ・フレイレ 著『被抑圧者の教育学』亜紀書房, 1979 年.

[19] 甲斐進一.「デューイと現代教育」『椙山女学園大学研究論集』37,（社会科学編）, 2006 年, 177-188 頁.

[20] 霍沁宇.「日本語教育の対話型授業における学習者の姿勢の変容」, 一橋大学博士学位論文, 2019 年.

[21] 鹿毛雅治・藤本和久.『「授業研究」を創る―教師が学び合う学校を実現するために―』教育出版, 2017 年.

[22] 葛茜.「中国の大学日本語専攻教育は何を目指しているか:『教育大綱』の分析から」『日本語・日本学研究』2, 東京外国語大学国際日本研究センター, 2012 年, 33-45 頁.

[23]「中国の大学日本語専攻教育における教師の言語教育観とその教育の再考－四大学の日本語教師への調査を基に－」『日本語・日本学研究』4, 東京外国語大学国際日本研究センター, 2014 年, 53-70 頁.

[24] 「中国の大学日本語専攻教育における教育理念の意味づけと問題点―言語教育政策の分析を中心に―」『日本研究教育年報』19, 東京外国語大学, 2015 年, 1-18 頁.

[25] 「中国の大学日本語専攻教育における「学習共同体」に関する一考察」『日本研究教育年報』21, 東京外国語大学, 2017 年, 91-101 頁.

[26] 金子温.「生徒一人一人の学びを保障する授業改善を目指して―上溝南中学校の校内研究の実践と四年間の歩み―」教育実践研究応募論文, 相模原市立総合学習センター, 2016 年, 5-12 頁.

[27] 河井亨.「アクティブラーニング及び主体的・対話的で深い学びと学生の成長のあいだにはどのような関係があるのか」『社会システム研究』38, 2019 年, 1-27 頁.

[28] 川喜田二郎.『続・発想法　KJ 法の展開と応用』中央公論新社, 1999 年.

[29] 黄均鈞.「協働学習が中国の大学の日本語授業に何をもたらしたか―「グループで発言する勇気を得た」学生の事例から―」『一橋日本語教育研究』7, 2019 年, 1-14 頁.

[30] 国際交流基金『海外の日本語教育の現状　2018 年度日本語教育機関調査より』, 2020 年.

[31] 佐伯胖.『「学ぶ」ということの意味』, 岩波書店, 1995 年.

[32] 「学びの転換―教育改革の原点」『授業と学習の転換　現代の教育3』, 岩波書店, 佐伯胖・佐藤学・浜田寿美男・黒崎勲・田中孝彦・藤田英典, 1998 年, 3-24 頁.

[33] 佐藤学.「教師文化の構造＝教育実践研究の立場から」『学校の文化　教師の文化』第 2 章, 稲垣忠彦・久冨善之編, 東京大学出版会, 1993 年.

[34] 『教師というアポリア―反省的実践へ』世織書房, 1997 年.

[35] 『学びの快楽-ダイアローグへ』世織書房, 1999 年.

[36] 『学校の挑戦―学びの共同体の創造』小学館, 2006 年.

[37] 『教育方法学』岩波書店, 2007 年.

[38] 『教育の方法』左右社, 2010 年.

[39] 『学校を改革する―学びの共同体の構想と実践』岩波書店, 2012 年.

[40] 「学び合う学びを実現する授業作り　一人残さず学びの主権者に」『第 7

回茨城「夏の授業作り・学校作りセミナー」報告書』学びの会，2014 年，1-7 頁．

[41]『学び合う教室・育ち合う学校－学びの共同体の改革』小学館，2015 年．

[42]『学びの共同体の創造』小学館，2021 年．

[43] 朱桂栄．「中国の日本語教育と協働学習」『比較日本学教育研究センター研究年報』13，2017 年，160-164 頁．

[44] 杉浦健・奥田雅史「学びの共同体の授業実践―理論、現状、課題―」『近畿大学教育論叢』26（1），2014 年，1-15 頁．

[45] 杉江修治．「協同の意義」『中京大学教養論叢』38（3），1998 年，147-174 頁．

[46] 「協同学習の展開」『中京大学教養論叢』38（3），1998 年，175-190 頁．

[47] 「日本の協同学習の理論的・実践的展開」『中京大学教養論叢』38（4），1998 年，25-65 頁．

[48] 杉江修二・石田裕久・伊藤康児・伊藤篤訳．『学習の輪―アメリカ協同学習入門』二瓶社，1998 年／Johnson, D. W. and Johnson, R. T., Holubec, E. J. 著『Circlr of learning: Cooperation in the classroom (4th ed)』, Interaction Book Company, 1993 年．

[49] 杉原真晃．「大学教育における「学習共同体」の教育学的考察のために」『京都大学高等教育研究』12，2016 年，163-170 頁．

[50] 関田一彦．「展望：アクティブラーニングとしての協同学習の研究」『教育心理学年報』56，2017 年，158-164 頁．

[51] 孫艶華．「中国における日本語教育の現状と課題および教授法への提言」『日本文化研究』12，2000 年，35-51 頁．

[52] 楚喬．「「対話的問題提起学習」による教師研修の実践研究―中国 D 市の小・中・高校の日本語教師を対象にして」城西国際大学博士学位論文（未公刊），2020 年．

[53] 高木浩志．「「協同学習が変える学びのかたち」―神戸大学付属住吉中学校の実践を通して―」『年会論文集』25，岐阜：日本教育情報年会，2009 年，132-135 頁．

[54] 高橋綾．「デューイ教育論と＜子供と共にする哲学＞」『臨床哲学』7，大阪大学，21-49 頁．

[55] 高橋和寛．「明日の授業―活動中心の授業　旅行に行こう」『授業作りネッ

トワーク』16,『特集「協同学習」「学び合い」「学びの共同体」その良さと実践』, 学事出版, 2015 年, 88-89 頁.

[56] 高旗正人『自主協同の学習理論』（講座・自主協同学習1）, 明治図書, 1981 年.

[57] 竹内理・水本篤・『外国語教育研究ハンドブック—研究手法のより良い理解のために』, 松柏社, 2012 年.

[58] 竹中喜一.「大学職員の能力育成に関する研究—学習共同体の機能に着目して—」, 大阪大学博士学位論文, 2018 年.

[59] 舘岡洋子.「対話的協働学習の可能性－ピア・リーディングの実践からの検討」,『東海大学留学生教育センター紀要』(24), 2005 年, 37-46 頁.

[60] 『日本語教育の授業場面における協同学習』科研費基盤研究 (C), 2007 年.

[61] 田和真紀子.「日本語学概論－文法分野について—」『清泉女子大学教職課程紀要』3, 2018 年, 1-11 頁.

[62] 中央教育審議会.『新たな未来を築くための大学教育の質的転換に向けて—生涯学び続け、主体的考える力を育成する大学へ—（答申）』, 2012 年.

[63] 『新時代に相応しい高大接続の実現に向けた高等学校教育、大学教育、大学入学者選抜の一体的改革について（答申）』, 2014 年.

[64] 『幼稚園、小学校、中学校、高等学校及び特別支援学校の学習指導要領等の改善及び必要な方策等について（答申）』, 2016 年.

[65] 趙志麗.「「ナラティブ的探求」で探った中堅大学日本語教師の成長—持続可能性日本語教育の場合」城西国際大学博士学位論文（未公刊）, 2021 年.

[66] 津田ひろみ.「大学授業における協働学習の効果の検証　自律的な学習者の育成を目指して」『明治大学教職課程年報』38, 東京：明治大学教育実習指導室, 2015 年, 133-143 頁.

[67] 東海林沙貴.「小学校の体育授業における協同学習の有効性に関する研究—ジグソーを用いた体育の授業作りを通して—」, 早稲田大学大学院スポーツ科学研究科修士論文, 2014 年.

[68] トムソン木下千尋.「教材からリソースへ—学習者が作る日本文化理解」『異文化コミュニケーションのための「日本語教育」』, 第十回日本語教育研究世界大会予稿集, 高等教育出版, 2011 年, 17-19 頁.

[69] 中島範隆「活動型・交流型学習の発展―協同学習のゼロ段階を踏まえて―」『授業作りネットワーク』16,『特集「協同学習」「学び合い」「学びの共同体」その良さと実践』, 学事出版, 2015 年, 50-53 頁.

[70] 永田祥子．「高等教育における主体的な学びに関する一考察: 関西大学のPBL への取り組みから」『関西大学高等教育研究』9, 2018 年, 101-107 頁.

[71] 日本語教育学会編.『日本語教育機関におけるコース・デザイン』凡人社, 1991 年.

[72] 縫部義憲．「日本語教師の成長プログラム」『大学日本語教員養成課程において必要とされる新たな教育内容と方法に関する調査研究報告書』, 日本語教員養成課程研究委員会, 2001 年, 21-28 頁.

[73] 服部晃．「子供が育ち、教員が育つ「浪漫学園」づくり: 小・中・高・特別支援学校の連携・交流を通して（課題研究　教師教育・教員研修, 教育情報のイノベーション―デジタル世代をどう導くか）」『年会論文集』27, 日本教育情報学会, 2011 年.

[74] 花岡民子．「報道写真の描写を通し、学生相互の学びの場を構築する試み」JACET 全国大会要綱, 大学英語教育学会, 2008 年, 210-211 頁.

[75] 房賢嬉．「持続可能性音声教育を目指すピア・モニタリング活動の可能性: 対話を媒介とした言語生態の保全・育成を通して」, お茶の水女子大学博士学位論文, 2011 年.

[76] 日野響子．「まとまりのある英文を書く中学校英語指導の工夫: before・after の例示を基にした学び合い活動を取り入れて」『特別研修員研修報告書』, 群馬県総合教育センター, 2013 年.

[77] 平高史也．「言語政策としての日本語教育スタンダード」『日本語学』25 巻 13 号, 2006 年, 6-17 頁.

[78] 福嶋健伸・小西いずみ．『日本語学の教え方　教育の意義と実践』くろしお出版, 2016 年.

[79] 古屋憲章．「協働的コミュニティーの設計, 運営者としての日本語教師」『言語文化教育研究』創刊号, 2004 年, 48-61 頁.

[80] 松尾徹．「グループ学習と協同学習は同じではない」『英語教育リレー随想』103, 大阪女学院大学・大阪女学院短期大学教員養成センター, 2018 年, 1-2 頁.

[81] 松尾安男訳.『民主主義と教育（上）』岩波書店，1975 年／Dewey, John『Democracy and Education An Introduction to the Philosophy of Education』New York, MacMillan, 1916.

[82] 牧嶋秀雄.「「学びの共同体」によるアクティブラーニングの実践」『神奈川大学心理・教育研究論集』39，2016 年，175-182 頁.

[83] 水野正朗.「高等学校における学習共同体の構築に関する研究―協同学習によるテクスト解釈の深化」，名古屋大学博士学位論文，2010 年.

[84] 三代純平.「日本語教育という場をデザインする―教師の役割としての実践の共有-」『言語文化教育研究』13，言語文化教育研究学会，2015 年，27-49 頁.

[85] 穆紅・劉娜.「中国の日本語教師の協働学習に対する意識―大連地区の日本語教師を対象に」，『比較文化研究』116，2015 年，131-139 頁.

[86] 文部科学省.『学習指導要領について』，2017 年.

[87] 楊秀娥.「日本語専攻生の対話型授業に対する捉え方―中国の大学日本語専攻で行われた卒業論文支援の実践分析から」『日本学刊』20，2017 年，18-31 頁.

[88] 「中国における大学日本語専攻課程教育の政策的動向」『日本学刊』22，2019 年，16-31 頁.

[89] 八木公子.「現職日本語教師の言語教育観―良い日本語教師像の分析を基に」『日本語教育論集』20，国立国語研究所，2004 年，50-59 頁.

[90] 行安茂.「デューイの成長論とアクティブ・ラーニング―衝動、試行錯誤、コミュニケーション―」『創価教育』13，2020 年，63-72 頁.

[91] 吉村文男・竹山理・日下耕三.「デューイの教育哲学における「経験」と今日の大学教育」『奈良産業大学地域公共学総合研究所年報』4，奈良産業大学編，2014 年，85-108 頁.

[92] 柳沢昌一・三輪健二.監訳『省察的実践とは何か：プロフェッショナルの行為と思考』鳳書房，2007 年／Schon, Donald A.『The Reflective Practitioner: How Professionals Think in Action』Basic Books, 1983 年.

[93] 山田智美・猪木省三.「大学の授業における協同学習の有効性」『県立広

島女子大学生活科学部紀要』10，2004 年，73-79 頁．

[94] 山本晋也．「言語・文化・キャリアの教育を巡る日本語教育の展望と課題」『早稲田日本語教育学』25，2018 年，41-60 頁．

[95] 楊峻．「グループワークの経験が中国人学習者の言語学習観に及ぼす影響—日本語専攻主幹科目の受講生を対象とする実証的研究」『世界の日本語教育』18，国際交流基金，2008 年，113-131 頁．

[96] 李運博・修剛．「新時代に向かう中国日本語教育の現状と課題」『早稲田日本語教育学』24，2018 年，49-57 頁．

[97] 冷麗敏．「学習者の主体的な授業参加を導く教師の行動－自発的発話に注目して—」『日本言語文化研究会論集』3，2007 年，49-65 頁．

[98] 保罗・弗莱雷著，顾建新・赵友华・何曙荣译．『被压迫者教育学』华东师范大学出版社，2014 年．

[99] 潘琳琳・宋毅．「合作学习与思辨能力的培养」『外语与外语教学』287，2016 年，97-105 頁．

[100] 樊文琼・汪士忠・成吴霞．「学习共同体研究对《日语泛读》课程改革的启示—以苏州农业职业技术学院为例」『四川省干部函授学院（四川文化产业职业学院）学报』4，2018 年，101-103.

[101] 罗爽．「大学英语课堂学习共同体的构建研究」四川外国语大学硕士学位论文，2015 年．

[102] 李凌．「大学英语"跨学科"学习共同体教学模式的实证研究」『海外英语』12，2021 年 144-145 頁．

[103] 劉阳．「高校日语语言学课程中的支架教学法探究」『才智』32，2014 年，175 頁．

[104] 刘英伟・孟令玺．「基于学习共同体的大学英语 SPOC+ 翻转课堂教学模式研究」『课程教育研究』24，2018 年 81 頁．

[105] 李秋实．「课内翻转学习活动的设计研究--以高校大学数学（三）课程为例」延边大学硕士学位论文，2020 年．

[106] 冷丽敏．「关于高等学校外语教育理念的研究与探索——以《高等院校日语专业基础阶段教学大纲》为对象」『日语学习与研究』153，2011 年，49-57 頁．

[107] 郭永志．「学习共同体理论视阈下的大学英语课堂建设研究」『电大理工』

274，2018 年，46-48 頁．

[108] 何哲・王忻．「"用教材教"理念在高等教育教学中的践行——以研究生课程《日语语言学概论》的教改实践为例」『四川职业技术学院学报』27，2017 年，113-118 頁．

[109] 胡燕静．「开放式语言教学——设计基于合作学习的学习共同体的日语课堂教学模式」『湖北函授大学学报』152，2015 年，118-119 頁．

[110] 金兰兰．「论高校基础日语课堂学习共同体的构建」『产业与科技论坛』14，2018 年，200-201 頁．

[111] 「"学习共同体"教学理念在《基础日语》课堂中的探索与实践」『河北开放职业学院学报』21，2018 年，137-138 頁．

[112] 金玉花．「合作学习中日语专业学习者的学习观」『东北亚外语研究』13，2016 年，65-71 頁．

[113] 秦晓晴．『外语教学问卷调查法』外语教学与研究出版社，2009 年．

[114] 秦朝晖．「大学语文课程"学习共同体"的构建」『中国成人教育』8,2014 年，134-136 頁．

[115] 肖雄．「翻转课堂教学在初中几何中的微课实践研究」西南大学硕士学位论文，2021 年．

[116] 赵冬茜．「中国日语教师关于合作学习模式的意识调查」『天津外国语大学学报』23，2016 年，46-51 頁．

[117] 赵平．「关于日语语言学教育——结合音像资料的教学尝试」『第六届中国跨文化交际研究会年会论文摘要汇编』，2005 年，163 頁．

[118] 占戈．「学习共同体影响硕士研究生学习策略的实验研究」江西科技师范大学硕士学位论文，2018 年．

[119] 赵磊．「《日语语言学概论》课程教学改革初探」『教育现代化』91，2019 年，78-79 頁．

[120] 张秀娟．「基于课堂学习共同体的大学英语教学实践研究」『当代教育实践与教学研究』10，2020 年，197-199 頁．

[121] 中国教育部．『基础教育课程改革纲要（试行）』教基〔2001〕17 号，2001 年．

[122] 『关于加快建设高水平本科教育全面提高人才培养能力的意见』教高

〔2018〕2号，2018年.

[123] 中国教育部高等学校外語専業教育指導委員会日語組.『高等院校日語専業基礎段階教学大綱』大連理工大学出版社，2001年.

[124] 中国教育部高等学校教学指導委員会.『普通高等学校本科専業外国言語文学類教学質量国家標準』高等教育出版社，2018年.

[125] 楚冉·刘艳.「"协动学习"——小组合作学习新尝试」『现代交际』404，2015年，231-232页.

[126] 陳静静.『学习共同体：走向深度学习』，华东师范大学出版社，2020年.

[127] 池田玲子·舘岡洋子著．曹大峰·林洪主编『日语写作学习理论与教学实践』，高等教育出版社，2014年.

[128] 佐藤学．錘啓泉.「教師的困惑」『華東師範大学学報（教育教学版）』49，1998年，18-28页.

[129] 佐藤学著·钟启全译.『学校的挑战：创建学习共同体』华东师范大学出版社，2010年.

[130] 『教室的挑战：宁静的课堂革命』华东师范大学出版社，2012年.

[131] 『学校见闻录：学习共同体的实践』华东师范大学出版社，2014年.

[132] 曾妍·龙慧星.「支架式教学法在高校日语语言学课程中的应用」『现代交际』1，2014年，249-250页.

[133] 杨慧敏.「当代大学生存在的心理障碍及解决对策研究」『文化创新比较研究』29，2017年82页，90页.

[134] 杨维波.「信息时代微课下的分布式学习共同体构建研究——以《日语听力1》为例」『通讯世界』11，2016年，264页.

[135] 阴慧丽.「日语语言学课程教学改革的思考」『教育研究』12，2015年，50页.

[136] 徐丹·马庆春.「日语语言学课"课题研讨式"教学模式实践探究——基于日本"semina"经验视角」『牡丹江教育学院学报』10，2017年，31、55页.

[137] 许双成.「基于学科核心素养的高中历史翻转课堂研究」陕西师范大学博士学位论文，2018年.

[138] 王婷.「大学英语教师专业学习共同体中教师交互式话语研究——以湖北师

范大学为研究个案」湖北师范大学硕士学位论文，2017年．

[139] 王文贤．『日语学习者的互动学习效果研究』中国海洋大学出版社，2013年

[140] 王丽珠「《日本概论》多模态教学模式初探」『开封教育学院学报』2,2017年，95-96頁．

付　録

一、研究１のアンケート調査紙（学習者用）【日本語版】

　「日本語言語学概論」という授業の現状調査アンケート（受講生用）
　中国の大学における日本語専攻教育、「日本語言語学概論」という授業を改善するために、学ぶ側の学習者と教える側の教師による評価活動を行います。その一環として、学生の皆さんが「本科目の授業をどのように捉えているか」について、アンケートを行うことにいたしました。是非ともご協力をお願い致します。なお、回答は無記名であり、回答結果を統計的に処理致しますので、学生の皆さんが個人的に成績評価などで不利になるようなことは絶対にありません。そのため、いずれの質問についても答えの正誤を問うものではありません。有意義な結果を得るために全ての質問に答えてください。調査によって得られたデータは厳重な管理のもと研究目的のみ使用され、他の目的に使用されることはありません。

　下記の注意事項をよく読んで、回答してください。

・各質問の回答は、選択肢から一つだけ選択肢、該当する箇所をマークしてください。
・この用紙の「自由記述欄」に意見などがあれば、自由に書いてください。なお、「自由記述欄」に書かない場合でも、この用紙は回収します。

項目		1 強く思う	2 そう思う	3 どちらとも言えない	4 あまりそう思わない	5 全く思わない
1	最初、科目名だけでは、内容が分からない					
2	授業の内容は、理論的で難しい					
3	指定された教科書は、日本語だけなので、理解しにくい					
4	教材は中国語の説明があったので、分かりやすい					
5	授業の内容は興味や関心があった					
6	授業の進め方は、教師の講義が中心になっていた					
7	授業の進め方は、教科書の内容通りに読むだけだった					
8	教師が教科書を読み上げるだけの授業が嫌だ					
9	授業の分からないところについて、教師やクラスメートと相談したことがある					
10	教師は、学生の質問や相談に丁寧に対応していた。					
11	教師が日常生活の実例を取り入れたので、分かりやすかった					

续表

項目	1 強く 思う	2 そう 思う	3 どちらとも 言えない	4 あまり そう思 わない	5 全く思 わない
12	教師が日本語で授業して分からない時、中国語での説明があった					
13	授業では、教師の板書やパワーポイントの内容が教科書のままだった					
14	他の授業と比べて、この授業に対して教師の熱意が感じられない					
15	教師は学生の理解度を確認しながら、授業を進めていた					
16	この授業の進め方では、興味が湧かない					
17	この授業は、私の期待に応えた					
18	この授業を通じて、他の科目の内容の理解に役立ったところがある					

自由記述欄

連絡先：oukennkenn@126.com

以上です。ご協力ありがとうございました。

【中国語版】

关于《日语语言学概论》的课程改进调查问卷

本人正在进行有关中国大学日语专业教学中《日语语言学概论》的课程设计研究，为了了解授课教师和学习者更真实的想法，现决定进行此课程的相关评价调查活动。作为其中的一环，需要向各位就此课程的感想进行问卷调查。请您配合调查。另外，此次问卷调查是无记名方式，回答结果仅用于学术研究，做统计分析，绝不会对各位的课程成绩产生任何影响。所得到的数据本人将严格保护，不会用于除研究以外的任何目的。为了得到更为翔实的结果，请您务必回答以下所有的项目。再次感谢您的协助！请您阅读以下注意事项后进行答题。

※ 所有问题中请您选出最为贴切的一个答案，并在后面做出标记。

※ 在最后的【自由表达栏】中请您写出对此课程的意见或建议、感想，任何内容都可以。不填写的情况下也将收回问卷。

题目	1 十分赞同	2 赞同	3 不清楚	4 反对	5 强烈反对
1. 最初仅从科目名称来看，不清楚课程的内容是什么					
2. 我认为这门课理论性强，课程内容很难					
3. 指定教材是用日语编写的，所以难以理解					
4. 我认为此课程的教材有中文的讲解说明会更容易理解					
5. 我对此课程的讲授内容抱有兴趣					
6. 本课程是以老师的讲授为主进行的					
7. 老师在讲授这门课时，只是照着课本内容念					
8. 我讨厌老师讲课时只是照着课本内容念					

续表

题目	1 十分赞同	2 赞同	3 不清楚	4 反对	5 强烈反对
9. 在这门课中，遇到不明白的内容时，我找老师或同学商量过					
10. 老师认真回应了我关于此课程中的问题					
11. 老师讲授这门课时，加入了日常生活中的实例以帮助学生更好地理解内容					
12. 用日语授课学生听不懂时，老师加入了中文的讲解					
13. 老师在这门课的板书或者PPT的内容只是照抄了书上的内容					
14. 与其他课程相比，我觉得老师在教授此课程时热情较低					
15. 老师在教授此课程时，及时根据学生的理解程度进行了相应的调整					
16. 这门课的授课方式枯燥无趣					
17. 总体来说，我对此课程的期待得到了满足					
18. 通过这门课的学习，有帮助到其他科目内容的理解					

自由记述栏

本人邮箱：oukennkenn@126.com

问卷到此结束，再次衷心感谢您的配合！

二、研究1のアンケート調査紙（教師用）【日本語版】

「日本語言語学概論」という授業の現状調査アンケート（教師用）

　中国の大学における日本語専攻教育、「日本語言語学（概論）」という授業を改善するために、教える側の教師と学ぶ側の学習者による評価活動を行います。その一環として、教師の皆様が「本科目の授業をどのように捉えているか」について、アンケートを行うことにいたしました。是非ともご協力をお願いいたします。なお、回答は無記名であり、回答結果を統計的に処理致しますので、皆様が不利になるようなことは絶対にありません。そのため、いずれの質問についても答えの正誤を問うものではありません。有意義な結果を得るために、全ての質問に答えてください。調査によって得られたデータは厳重な管理のもと研究目的のみ使用され、他の目的に使用されることはありません。

　下記の注意事項をよく読んで、回答してください。

・各質問の回答は、選択肢から一つだけ選択肢、該当する箇所をマークしてください。

・この用紙の「自由記述欄」に意見などがあれば、自由に書いてください。なお、「自由記述欄」に書かない場合でも、この用紙は回収します。

	項目	1 強く思う	2 そう思う	3 どちらとも言えない	4 あまりそう思わない	5 全く思わない
1	この授業を任された時、抵抗感があった					
2	この科目の担当は、他の科目より難しかった					
3	学生はこの授業に興味があった					
4	最初の授業で、本科目の授業内容を学生への説明する必要があると思う					
5	私はシラバス通りに授業を進めていた					

※ <u>在最后的【自由表达栏】中请您写出对此课程的意见或建议、感想等，任何内容都可以。不填写的情况下也将收回问卷。</u>

	项目	1 十分 赞同	2 赞 同	3 不知 道	4 反 对	5 强烈 反对
1	最初安排我带这门课时，心里有过抵触感					
2	我认为教这门课比教别的课难					
3	我认为学生对这门课抱有兴趣					
4	我认为在第一节课上就有必要向学生说明本课程的学习内容					
5	我是按照教学大纲的进度要求来上这门课的					
6	此课程内容太多，难以把握授课时间					
7	把哪本书作为本课程的指定教材更好，对此问题我难以判断					
8	我认为此课程的教科书中如备有中文说明会更容易理解					
9	除了教材外，我在授课时还使用了PPT等其他教学资源					
10	除课本内容外，我在讲授此课程时还加入过日常生活中的实例					
11	我认为学生是被动参加本课程的课程活动的（如回答问题等）					
12	在此课程的讲授过程中，我对学生的理解程度进行过了解					
13	学生的课堂参与度低的话，会对我在此课程中的讲授热情有不好的影响					
14	在此课程中，我主要用日语授课					

续表

项目		1 十分赞同	2 赞同	3 不知道	4 反对	5 强烈反对
15	相对于教师主讲的课堂，我更期待本课程是有学生参与的课堂					
16	我在此课程的教授中，加入了课堂活动（如分组讨论等）					
17	我认为对于日语专业的大学生来说，这门课是有必要开设的					
18	我认为，此门课程中，有些知识点有利于日语其他科目的理解和学习					
19	作为本课程的任课教师，我对于此课程的课堂效果满意					
自由记述栏						
				本人联系方式：oukennkenn@126.com		

问卷到此结束，再次衷心感谢您的配合！

三、研究2の教研ミーティング要点記録（全7回）

全7回の教研ミーティングの要点記録。

回	年月日	項 目	詳　　細
1	2019年11月13日水曜日	オリエンテーションの要点	先ず、受講生に研究目的と実践概要についてオリエンテーションできちんと説明した上で、研究参加への同意書をサインしてもらう。特に、参加意志の有無と本科目の成績とは一切関係なしことと明言しなければならない。また、実践全体の実施に向ける準備事項の検討、主に、グループ分けの方法と議論の時間について話し合った
		目標	研究説明と研究参加同意書の署名：研究倫理を厳守することと受講生の個人的意志を大事にする グループわけ：くじ引きの方法で四人単位、男女混同、毎回の違った人との協同活動を最大限保証させる 議論時間：毎回二コマ（90分）の授業で、共有課題の共有、ジャンプ課題の議論は40分、各グループの発表は30分、教師のフィードバックと内容説明は20分を目安とした。ただし、毎回の内容に応じた時間や順序の調整も可能であり、学習者同士の十分な議論を大事にする
2	2019年11月20日水曜日	第1回実践の授業内容	初回実践のトピックは敬語である。教科書の内容を踏まえた上で、待遇表現と敬語の概念説明の後、敬語の分類方法と尊敬語の使用方法を中心にすることと決めた
		議論で取り上げられた教科書の内容	p 279 敬語の分類：敬語はいくつかの観点から分類されます。最も有名な分類は尊敬語、謙譲語、丁寧語というものです。＜中略＞もう1つの分類は、素材敬語と対者敬語というものです
			「ナル」尊敬語の使用制約について p 281 なお、動詞の語幹が一拍の母音の場合はナル尊敬語は使えない。 例:いる→おいになる（×）　　得る→おえになる（×） 着る→お着になる（×）　　　煮る→お煮になる（×） 寝る→お寝になる（×）　　　見る→お見になる（×） これらの場合、通常特殊形が使われます。ただし、「得る、煮る」には特殊形がないため、レル尊敬語が使われます

续表

回	年月日	項目	詳細
2	2019年11月20日 水曜日	課題設定	共有課題：今まで勉強した敬語はどのように分類されているか（出所明記）
			ジャンプ課題：教科書の指摘以外、「ナル」尊敬語にはどのような使用制約があるか
		学習目標	共有課題：敬語だけではなく、他の知識点においても、異なる視点による結果も違うことや多角度から学習内容を認識してほしい
			ジャンプ課題：日常生活と関連づけて、他の教科書で扱われていない「ナル尊敬語」の使用制限について、用例の議論を通じて、誤用への注意を喚起させる
3	2019年11月27日 水曜日	前回実践の気づきと問題点	気づき：共有課題（敬語の分類法）についての答えは主に精読の教科書によるものが大部分だった。後、インターネットや携帯のアプリや電子辞書を利用して調べた学生もいるが、関連内容の正誤を判断しにくいといったコメントがあった 問題点：学生のタスクシートによって、「こっそりとくじを変えた人がいる」ことが分かった
		解決策	学生に授業の開始前5分前に教室に来てもらい、くじを引いてから、裏側に自分の名前を書き、教室へ着席させる。教師は学生の議論を観察する時、グループメンバーの詳細を記録し、確認もする 一方、他のリソースを利用し、自主的に探究することに対して、肯定的な態度を取るべきである。多方面からの学習の拡張が必要である。また、精読教科書の一本筋への先入観に拘らないようには、教師も日常生活の実例（「申し上げる」と「申す」、「存じ上げる」と「存じる」）を事前に準備しておき、受講生の議論を把握しながら、臨機応変をするべきである
		第2回実践の授業内容	「伺う」と「参る」の使用方法の再確認を通じ、謙譲語と丁重語の区別を中心的内容に決めた

付　録

续表

回	年月日	項　目	詳　細
3	2019年11月27日 水曜日	議論で取り上げられた教科書の内容	p 282 例（14）先生の研究室に伺った。 （15）図書館に伺った（×）。 では、次の場合はどうでしょうか （16）明日は9時に会社に参りますので、それ以降にご連絡ください （17）の「参る」は話し手の動作であり、「来る」に比べると話し手を低めています。しかし、ここには動作の対象は存在しません。このように、話し手の動作を低めるものの動作の対象は存在しない敬語を丁重語を言います
		課題設定	共有課題：「伺う」と「参る」の使用方法再確認
			ジャンプ課題：他の用例を議論して、謙譲語と丁重語の区別をまとめる
		学習目標	共有課題：教科書の例（14、15、16）の予習を通じ、謙譲語と丁重語の基本的定義を理解してほしい
			ジャンプ課題：「申し上げる」と「申す」、「存じ上げる」と「存じる」などの使い方をめぐる議論によって、他科目で触れていない内容の重要性を認識させ、日常生活で具体的な使い方を把握することが期待され
4	2019年12月4日 水曜日	前回実践の気づきと問題点	気づき：前回のタスクシートに「以前の精読授業では「伺う」と「参る」を同じく「行く、来る」の謙譲語として認識していたが、今回は初めてそれぞれの違うところが分かった」といったコメントが多数ある 問題点：日常生活の例文への理解については、親近感を感じ、分かりやすかったが、「丁重語」、「丁寧語」の似たような定義名に対して、「覚えにくい」とコメントした学生がいる

245

续表

回	年月日	項　目	詳　　細
4	2019年12月4日 水曜日	問題点に対する解決策	定義名の暗記より、内容への理解が大事ということを学生に注意喚起が必要である。そうしないと、本科目の実践の意味がなくなり、「暗記中心」の授業になってしまう。後、タスクシートのコメントから見れば、他の授業で触れていない部分を理解できれば、学生は本科目のやりがいと知識への達成感が認識できたため、これからの授業準備も他科目の内容と確認したうえで、工夫する必要がある
		第3回実践の授業内容	丁寧語と美化語の概念の確認と敬語部分の要点まとめ
		議論で取り上げられた教科書の内容	p 284 丁寧語というのは聞き手に対して丁寧に話すか否かということに関わる敬語で、対者敬語です p 282 丁重語は常に丁寧語と共に使われます p 288 (44) ウチのものを高めてはならない。特に、ソトに対してウチを高めてはならない p 289 (48) a 田中部長は今いらっしゃいません b 田中は今おりません このように、共通語の素材敬語は、話し手と話題の人物の関係だけではなく、課題の人物がウチかソトにも影響を受けます。このような敬語を相対敬語と言います
		課題設定	共有課題：丁寧語とは何か
			ジャンプ課題：日常生活で「です」「ます」というような丁寧語を使わない場合はどんな場合か
		学習目標	共有課題：丁寧語の定義、丁重語の定義、そして例文に関する予習を通じて、それぞれの表現の仕方を把握してほしい

续表

回	年月日	項目	詳細
4	2019年12月4日 水曜日	学習目標	ジャンプ課題：丁寧語、或いは敬語の役割について、マクロな視点から捉えてほしい。具体的に敬語を使用するのは「尊敬する気持ちを表す」というようなポジティブな場合だけではなく、夫婦喧嘩などネガティブな場合もあることと日本語の「内」と「外」の文化を理解してほしい
5	2019年12月11日 水曜日	前回実践の気づきと問題点	気づき：前3回の実践を通じて、受講生は議論しながら、授業を進めることにだいぶ慣れるようになった様子を呈した。授業の雰囲気も活発した 問題点：20分と予定された議論時間が終了しても、グループの意見がまとまらない場合もあるため、前回の議論時間を25分に延長した。結局教師のフィードバックはバタバタだった
		問題点に対する解決策	敬語の部分は受講生が選択した最も関心を持つ内容である。前3回の実践内容も尊敬語、謙譲語、丁重語、丁寧語、美化語の5つの種類にわたっているため、次回では敬語全体的なまとめと学習者はどのぐらい把握できたかを確認しなければならない。しかも、前回受講生の議論の様子を踏まえ、今回議論のテーマをすべて受講生に任せて、90分間の授業を70分の共有、議論の時間と20分のフィードバックの時間と設定した
		第4回実践の授業内容	教師による敬語全般のまとめと受講生各自で持ち出した質問の共有、討論、発表と教師からのフィードバック
		議論で取り上げられた教科書の内容	p 293　　　まとめ 今回は言語の運用に関わる問題（運用論）の例として敬語を取り上げました。日本語には敬語が発達しており、その運用には難しい点もあります
		課題設定	共有課題：他の教科書や試験問題などの敬語応用練習を確認し、気になるところや理解困難なところを記入してください
			ジャンプ課題：今までの学習経験で敬語について困っている問題を各自で準備し、グループで共有しながら解決しよう

续表

回	年月日	項目	詳細
5	2019年12月11日 水曜日	学習目標	共有課題：自らの問題提起を期待する
			ジャンプ課題：普段の学習から、敬語に疑問を思うところを各自のテキストにする。そして、お互いの議論によって、問題解決に辿る過程を通じて、普段の勉強から問題意識を培い、協同の意味を実感してほしい
6	2019年12月18日 水曜日	前回実践の気づきと問題点	気づき：前回の実践は大成功だと思った。受講生自らの問題提起は全員の関心を喚起し、別グループの問題に対しても、質問したり、異議を出したりするケースもある 問題点：受講生が提起した問題を事前に知らないため、教師はフィードバックの時、誤答が一問あった。教師自身も緊張感を感じ、少々心細かった
		問題点に対する解決策	先ず、「教師＝正解」という従来の先入観を教師自ら下ろすべきだと考えている。自分の勉強不足の部分と素直に認識した上で、学生と共に成長を追求する姿勢が大事である。また、前回の学習者自身による問題提起は学習の興味関心を向上させたため、学習者の主体性を最大限に発揮できる場を作ることが大事だと共通認識した 次回の授受動詞と授受表現の内容について、従来学生の誤用が多くあったため、実践の最初に、日本語の授受動詞の概念に対する理解を確認する必要がある。後、唯一の正答より、学生のことを信じていて、お互いの議論、真の理解が重要であることを頭に入れておく
		第5回実践の授業内容	日本語の授受動詞と中国語、英語の授受動詞との違い；「やる、あげる、差し上げる、くれる、下さる、もらう、いただく」といった7つの授受動詞の意味再認識；日本語の授受動詞の関係図への挑戦
		議論で取り上げられた教科書の内容	P114 例文（3）私は田中さんに本をあげた （4）私は田中さんに本をもらった （5）私は田中さんに本を読んであげた （6）私は田中さんに本を読んでもらった （3）、（4）はもののやり取り（授受）に関する表現です。また、（5）、（6）は恩恵の授受に関わる表現です。日本語にはこのような授受に関わる動詞がいくつかありますが、その中で次の7つを授受動詞と呼びます

续表

回	年月日	項　目	詳　　細
6	2019年12月18日 水曜日	議論で取り上げられた教科書の内容	P115 日本語の授受動詞の種類 非敬語形：やる／あげる、くれる、もらう 敬語形：差し上げる、下さる、いただく
		課題設定	共有課題：教科書の内容を予習し、6つの穴埋め問題を完成してください。そして、母語の中国語と英語と比較しながら、日本語の授受動詞の概念を再認識してください
			ジャンプ課題：日本語の授受動詞の関係図へ挑戦してください（7つの授受動詞の関係を図表化にすること）
		学習目標	共有課題：異なる言語の授受動詞を比較することによって、日本語の授受動詞の使い方を確認する
			ジャンプ課題：話し手或いは聞き手の違った視点による授受動詞を全体的、総合的に理解を把握してほしい
7	2019年12月25日 水曜日	前回実践の気づきと問題点	気づき：前回のジャンプ課題に対して、各グループはよく頑張ったと思う。お互いの意見や考えを共有したり、教師に質問したりすることによって、それぞれの関係図を完成させて、発表した。結局、教科書に要約された内容を踏まえた一般的な構造図もあれば、受講生の個性が溢れる成果もある。特に数学的な考えに基づいた1つの座標図が発表の時、受講生全員の注目を集め、評判された。教師としてもいい勉強になり、感銘を受けた 問題点：前回の共有課題にある授受動詞に関する6つの穴埋め問題に対して、大部分の受講生はクリアできたが、共有時間の観察を通じて、理解困難な学生がまだいることが分かった。その原因の1つは母語の中国語と比べれば、日本語の授受表現は主語が省略されたことが多く、応用に判断が難しいということにあると打ち明けた

续表

回	年月日	項　目	詳　　細
7	2019年12月25日 水曜日	問題点に対する解決策	これまで5回の実践を通じて、受講生は十分な理解ができず、誤用が多く発生した原因の1つは母語からの干渉だと考えられた。その背後に中日両国は生活様式、文化背景、行動、思想パターンなど多くの面で差異があるからである。しかしながら、実践の受講生は日本での生活経験がほとんどなく、日本人的学習リソースも当大学の日本人教師一人なので、限られた環境の中で日本語を勉強していると言える。したがって、言語の使用規則の暗記より、先ず実生活の中の使用環境と日本文化を理解できる場の提供がデザインのカギだと共通認識した 具体的に言えば、第6回の内容について、「日本語は自動詞多用の言語に対して、中国語は他動詞多用の言語」と教科書で述べられているが、受講生は自動詞がどれほど多用されているか、なぜ多用されたかについては理解しなければならない。また、第7回の受身の機能について、「対応する能動文の動作主を不問に付したい場合；(中略)迷惑な気持ちを表したい場合がある」と記載されているが、受講生はそれを読んだ後も、なぜ「動作主を不問に付したい」と「迷惑な気持ち」なのかに理解ができなければ、把握しにくいと考えられる それで、課題設定の時、学習者の興味関心を持たせる上で、実際の日常生活から問題発見の力を育てようと思った
		第6回実践の授業内容	日本語の自動詞と他動詞の判断基準；「始まる―始める」、「閉まる―閉める」、「落ちる―落とす」、「消える―消す」、「上がる―あげる」のような自他対応の動詞の使い分け；自動詞が愛用されている日本語
		議論で取り上げられた教科書の内容	P129 ここで自他の対応がある動詞の組を一部挙げてみよう。 例(14) 消える―消す、直る―直す、壊れる―壊す、落ちる―落とす、割れる―割る、切れる―切る、始まる―始める、閉まる―閉める、溶ける―溶かす、上がる―あげる

付　録

续表

回	年月日	項　目	詳　細
7	2019年12月25日 水曜日	議論で取り上げられた教科書の内容	P134 自動詞の典型は「なる」で、他動詞の典型は「する」であると言えますが、日本語では次のような表現も好まれます 例（36）私たちは今度結婚することになりました もちろん、結婚するのは話し手であり、意志的な動作なのですが、それを「（ことに）なる」という自動詞的な表現にすることによって、動作主の存在を隠すのが日本語の表現としては丁寧な表現として好まれるのです
		第6回実践の課題設定	共有課題：教科書のP129で書かれた自他対応動詞について予習をし、その使い方を確認する
			ジャンプ課題：なぜ日本語は自動詞が愛用されているか
		第6回実践の学習目標	共有課題：教科書P129の自他対応動詞の例文を通して、それぞれの使い方を再認識し、普段の学習で自分の理解できない部分と気づきを喚起させたい
			ジャンプ課題：言葉そのものより、その裏にある日本人と中国人の文化背景、行動パータンの違うところを理解することを期待している
		第7回実践の授業内容	直接受身表現と間接受身表現と中間的受身表現それぞれの概念確認；自動詞表現と受け身表現、他動詞表現と使役表現、それぞれの関係

回	年月日	項　目	詳　　細
7	2019年12月25日水曜日	議論で取り上げられた教科書の内容	P99　受身は直接受身と間接受身に大別されますが、その中間的な性格を持つものもあります 直接受身 例（5）a 太郎が花子を殴った 　　　b 花子が太郎に殴られた 　p 101　間接受身 例（13）田中さんは事故で弟に死なれた 　（14）私は昨日雨に降られて、ハイキングに行けなかった 　（15）私は昨夜一晩中隣の人にピアノを弾かれて、寝られなかった 　p 102　中間的な受身 例（18）太郎は知らない男に頭を殴られた 　（19）太郎は泥棒に財布を盗まれた 　（20）太郎は通り魔に弟を殺された
			P108 使役文の構造は間接受身文とよく似ていることがわかります 両者の共通点と相違点は次のようになります 共通点：主語は動作主ではなく、出来事の外にいる 相違点：主語は使役では影響の与え手だが、間接受身では影響の受け手である
		第7回実践の課題設定	共有課題：日本のテレビドラマを一話選択して、セリフの中から受身表現をメモ取ってください
			ジャンプ課題：自動詞表現と受け身表現、他動詞表現と使役表現、それぞれの異同点は何か
		第7回実践の学習目標	共有課題：自分で興味がある日本ドラマを自由に選択して、その中の受身表現を聞き取ることによって、実生活の日本語はどれだけ受身表現とが多く使われるか、中国語との比較を確認してほしい
			ジャンプ課題：教科書の構造図を理解することや仲間との議論を通じて、違った視点から日本語の受身表現と自他動詞の関連を理解してほしい

四、研究2の教師の教研ノート（全7回）

第1回の教研ミーティング

日付：2019年11月13日　　水曜日　テーマ：実践全体の実施に向ける準備事項

教師二人の考慮：
①グループわけについて：
王：四人単位、男女混同の方が理想的である。
亜：受講生自らの意志ではどうか？
王：もっと違った人と交流するチャンスを作りたい。
亜：中間で一回か二回でチンジする、或いは学籍番号順番で決める。
王：学籍番号は入学当初の成績順で作られるから、もっとランダム的なのが欲しい。
亜：くじ引きしかない。
②議論の時間について
王：初回の敬語について、内容が多いので、グループの議論の時間はどのぐらいに設定すればいい。
亜：普段別の授業でグループ活動の時間は15分から20分程度にした。内容がうまくピックアップしないと、議論が進まない。
王：それに賛成。内容が非常に重要である。
亜：後のフィードバックもあることに注意しなければならない。
王：一旦25分に決めておいて、その場の状況による時間調整も可能。

第2回の教研ミーティング

日付：2019年11月20日　　水曜日

テーマ：初回実践のトピック敬語について、主に尊敬語である。その中、待遇表現と敬語の概念説明と敬語の分類方法を中心にした。

議論で取り上げられた教科書の内容：

①P279　敬語の分類：敬語はいくつかの観点から分類される。最も有名な分類は尊敬語、謙譲語、丁寧語というものである。＜中略＞もう1つの分類は、素材敬語と対者敬語というものである。

> それに対して教師二人の考慮：
> 王：テキストの分類法に興味深かった。これまでの分類法は前の三分法がよく知られているが、別の分類角度もある。敬語部分の導入にしたい。
> 亜：導入としては賛成だが、その結果はただ教科書を読むことによって分かったのは良くない。
> 王：各自に調べてもらいたい。教科書以外のことも視野に入れてほしい。
> 亜：それなら、明記する必要がある。

② P281 「ナル」尊敬語の使用制限：
なお、動詞の語幹が一拍の母音の場合はナル尊敬語は使えない。
　例：いる→おいになる（×）　　　　得る→おえになる（×）
「ナル」尊敬語の使用制約について

> それに対して教師二人の考慮：
> 王：教科書は「ナル」敬語の使用制約は語幹が一拍の母音の場合だけを取り上げた。ほかの科目でそういうような知識を扱ったかは分からない。
> 亜：自分が担当している二年生の精読授業では特殊例と変形方法だけを扱った。
> 王：日本の語学の資料で「サ変動詞」「擬音、擬態語」などの場合も取り上げられた。
> 亜：ジャンプ課題としては難易度はいいかもしれないが、もし学生にとって難しくて、思い出せない場合も想定する必要がある。また、その質問自体に対する答えは先行研究の中からもう一度確認した方がいい。
> 王：それなら、もう一度先行研究に当たって、もっと多くの用例を準備しておいて、議論がうまくいかない場合は用例で誘導する。
> 亜：用例は日常生活の中から取った方が実感させやすい。
> 共有課題：今まで勉強した敬語はどのように分類されたか。

　目標：違う視点による結果も違う。敬語だけではなく、他の知識においても多角度から内容を認識してほしい。
　ジャンプ課題：教科書の指摘以外、「ナル」敬語にはどのような使用制約があるか
　目標：日常生活と関連づけて、他の教科書で扱われていない制限について、用例の議論を通じて、誤用への注意を喚起させる。

第3回の教研ミーティング
　日付：2019年11月27日　　水曜日
　テーマ：「伺う」と「参る」の使用方法再確認と謙譲語と丁重語の区別
　議論で取り上げられた教科書の内容：

P282

例（14）先生の研究室に伺った。

（15）図書館に伺った（×）

（16）明日は9時に会社に参りますので、それ以降にご連絡ください。

＜中略＞（16）のように、話し手の動作を低めるものの動作の対象はぞんざいしない敬語を丁重語を言う。

教師二人の考慮：
謙譲語と丁重語について
王：今回の内容は少し難しい。「伺う」と「参る」の区別について、教科書の説明で学生が理解できるかどうかも心配の1つだ。
亜：精読授業の教科書では、行くの謙譲語は「伺う」と「参る」両方あって、以前学生に聞かれたことがある。
王：実は自分も院生時代、言語学の授業を受けた後が分かるようになった。
亜：これらの使い方は日本での生活経験がない人にとっては、気づかれにくい。
王：共有課題でまず「伺う」と「参る」の理解具合を確認することである。
亜：ジャンプ課題はもっと難易度を上げないといけない。まず、この部分の目標をはっきりとしなければならない。
王：全体的な目標は他の科目と連動させ、他の授業で扱われていない部分を補充したい。
亜：前に「申し上げる」と「申す」の使い方を学生に聞かれたことがある。
王：自分の院生試験に似たような問題が出た記憶がある。「申し上げる」と「申す」の区別とか。
亜：学生に自分の学習経験から出発させた方が印象的だ。

共有課題：「伺う」と「参る」の使用方法再確認

目標：教科書の例（14、15、16）の予習を通じて、謙譲語と丁重語の基本的定義を理解してほしい。

ジャンプ課題：他の用例を議論して、謙譲語と丁重語の区別をまとめる

目標：「申し上げる」と「申す」、「存じ上げる」と「存じる」などの使い方をめぐる議論によって、他科目で触れていない内容の重要性を認識させ、日常生活で具体的な使い方を把握することが期待される。

第4回の教研ミーティング

日付：2019年12月4日　水曜日

テーマ：丁寧語と美化語の概念の確認と敬語部分の要点まとめ

議論で取り上げられた教科書の内容：

P284　丁寧語というのは聞き手に対して丁寧に話すか否かということに関わる敬語で対者敬語である。

P282　丁重語は常に丁寧語と共に使われる。

P288　(44) ウチのものを高めてはならない。特に、ソトに対してウチを高めてはならない。

P289　(48) a 田中部長は今いらっしゃいません。
　b 田中は今おりません。

教師二人の考慮：
王：前回の丁重語と今回の丁寧語は似たような定義名で、学生を混乱させることが予想できる。
亜：内容への理解がもっと大事だ。
王：日本人の日常会話で、丁寧語を使うかどうかではかなり語感が違う。学生時代で、よく先生に「喧嘩した夫婦はいきなり丁寧語を使い始める」とかの例を取り上げられた。
亜：そういえば、丁寧語を使うかどうかは人間関係によることだ。
王：後の節は「内」と「外」、上下関係の説明が書かれている。
亜：「特に、ソトに対してウチを高めてはならない」というルールは会話の授業でも教えているはずだ。
王：対者敬語なので、聞き手がいないと、成立しない。
亜：教科書で敬語の出し方にも関係がある。最初からの本文は「〜〜ます／です」で完結するのが一般的だ。
王：それでは、逆に日常生活で丁寧語が使えない場合を考えてもらう。

共有課題：丁寧語とは何か。

目標：丁寧語の定義、そして表現の仕方について知ってほしい。

ジャンプ課題：日常生活で「です」「ます」のような丁寧語を使わない場合は何か

目標：丁寧語、或いは敬語を使う作用について、「尊敬する気持ちを表す」というようなポジティブな場合ではなく、夫婦喧嘩などネガティブな場合もあることと日本語の「内」と「外」の文化を理解してほしい。

第5回の教研ミーティング

日付：2019年12月11日　　水曜日

テーマ：教師による敬語全般のまとめ；受講生各自で持ち出した質問の共有、討論、発表と教師からのフィードバック

議論で取り上げられた教科書の内容：

P293　まとめ：今回は言語の運用に関わる問題（運用論）の例として敬語を取り上げた。日本語には敬語が発達しており、その運用には難しい点もある。

教師二人の考慮：
王：本章では尊敬語、謙譲語、丁重語、丁寧語、美化語と言った5つの視点から敬語を勉強した。最後の括りとしては、全体的なまとめも必要だし、学生がどの程度理解できているかも確認したい。
亜：日常生活で運用できるかを確認するには、グループで敬語の会話を作ってもらって、発表したらどう？
王：そうしたら、会話の授業になってしまう。今の考えは試験問題についての討論を行いたい。
亜：敬語の部分は特に難しいから、「実践したい内容」の一位として選ばれた以上、みんなは様々な疑問を持っているはず。
王：それなら、学生の疑問に思うところをテキストにする。それは可能か。
亜：疑問点を持ってくるのは簡単だが、教師にとってはきついかもしれない。
王：自分もそれが心配している。もし教師ができない場合は不信感が生じる恐れがある。
亜：学生自分での問題提起は大賛成だ。自由に任せれば、お互いの議論を期待すればいい。
王：教師の事前準備も必要だ。

共有課題：他の教科書の敬語応用練習などを確認すること

目標：自らの問題提起を期待する。

ジャンプ課題：今までの学習経験で敬語について困っている問題を各自で準備し、グループで共有しながら解決しよう

目標：普段の学習から、敬語に疑問を思う所を各自のテキストにする。そして、お互いの議論によって、問題解決に辿る過程を通じて、普段の勉強から問題意識を培う。

第6回の教研ミーティング

日付：2019年12月18日　　水曜日

テーマ：日本語の授受動詞と中国語、英語の授受動詞との違い；「やる、あげる、差し上げる、くれる、下さる、もらう、いただく」といった七つの授受動詞の意味再認識；日本語の授受動詞の関係図へ挑戦

議論で取り上げられた教科書の内容：

P114

例文（3）私は田中さんに本をあげた。

（4）私は田中さんに本をもらった。

（5）私は田中さんに本を読んであげた。

（6）私は田中さんに本を読んでもらった。

P115　日本語の授受動詞の種類

非敬語形：やる／あげる、くれる、もらう

敬語形：差し上げる、下さる、いただく

教師二人の考慮：

王：授受動詞の誤用が多く見られたし、聞かれたこともある。その原因はどこにあると思う？

亜：母語（中国語）からの影響が多いと思う。

王：中国語の授受動詞は「給」の1つかな。そもそも中国語と日本語の構造が違う。こういう点を理解することが前提だ。共有課題では中国語の授受動詞と日本語の授受動詞についてまずどんな動詞かを理解してほしい。

亜：教科書の中は日本語の授受動詞が7つもあると書いてある。中国語との比較はいい方法だが、英語も追加すればどう？

王：自分は英語が下手だ。もう1つ、比較するなら、どんな形式を使えばいい？

亜：学生は日本語より、英語勉強の方は時間が長い。同じ文に対して、英語と日本語訳にしてもらうといいかもしれない。

王：授受動詞の先行研究で大江三郎の「He give me a book」とかの日本語訳を読んだことがある。

亜：それは逆に中国語の文を出して、日本語と英語訳をやってもらえばいい。

王：ジャンプ課題は関係図を書いてほしい。

亜：関係図なら、標準と唯一の答えがないから、いいと思う。

王：各動詞の関係や違いを表明すればいい。

亜：教科書でいろんな知識の説明には構造図うがたくさん使われている。授受動詞の関係図はいいチャレンジと思う。

共有課題：教科書の内容を予習し、母語の中国語と第一外国語の英語と比較しながら、日本語の授受動詞の概念を再認識する（授受動詞の練習問題あり）

目標：異なる言語の授受動詞を比較することによって、日本語特有の授受動詞の使い方を確認する。

ジャンプ課題：日本語の授受動詞の関係図へ挑戦してください

目標：話して或いは聞き手の違った視点による授受動詞を全体的、総合的な理解を把握してほしい。

第7回の教研ミーティング

日付：2019年12月25日　水曜日（次の木曜日の1月1日は元旦休みとダブっているため、今回は残り2回の実践の内容を検討した）

第6回実践のテーマ：日本語の自動詞と他動詞の判断基準；「始まる―始める」、「閉まる―閉める」、「落ちる―落とす」、「消える―消す」、「上がる―あげる」のような自他対応の動詞の使い分け；自動詞が愛用されている日本語
　議論で取り上げられた教科書の内容：
　P129　ここで自他の対応がある同士の組を一部挙げてみよう。
　例（14）消える―消す、直る―直す、壊れる―壊す、落ちる―落とす、割れる―割る、切れる―切る、始まる―始める、閉まる―閉める、溶ける―溶かす、上がる―あげる
　P134　自動詞の典型は「なる」で、他動詞の典型は「する」であると言えるが、日本語では次のような表現も好まれる。
　例（36）私たちは今度結婚することになりました。

> 教師二人の考慮：
> 王：自動詞と他動詞は自分の学生時代にずいぶん混乱させてしまった。教科書の例（36）結婚報告について、例として取り上げられたが、なぜ他動詞ではなく、自動詞が使われたかについて、理由説明をしないと、学生も理解しにくいでしょう。
> 亜：結婚は普通個人的な意思で決めたのが、自動詞を使うのはやはり日本人の意識につながると思う。
> 王：その前に、自他対応のある動詞は日常生活で最も頻繁的に使われている。それぞれの意味を共有課題として確認してほしい。
> 亜：精読授業とかの例文を参考にすればいいと思う。フィードバックの時は、一組の2つの動詞を比較しながら、理解を促すといい。
> 王：ジャンプ課題はまだ決めていない。「日本語言語概論」を通じて、学習者の混乱しやすい部分を解決するということを目標としたい。
> 亜：後ろの節には「自動詞愛用な日本語」の内容が書かれている。自他動詞をなぜ混乱しやすいかはやはり中国語は他動詞が多く使われているが、日本語は自動詞が愛用されている。

　共有課題：教科書で書かれた自他対応動詞について、その使い方を確認する。
　目標：教科書の自他対応動詞の例文を通じて、それぞれの使い方を再認識してほしい。
　ジャンプ課題：なぜ日本語は自動詞が愛用されているか
　目標：言葉そのものより、その裏にある日本人と中国人の文化背景、行動パータンの違うところを理解することを期待。
　第7回実践のテーマ：直接受身表現と間接受身表現と中間的受身表現それぞれの概念確認；自動詞表現と受け身表現、他動詞表現と使役表現、それぞれの関連

議論で取り上げられた教科書の内容：
P99　直接受身
例（5）a 太郎が花子を殴った。
b 花子が太郎に殴られた。
P101　間接受身
例（13）田中さんは事故で弟に死なれた。
（14）私は昨日雨に降られて、ハイキングに行けなかった。
（15）私は昨夜一晩中隣の人にピアノを弾かれて、寝られなかった。
P102　中間的な受身
例（18）太郎は知らない男に頭を殴られた。
（19）太郎は泥棒に財布を盗まれた。
（20）太郎は通り魔に弟を殺された。
P108　使役分の構造は間接受身文とよく似ていることが分かる。
両者の共通点と相違点は次のようになる。
共通点：主語は動作主ではなく、出来事の外にいる。
相違点：主語は使役では影響の与え手だが、間接受身では影響の受け手である。

教師二人の考慮：
王：受身文の分類法は3つあると書かれているが、その区別の意味がどこにあるかを先ず自分が分からないと、学生に説明できないし、教えていても意味もない。
亜：中間的な受身をさておき、直接受身と間接受身の二種類はとても重要だと思う。特に、間接受身文は被害の気持ちを表すものだ。
王：大事だと分かっているが、そもそも中国語の中には受身文はそれほど多く使われていない。
亜：面白い論文を読んだことがある。中国の宋の時代の著書「梦溪笔谈」の中に、「王冕死了父亲」のような表現は日本語の間接受身と似ていると書かれた。
王：「王冕はお父さんに死なれた」となる。比較をするなら、中国人は確か受身文や前回の自動詞が多く使われていない。そういうところを学生に理解してほしい。
亜：前回でも日本人の日常生活の場面状況を理解することが大事であることが共通理解だ。
王：一人の日本人教師にみんなが聞くわけにもいかないから、ドラマを通して体験してもらうことは私の考えだ。
亜：ドラマはいいリソースだと思うし、学生たちも興味を持っているはずだ。ただ見ることはストーリに夢中する恐れもあるから、そのセリフから受身表現を探し出すのはどう？
王：いい提案だから賛成する。
亜：後ろの節の内容はジャンプ課題にすれば？使役表現と自動詞表現とかの復習にもなる。
王：教科書の中に例文と構造図が書かれている。それらを理解してもらいたい。

共有課題：日本のテレビドラマを一話選択して、その中に現れた受身表現、自動詞表現をメモ取ってください。

目標：自分で興味がある日本ドラマを自由に選択じて、その中の受身と自動詞表現を聞き取ることによって、実生活の日本語はどれだけ受身表現が多く使われるかを確認してほしい。

ジャンプ課題：自動詞表現と受け身表現、他動詞表現と使役表現、それぞれの異同点は何か。

目標：教科書の構造図を理解するや仲間との議論を通じて、違った視点で使われる日本語の受身表現と自他動詞の関連を理解してほしい。

五、研究2の教師自身の反省日記（全7回）

2019年11月22日

今天第一次实践，又是大家票选出来最期待、最难的敬语，心里免不了紧张，虽然这课上了这么多次，但是一想到实践和论文，我觉得必须得做出来点啥像样的，内心预想了很多种可能出现的情况，但是后来读到学生收上来的反馈才意识到，真正的课堂不是老师可以完全掌控的。不止一个同学说："有人偷偷换签"，看来有相当一部分同学不想跟自己不熟的人坐在一起，可是这样的话，又跟平时上课有什么区别？当初亚敏和我的一个初衷就是要从不同人的身上吸取优点，所以我一定得改变这一点。怎么办？

不过，好的方面也得知道，第一次的事前课题，看来大家都认真的去找了，虽然大部分同学看的还是精读课本，不过对于我这种从来不爱留作业的老师来说，好像之前忽略了学生的这种主观能动性。提前查一查，心里就有数了。还有今天的课堂讨论情况看来整体氛围还不错，虽然有些组好像进展并不顺利，有些同学可能还不太适应这种形式，有先看对方反应的感觉。但我相信慢慢会好起来的，万事开头难。

Ps：注意点：1 要正视事前预习的重要性和功能。
　　　　　　2 换签的事情一定要解决。

【日本語訳】

今日は初めての実践だし、みんなに選ばれたテーマだし、元々敬語は一番難しいし、とても緊張していた。前に何度も担当した経験があるが、自分の論文と実践のことを考えると、ちゃんとしたものを出さなければならないと思った。内心でどんな反応が出たりとかは予想しておいたが、みんなのタスクシー

トから見れば、実際の授業で教師は完全に事前把握できるわけではないことが分かった。「先生、こっそりとくじを変えた人がいた」と書いてくれた学生は何人かがいる。そこから相当一部の学生は普段自分と馴染まない人と一緒に座ることを拒否していることと見られる。そうすると、普段の授業とどんな違いがあるのか。その時、亜と相談しておいた目標の1つは違う人から長所を取ることじゃないか。だから、何とかそこを改善してほしい。どうすればいいの？

一方、よい面もちゃんとまとめることが必要だ。それは初めての共有課題に対して、やはり精読の教科書から調べた人が多いが、みんなは真面目に完成できた。私は教師として、今まで宿題を出さないタイプだが、今振り返ってみれば、学生の能動性を無視したかもしれない。授業前に、自主的に調べておけば、（授業中）ある程度落ち着いて受けることができるから。そして、今日の議論から見れば、雰囲気がよかったと思う。その中、先に相手の反応を見てから、発言のタイミングを待ったりとか、どんな発言をすればいいかとか、上手くいかなかったグループもあるが、「何事もよらず、初手は難しい」と信じて、これからの発展を期待しよう。

　　Ps：注意点：1 予習の重要性と役割を再認識すること。
　　　　　　　　2 くじを変えることは必ず解決すること。

2019 年 11 月 29 日

换签好像暂时解决了，让大家提前5分钟到教室外准备抽签，然后提前写上名字交给我，这样进去之后，我好有时间确认。虽然不想搞成监督者，但是打破这种局面的第一步可能也需要一点约束力吧。习惯了就会好吧。还有今天的内容，一开始让大家想别的例子的时候，看起来都有点困难，「申しあげる」と「申す」说出这个例子的时候，大家好像懵了一下，看见他们这样，忽然就想起自己的学生时代了，我不是一样搞不清楚"でいらっしゃる"和"でござる"的区别而闹了大笑话嘛，但是越是丢人，越让我印象深刻，我想我以后再接电话的时候，绝对不会出错了。讨论的时候，不少同学会说"精读课就是这样教的呀""精读课里没有呀，我不知道"，好像大家都把精读看成了唯一的标准，不过这也许就是语言学课的意义。得让大家知道真正的知识并不是课本上的死的，得"活起来"。

　　【日本語訳】
みんなに5分前教室に来てもらって、自分が引いたくじの裏に名前を書いてもらって、着席させることによって、「こっそりとくじを変えた」の問題は解

決できたと思う。学生の督促役を務めたくないが、初めの一歩はやはり必要かな。これから慣れればいい。そして、今日の授業で別の例文を思い出してくださいと指示した後、難しいでしょうが、「申し上げる」と「申す」の使い方を追求したら、みんなはぼーっとしていた。そういう姿を見た私は自分の学生時代を思い出した。その時の私も「でいらっしゃる」と「でござる」の区別ができないから、大きな恥をかいたのだが、恥だからこそ、今でも忘れられない。これから電話を出る時、こういうミスがしないと思う。また、学生が議論の時、「精読授業ではこのように勉強した」とか「精読授業にはこのような知識点がないから、分からない」といった人が少なくなかった。どうやら精読を唯一の標準と見えているが、この言語学の授業の意義はまさにこういうところにあるかもしれない。知識はただ教科書の中で書かれた死んだものではなく、生かすことだと知ってほしい。

2019年12月4日

　　这次明显比之前上手了，学生也都主动提前来教室，今天我看到武翡幡一边打开签，一边说："看看今天是跟哪几个小可爱坐一起"的时候，我觉得她可爱极了。不知道其他同学会不会跟她一样有期待感呢。我得坚信老爸说的那句话：就像走亲戚，走的多了就熟了。之前肯定是因为走的少，而不是不想罢了吧。话说回来，今天的内容挺有意义的，但是大家讨论的时候为什么都没想起来服务行业呢？是因为中日服务态度的不同吗（笑），更重要的应该还是没有生活场景吧。玩笑归玩笑，其实像今天的内容都是紧贴生活里的，我也是上到大三大四写作文的时候，老被外教纠正才注意到这一点的。要谨记：不要总拿自己的认知来要求学生也必须达到，做不到的话就觉得是他们不行，要知道他们现在学日语才两年多，而且基本没去过日本，没有这种环境的熏陶，只有课本和课堂是他们获取知识的途径。作为老师得有耐心。

　　Ps：今天下课有几个同学说我幻灯片做得好，因为总结尊敬语、谦让语、丁重语、丁宁语、美化语要点的时候，有很多结构图，这样好理解，还要回去复习用。看来幻灯片里放什么、怎么放都很重要。

　　【日本語訳】

　　今回の授業は前のと比べて、明らかに良くなったと思う。学生みんなも積極的で、授業前に教室にやってきてくれた。特に今日幡がくじを開けながら「今日はどの子と一緒に座ろうかを見てみよう」と言ったことを見て、とてもかわ

いいなあと思った。他の皆さんも彼女と同じように期待感があるのかな。父が教えた「親戚への挨拶を回ることと同じように、回っていけばいくほど、親しくなれる」と信じていよう。今までは親しくなりたくないというわけではなく、そういうチャンスが少ないからでしょう。教室の話に戻るが、今日の内容は意義があると思うが、なぜ皆さんは議論の時、サービス業界を思い出せないのでしょう。中日両国のサービスの質が違うからかなあ。私はもっと重要なのは、学生は（日本での）日常生活の実際の場面が馴染めないからだと思う。冗談はさておき、今日みたいに、日常生活と密接に関わっている内容（の使い方）は、私も三年生、四年生の時、日本人先生によく指摘されていたから、気づいたのだ。今自分の知識量と同じように学生を要求してはいけない、上手くできないことはすぐ「成績が悪い」とかのように判断してはいけないことをよく覚えているのだ。彼らは日本へ行ったことが一度もないし、日本語を勉強してただ二年間ちょっとだから、教科書と教室だけに頼って勉強してきたのだから、教師として焦ることは禁物だと肝に銘じるべきだ。

Ps：今日の授業が終わった後、PPTが尊敬語、謙譲語、丁重語、丁寧語、美化語のまとめに構造図があって分かりやすいから、もらいに来る学生が何人かいた。PPTの中に「何を」「どのように」入れること、両方も大事だと分かった。

2019年12月13日

今天有三位同学穿着跆拳道服就来上课了，问了之后才知道上节课是体育课，大家都选择了不同的科目，跆拳道得来回换衣服，他们怕迟到就直接没换衣服跑来了，还好是教室里有暖气。不过听他们说期待今天的活动，还是很高兴的。今天是复习，也是大家来出题，我不知道大家会带来什么样的题目，心里很没底，平时被大家问得最多的敬语方面的知识，几乎都是拿着过级题来的。跟我当时考的类型什么的都有太多的不同。说实话，对于今天的课，我担心比较多。

但是今天最最出乎我意料的就是，大家那么认真、那么激烈地在讨论，我看到大家的表情，有困惑，有微笑，也有沉默，但是没有睡觉的。不知道这算不算是实践的一种成功呢？把课堂交给学生，给他们充分的自由，只要不是在闲聊就会有收获。后来让每一组派一个代表上来写板书的时候，我发现不止一组上来的是两个人，或者写着写着就会有别的同学上来纠正，比如哪个汉字写错了，假名标错了，最有意思的是，组与组之间的代表还会有相互问的情况，这正是我想要的课堂关系，当初的抽签不就是因为这个嘛。不是恶性竞争，大家都是同学是朋友

才对。还有一个大发现，硕这个孩子挺意外的，以前总以为他成绩差，而且一副玩世不恭的样子，好像对什么都不在乎的表情，说实话心里并不是很喜欢他。但是今天我发现他在自己的一组很擅长调解气氛，也认真听大家的发言，也有主动向我提问，以后千万不能再以自己的固有印象来评论一个学生，尤其不能以"成绩差＝所有都差"来贴标签。

Ps：最最糗的是今天有一题我自己居然都做错了，太丢人了。这么多年虽然教精读，一直没摸过过级题，连改革后的算分方法都不知道，看来真是得多多反省，毕竟三年级大部分学生都关心拿证的问题，我得把语法给他们串起来才行，真正理解了才会用。老师不是万能的，能教给学生的一定不只是正确答案，得是一种学习方法。从大家发表的过程中，我也学到了很多，有不错的讲解方法，也有勇于提问的勇气，今后要学习的地方还有太多太多。

【日本語訳】

今日の授業に、テコンドーの服を着たままで来る学生が三人いた。聞いてみたら、前の授業が体育で、その三人はテコンドーを選択して履修している。着替えとかの時間がかかって、この授業に間に合わせるため、着たままで来たことが分かった。今は冬で教室内は暖房がついているからよかった。しかし、「授業を期待している」と聞いた時は嬉しかった。今日の内容は敬語全般についての復習だが、課題として、学生各自でまだ分からないことを準備しておくことを出した。正直に言うと、みんなはどんな問題を準備してきたかは全然分からないから、ちょっと心細かった。普段敬語について、よく国際能力試験の問題を聞かれていて、自分が1級試験を受けた時とかなり違っている。だから、今日の授業に期待というより、心配が多かった。

しかし、今日はみんなが真面目に予想以上の熱烈な議論がなされたことだった。びっくりした。みんなの表情は困ってたり、微笑んだり、黙ったりするものだが、眠った人は一人もいなかった。これはいい実践だと言える一つの証拠ではないか。授業を学生に任せ、十分な自由を与えて、四方山話でない限り、議論は必ず収穫ができると思う。その後、各グループに一人の代表を選ばせて、黒板発表の時から見たことは、代表の一人だけではなく、二人が前に来る、或いは書いているうちに、グループの仲間が漢字のミスとかを注意に来たグループがいくつかある。面白いことに、グループとグループの代表が黒板の前で聞いたりすることもある。これこそが私が欲しかった学生間の人間関係だと思っている。くじ引きもこういう目的だった。競争の悪循環ではなく、お互いにとっ

て友達の方がいい。もう1つの大発見、男子学生碩へのイメージは意外だった。あの子はいつもどうでもいい表情で、積極的に授業を聞いてくれないから成績が悪い印象だから、あまり好きではなかったが、今日は彼のグループの近くまで観察すると、あの人はムードメーカーの存在だった。みんなの発話をちゃんと聞いてくれたし、私にも質問を聞いた。これから外見或いは先入観で学生を評価してはいけないと反省しなければならない。特に「成績が悪い＝すべてが悪い」というラベルを誰かにつけてはいけない。

今日の一番恥ずかしいのは（最後のフィードバックの時）一問の説明が間違ったことだ。大きな恥だ。長い間精読授業を担当しているが、国際能力試験のことは触れてないから、新たな採点法も知らなかった。反省すべきところが多いと思う。三年生の皆さんは一級の合格証明書を目標としている人がほとんどだから、私はそれらの文法項目をまとめて、真の理解をしてもらえないと、実際の運用もできないからだ。教師は万能ではない、学生に教えるのは1つの正解ではなく、学習の方法の方が大事だ。後、みんなが発表姿を見ていて、私は勉強になったところが多いと思う。説明の工夫が上手な人がいれば、勇気を持って反問する人もいた。とにかく、これからもいろいろと勉強しなければならない。

2019年12月20日

今天大家画的图简直太让人惊喜了，尤其是数轴，作为文科生的我，从来都没有这样想过，文科的东西可以用理科来思维。简直是太厉害了。教了这么多年书，如果不进行这次实践，我可能这辈子都不会打开这根弦。怪不得她一直在班里说话小声，原来转专业之前高考是理科录取来的，所以才有不同的思维吧。以后我得多注意这些"少数派"，多发现他们的优点才行。其实这个图大家会画成什么样子，我完全没有把握，而且我觉得这本没有什么标准答案，亚说放开手让大家做一做是对的。与其说今天我是老师，我更觉得自己像个学生坐在下面看他们发表的时候，都让我学习到了很多。就像我选择读博是一样的，没有新东西的输入，以前自己学习的早晚会被吃老本吃空的。有新收获的感觉真好。

授受关系的几个词，很多同学都会用错，问的多了，就会发现，可能跟几个原因有关，一个是中文的母语影响，我们没有这么多的不同，而他们会省略很多人称，还有一个是文化背景的不同吧，上次有同学说：敬语太难了，我们中文当中

都没什么敬语，除了"你"变成"您"别的好像没什么了。虽然这是对汉语的一种狭隘的理解，但是毕竟七个里面有四个都是跟上下级关系有关，如果再加上内外关系，那就变得更复杂。这次的事前课题里给大家举了中文和英文中关于授受动词的例子，希望学生能够知道不同的语言有不同的表达方式，而日语里怎么用授受动词来表达不同的人物关系也是非常重要的一点。

【日本語訳】

今日の関係図は本当にビッグサプライズだ。特に座標図にびっくりした。文学系専門の私にとって、一度も文系のことを理系の方法で考えた発想はなかった。すごすぎると思う。長年教鞭を取っているが、今日の実践がなければ、一生こんな発想に触れるチャンスがないかもしれない。蕾（座標図の提案者）は前別の理系の専攻から日本語専攻に変えたのだから、いつもクラスで声が低かった。だから、今回理系の発想ができたのもなるほどと思った。これからはクラスの「マイノリティー」に気を遣う必要があって、もっと彼らのいいところを掘り出さないと。実はこの関係図について、学生がどんなものを作り出すかは全然見当がつけなく、自信がなかったが、亜が言ってくれた「学生に自由に任せればいい」は正しかった。今日の自分は教師というより、むしろ学生の方だと思う。下でみんなが発表していたことを聞いて、本当にいろいろと勉強になった。その時博士コースに入ったのも、新しい輸入がないと、前学んだものはいずれのうちに消耗されてしまう。だから、新しい収穫があってよかった。

学生たちの授受関係、授受動詞の誤用は多かった。いろいろと聞いているうちに、その理由を分かるようになった。1つは母語からの影響で、中国語の中に授受動詞は日本語ほど多くないし、人称名詞が比較的に多く使われるというつとだ。もう1つは文化の違いかな。先週の授業で「敬語がとても難しい。私たちの中国語の中に敬語は「你」の尊敬語「您」以外、ほとんどない」と学生に言われた。それは狭義的な言い方かもしれないが、確かに日本語の7つの授受動詞のうちに、4つが上下関係があって、その上に「内」と「外」を加えれば、もっと混乱になるわけだ。今回の共有課題は中国語と英語の例を取り上げたことによって、異なる言語には違った表現があることを知ってほしい。特に、日本語は授受動詞や授受関係を使うことによって、相手との人間関係を表現できることも大事なポイントだと思う。

2019 年 12 月 27 日

今天又想起自己的学生时代了，记得那时候作文课，总是被外教纠正，但我就是不明白为什么要用始まる，而不是始める。问过张老师，他说用が和を来区分就可以了。但是有一次我看到了"授業をサボる"，不明白这个动词是啥意思的时候，查了字典突然发现这个词是自动词，我就更不明白了，为啥自动词中间却是用的を。今天从大家的反映来看，大部分跟我有一样的疑问吧。不过今天文慧说的那句，"这不就跟英语的及物动词和不及物动词是一个感觉嘛"我觉得很有道理，道理相同，我却从来没想到过，这么说来，初中时候上英语课老师讲什么是及物动词什么是不及物动词，我也没弄懂过。反过来现在我从日语的自动词和他动词上又好像有点理解了英语的及物和不及物动词。如果这些知识都能够像今天这样融会贯通就好了。还有为啥日本人喜欢用自动词，书上只是写了日本人喜欢用自动词，但是学生还没去过日本，还没有真正体会过生活中喜欢用自动词是什么程度，都有哪些表现，甚至有些人可能还不知道什么是自动词，什么是他动词，所以一定要让他们结合实际去了解不同，就像书上那个结婚的例子就很有意思。大家好像挺有兴趣的，看来贴近生活是很重要的。还有，今天我看到秦臻臻讨论的时候站了起来，可能跟凳子不能移动有关，就算我走过去之后，她仍然站着跟大家说话，听起来好像很投入。真希望她以后也能跟大家打成一片。

Ps：以后备课的时候，我也得多和中文、英文的相关知识结合一下了。

今日もまた自分の学生時代を思い出した。その時の作文授業でよく日本人先生に直してもらったが、どうして「始める」ではなく、「始まる」を使わなければならないことはずっと分からなかった。当時張先生に聞いたら、「助詞の「が」か「を」かで区別すればいい」と教えてくださった。しかし、ある時「授業をサボる」という表現を見て、最初は「サボる」の意味が分からなくて、辞書を引いてみたら、その中に「サボる」は自動詞だと書いてある。もっと分からなくなった。どうして自動詞なのに、「を」を使うの。今日みんなの反応を見て、多分私と同じような疑問を持った人が少なくなかった。ただし、今日の慧が言った「英語の目的格補語を取るかどうかと似たような感じがする」ということは一理があると思った。なぜ私は連想できなかったか。中学時代の私は英語先生の「目的格補語」の説明自体がよく分からなかった。逆に日本語の勉強で日本語の自動詞と他動詞の区別が把握できたから、少し英語のこの部分の知識が分かるようになったと思う。すべての学習は今日みたいに前の知識とつながっていればいいと思う。もう1つ、どうして日本人では自動詞が愛用され

ているかについて教科書はその結論だけを書いてある。「どうして」についてみんなは多分実感られない。みんなは日本に言ったことがないから、実際の日常生活にどれだけ自動詞が多く使われているか、どんな表現があるか、ひいては自動詞と他動詞はどんな言葉なのかもよく分からないはずだ。だから、必ず生活の実例と関連付けて、理解をしてほしい。教科書の結婚の例も実際の生活とつながりがあるから、みんなは面白かったと思うでしょう。最後、榛は今日の議論で立ったままで行っていた。固定型椅子だから、移動ができないだろうが、私が近づいて行っても、立ったままで真面目に聞いている様子だった。クラスのみんなと仲良く行ったらいいなあと思った。

Ps: これからの授業を準備する時、英語、中国語の関連知識も準備しなければならないことだ。

2020年1月3日

今天是最后一次课了，最大的感受就是不舍。虽然实践时间只有一个半月不到，但是好像跟大家贴得更近了，课堂上大家的讨论让我觉得课堂不是一潭死水，这种理论课也完全可以很有意思。不管从大家写的反思，还是课后的联系，都有不少人告诉我，觉得这门课成了他们一周中最期待的课，真的特别高兴。我不敢保证也无法确认大家在这门课上到底学到了多少知识，但最起码他们说的"有意思"应该能成为一种新的开始，带着这个"有意思"他们应该能走得更远吧。

回到今天的课堂内容来说，让大家下去看一集日剧，自己亲自记录这一集日剧中到底出现了哪些被动句子，看来大家都完成得很好。有些人写了不止十句，看来上次课说的实际生活中去体会应该多少能有实感了吧。但是最后一个跳跃课题会不会太难了点，课本内容虽然涉及了相关的知识，也有一些图形，但是从大家的表情来看，似乎有点难度太大了。想想也是，这种题应该是考研的专业题级别吧。这算是最后一次课上的小小遗憾，不过遗憾不是坏事，也让我知道之后努力的方向。每次上完课后看大家写的任务表就是我最期待的事情，不少人会在纸上给我提意见或者问问题，这也是一种好的交流方式吧。以后别的课堂上也可以加入这样的方式。还有一点需要反思的是，大家所提的问题中，有一些我自己也不知道怎么回答才能让他们理解得更好，我也想有所求助，对，当老师的不是啥都会，也需要不停学习，我和亚的队伍要是能更壮大就更好了。虽然我还不知道这个论文能写成什么样子，但是我由衷地感觉做这次实践真好！今后也要更加加油呀。

【日本語訳】

　今日で最後の実践だった。最も感じたのは終わるのが速くて惜しかった。まだ一か月半もない間に、みんなともっと親しくなった感じだった。教室で皆さんの議論は授業が死んだものではない、こういう理論的な授業もうまくやって、面白くなる可能性があると感じられた。みんなのタスクシートや授業後、私とのやり取りなどで、「この授業は一週間の中に、一番期待している」と教えてくれたときは本当に嬉しかった。この授業でどれぐらいの知識を習得できるかは言い切れるものではないが、「面白くて、期待している」ことから芽生えていって、新しいスタートになって、もっと遠くに探求できるのでしょう。

　授業内容に戻るが、共有課題で自分で選んだ日本のドラマを一話見て、その中にどんな受身表現が出てきたかを確認してもらった。みんなはよく完成したと思う。10以上の文を聞き取れて、書いた人もいる。前回の「実生活から関連付ける」ことについて、少しでも実感できるのでしょう。しかし、最後のジャンプ課題は少し難しかったじゃないか。教科書の中に、関連の知識や構造図があるにも関わらず、みんなの表情から見て、多分難しすぎる。それはおそらく院生試験レベルの問題だろう。これは最後の実践にとって残念なところかもしれないが、これからの工夫の方向が見えるようになった。毎回の実践が終わった後、皆さんが書いてくれたタスクシートを読むことは一番の楽しみで、意見や質問、いろんなコメントが書かれている。それはいいコミュニケーションだと思っている。これから他の授業でも活用しようと思う。もう1つの反省は、みんなからの質問の中に、自分にもよく分からないことがあって、人に助けを求めたい。教師はなんでも分かるというわけではなく、勉強が最後まで続けなければならない。だから、私と亜以外の先生も入ってくれればいい。（博士）論文はどんなものになるかはまだ分からないが、心から今回の実践は良かったと思っていて、これからももっと頑張っていきたい。

謝　辞

　本論文の執筆に当たり、多くの方々のご指導とご支援をいただきましたこと、心からお礼を申し上げます。

　先ず、指導教官である岡崎　眸先生から、博士課程の入学段階から最終稿までの長期にわたって、懇々なご指導とご支援を賜り、論文を完成することができました。そして、論文研究に関するスキルだけでなく、教育者として、人間としてのあるべき姿も教えていただきました。心より深く感謝を申し上げます。
　また、副指導の吉田朋彦教授、陳岩教授及び論文審査の段階の袁福之教授、宮偉教授からも貴重なご指導とご指摘を賜りました。それによって、自分の研究を深く考えることができました。心より感謝の意を申し上げます。
　同時に岡崎ゼミに参加していただいた後藤美和子さん、野々口ちとせ先生、房賢嬉先生、斎藤等さんにもご助言を多くいただきました。岡崎ゼミの仲間たちもずっと暖かく見守ってください、最後まで論文を完成させることができました。深く感謝を申し上げます。
　アンケート調査とデータ収集に当たっては、ご協力をいただいた鄭州大学の李麗先生、中原工学院の季江静先生及び全国121大学の関係者、実践に参加した45名の学生、ネーテェブチェックの力をいただきました堀江尚人さん、堀江亜希子さん、研究に協力してくださった皆様に心より感謝を申し上げます。
　研究1の因子分析の段階では、王　佳梁さんから貴重なご助言、日ごろから丁寧なご指導を賜りました。統計学に関する知識がゼロだった私に一から教えてくださり、精神的励ましがあったからこそ課題を完成させることができました。心より深く感謝の意を申し上げます。
　論文を進めていくうちに、自分の人生観、世界観、教育観について深く考えさせられました。今後もさらなる研究と実践を進めていきたいと思っております。
　最後に、長い間ずっと支えてくれた家族に心から感謝します。